商务馆对外汉语教学专题研究书系（第二辑）

总主编　赵金铭

审　订　世界汉语教学学会

汉语作为第二语言教学的汉字与汉字教学研究

主编　张旺熹

2019年·北京

总主编 赵金铭

主　编 张旺熹

编　者 张旺熹　刘　畅

作　者 （按音序排列）

李大遂　李润生　李守奎　李香平

李运富　刘　华　刘　静　吕必松

沙宗元　施正宇　苏印霞　万业馨

王汉卫　王士雷　王淑华　张熙昌

资中勇

目 录

总　序 …………………………………………………… 1
综　述 …………………………………………………… 1

第一章　汉字与汉字字综论 ………………………………… 1
第一节　说"字" ………………………………………… 1
第二节　从汉字研究到汉字教学 ……………………… 27
第三节　汉字的特点与对外汉字教学 ………………… 47
第四节　汉字理据的认识、利用与维护 ……………… 69
第五节　面向全球的汉字学 …………………………… 86

第二章　汉字的形音义用研究 …………………………… 104
第一节　笔素与汉字的难度序 ………………………… 104
第二节　汉字的笔画系统 ……………………………… 120
第三节　声旁在汉字教学中的作用 …………………… 134
第四节　意义在汉字教学中的作用 …………………… 149
第五节　东南亚主要华文媒体用字情况调查 ………… 162

第三章　汉字教学理念与方法研究 ……………………… 176
第一节　关系对外汉字教学全局的几个问题 ………… 176

第二节　拼音和汉字在对外汉语教学中的位置和关系 …… 194
第三节　词·语素·汉字教学 ……………………………… 210
第四节　汉字教学法的体系 ………………………………… 228

第四章　汉字教学模式与内容研究 ……………………… 249
第一节　对外汉语教学所用独体字及其构字状况 ………… 249
第二节　留学生汉字教材的编写 …………………………… 262
第三节　打破汉字教学的"瓶颈" ………………………… 278

总 序

赵 金 铭

对外汉语教学专题研究书系是商务印书馆出版的同名书系的延续。主要收录2005—2016年期间,有关学术期刊、集刊、高校学报等所发表的有关对外汉语教学研究论文,涉及学科各分支研究领域。内容全面,质量上乘,搜罗宏富。对观点不同的文章,两方皆收。本书系是对近10年对外汉语教学研究成果的汇总与全面展示,希望能为学界提供近10年来本学科研究的总体全貌。

近10年的对外汉语教学与研究,呈现蓬勃发展的局面,与此同时,各研究分支也出现一些发展不平衡现象。总体看来,孔子学院教学、汉语师资培训、文化与文化教学、专业硕士课程教学等方面,已经成为研究热门,研究成果数量颇丰,但论文质量尚有待提升。由于主管部门的导向,作为第二语言汉语教学的汉语本体研究与汉语教学研究,在一定程度上被淡化。语音、词汇及其教学研究成果较少,语法、汉字及其教学研究成果稍多,汉字教学研究讨论尤为热烈。新汉语水平考试研究还不够成熟,课程与标准和大纲研究略显薄弱。值得提及的是,教学方法研究与教学模式研究、汉语作为第二语言习得研究、现代教育技术研究及其在教学中的应用研究，发展迅速，方兴未艾，成果尤为突出。本书系就是对这 10 年研究状况的展示与总结。

近 10 年来，汉语国际教育大发展的主要标志是：开展汉语教学的国别更加广泛；学汉语的人数呈大规模增长；汉语教学类型和层次多样化；汉语教师、教材、教法研究日益深入，汉语教学本土化程度不断加深；汉语教学正被越来越多的国家纳入其国民教育体系。其中，世界范围内孔子学院的建立既是国际汉语教育事业大发展的重要标志，也是进一步促进国际汉语教学持续发展的一个重要平台，吸引了世界各地众多的汉语学习者。来华外国留学生汉语教学与海外汉语教学，共同打造出汉语教学蓬勃发展的局面。

大发展带来学科研究范围的扩大和研究领域的拓展。本书系共计 24 册，与此前的 22 册书系的卷目设计略有不同。

本书系不再设《对外汉语课堂教学技巧研究》，增设《汉语作为第二语言教学的教学方法研究》和《汉语作为第二语言教学的教学模式研究》两册。汉语作为第二语言教学，既与世界第二语言教学有共同点，也因汉语、汉字的特点，而具有不同于其他语言作为第二语言教学的特色。这就要求对外汉语教学要讲求符合汉语实际的教学方法。几十年以来，对外汉语教学在继承传统和不断吸取各种教学法长处的基础上，结合汉语、汉字特点，以结构和功能相结合为主的教学方法为业内广泛采用，被称为汉语综合教学法。博采众长，为我所用，不独法一家，是其突出特点。这既是对外汉语教学的传统，在教学实践中也证明是符合对外汉语教学实际的有效的教学方法。与此同时，近年来任务型教学模式风行一时，各种各样的教法也各展风采。后方法论被介绍进来后，已不再追求最佳教学法与最有效教学模式，教学法与教学模式研究呈现多样化与多元性发展态势。

进入新世纪后，对外汉语教学学科理论研究的一个重要进展是开拓了第二语言习得理论与实际问题的研究，从重视研究教师怎样教汉语，转向研究学习者如何学习汉语，这是一种研究理念的改变，这种研究近10年来呈现上升趋势。研究除了《汉语第二语言学习者语言系统研究》《汉语作为第二语言的学习者研究》，本书系基于研究领域的扩大，增设《基于认知视角的汉语第二语言习得研究》和《多视角的汉语第二语言习得研究》，从多个角度开辟了汉语学习研究的新局面。

教育部在2012年取消原本科专业目录里的"对外汉语"，设"汉语国际教育"二级学科。此后，"汉语国际教育"作为在世界范围内开展汉语作为第二语言教学的名称被广泛使用，学科名称的变化，为对外汉语教学带来了无限的机遇与巨大的挑战。随着海外汉语学习者人数的与日俱增，大量汉语教师和汉语教学志愿教师被派往海外，新的矛盾暴露，新的问题随之产生。缺少适应海外汉语教学需求的合格的汉语教师，缺乏适合海外汉语学习者使用的汉语教材，原有的汉语教学方法又难以适应海外汉语教学实际，这三者成为制约提高对外汉语教学质量、提升对外汉语教学水平的瓶颈。

面对世界汉语教学呈现出来的这些现象，在进行深入研究、寻求解决办法的同时，也产生了一种急于求成的情绪，急于解决当前的问题。故而研究所谓"三教"问题,一时成为热门话题。围绕教师、教材和教法问题,结合实际情况,出现一大批对具体问题进行研究的论文。与此同时,在主管部门的导引下,轻视理论研究,淡化学科建设,舍本逐末,视基础理论研究为多余,成为一时倾向。由于没有在根本问题上做深入的理论探讨,将过多的精力用于技法的提升,以至于在社会上对汉语作为一个学科产生了不同认识,某种程度上干扰了学科建设。本书系《汉语作为第二语言教学的学科理论研究》和《汉语作为第二语言教学的教学理论研究》两册集中反映了学科建设与教学理论问题,显示学界对基本理论建设的重视。

2007年国务院学位办设立"汉语国际教育硕士专业学位",目前已有200余所高等院校招收和培养汉语国际教育专业硕士。10多年来,数千名汉语教师和志愿者在世界各地教授汉语、传播中国文化,这支师资队伍正在共同为向世界推广汉语做出贡献。

一种倾向掩盖着另一种倾向。社会上看轻汉语作为第二语言教学的观点,依然存在。这就是将教授外国人汉语看成一种轻而易举的事,这是一种带有普遍性的错误认知。这种认识导致对汉语作为第二语言教学科学性认识不足。一些人单凭一股热情和使命感,进入了汉语国际教育的教师队伍。一些人在知识储备和教学技能方面并未做好充分的准备,便匆匆走向教坛。故而如何对来自不同专业、知识结构多层次、语言文化背景多有差别的学习者,进行汉语作为第二语言教学的专业培养和培训,如何安排课程内容,将其培养成一个合格的汉语教师,就成为当前迫切需要解决的问题。本书系增设的《汉语作为第二语言教学的教师发展研究》《汉语作为第二语言标准与大纲研究》以及《汉语作为第二语言教学的课程研究》，都专门探讨这些有关问题。

自1985年以来，实行近20年的汉语水平考试（HSK），已构成了一个水平由低到高的较为完整的系统，汉语水平考试（HSK）的实施大大促进了汉语教学的科学化和规范化。废除HSK后，研发的"新HSK"，目前正在改进与完善之中。有关考试研究，最近10年来，虽然关于测试理论和技术等方面的研究仍然有一些成果出现，但和以往相比，研究成果的数量有所下降，理论和技术方面尚缺乏明显的突破。汉语测试的新进展主要表现在新测验的开发、新技术的应用和对重大理论问题的探讨等方面。《汉语作为第二语言测试研究》体现了汉语测试的研究现状与新进展。

十几年来，汉语作为第二语言教学史的研究越来越多，也越来越深入。既有宏观的综合性研究，又有微观的个案考察。宏观研究中，从学科建设的角度探讨汉语教学史的研究。重视对外汉语教学历史的发掘与研究，因为这是对外汉语教学学科建设中不可缺少的一部分。宏观研究还包括对某一历史阶段和某一国家或地区汉语教学历史的回顾与描述。微观研究则更关注具体国家和地区的汉语教学历史、现状与发展。为此本书系增设《汉语作为第二语言教学史研究》，以飨读者。

本书系在汉语本体及其教学研究、汉语技能教学研究、文化教学与跨文化交际研究、教育技术研究和教育资源研究等方面，也都将近10年的成果进行汇总，勾勒出研究的大致脉络与发展轨迹，也同时可见其研究的短板，可为今后的深入研究引领方向。

本书系由商务印书馆策划，从确定选题，到组织主编队伍，以及在筛选文章、整理分类的过程中，商务印书馆总编辑周洪波先生给予了精心指导，在此深表谢意。

本书系由多所大学本专业同人共同合作，大家同心协力，和衷共济，在各册主编初选的基础上，经过全体主编会的多次集体讨论，认真比较，权衡轻重，突出研究特色，注重研究创新，最终确定入选篇章。即便如此，也还可能因水平所及评述失当，容或有漏选或误选之处，对书中的疏漏和失误，敬请读者不吝指教，以便再版时予以修正。

综　述

一、研究现状

2004—2016年间，汉语作为第二语言的汉字本体与汉字教学研究，与此前同领域的工作相比，既有研究内容上的延续，又有深度上的推进和思路、方法上的突破，探讨更为深入，视野更为开阔，理论与实践结合程度更高。

总体来说，研究主要包含以下四个方面的内容：

（一）汉字与汉字学综论

在科学的汉字学理论指导下进行汉字教学是现今学者和教师的共识。上至宏观的政策层面，下至微观的具体操作，都应建立在对汉字本身发展规律正确认识的基础之上。因此，面向汉字教学的汉字与汉字学理论基础的奠定仍是研究的重点内容。

吕必松的《说"字"》[①]就"什么是字、汉语音节的性质和特点、汉字的性质和特点"这三个基础问题进行阐述，从汉字与汉语的关系的角度说明汉字不难学，认为汉字难学的观念实际上是一种误解，希望从理论上破除"汉字难学论"和"汉字落后论"。作

[①] 吕必松《说"字"》，《汉字文化》2009年第1期。详见第一章第一节。

为音节和汉字的合称,"字"是汉语的基本结构单位。关于汉字的性质和特点,作者首先用实例说明了汉字是书面汉语的基本单位,而书面汉语与口头汉语的基本单位是完全一致的;第二,汉字是整体转写言语音节的文字;第三,汉字是意符表意和音符表音相统一的文字;第四,汉字是区别性和节约性高度统一的文字;第五,汉字是与口头汉语科学匹配的文字。文章为我们概括或重申了汉字研究、汉字与汉语的关系研究等方面的一些基本理论,厘清了字与词、音节与汉字、语内结构单位和字内结构单位、意符与音符、整字与部件等多组概念,论述非常全面。

万业馨继 2004 年发表《从汉字研究到汉字教学》[①]后,2007年又发表了《从汉字研究到汉字教学——认识汉字符号体系过程中的几个问题》[②],指出对外汉字教学的目的是让学生在对汉字符号体系有基本了解和总体把握的基础上掌握和运用汉字。汉字这种符号体系,依存于汉语又自成系统,也同样具有约定俗成的本质特征。教师在教学过程中,应引导学习者全面了解汉字符号体系而非学习零散的汉字。因此,有关汉字读音认知的研究必须从"家族"入手,恰当处理语文关系将使汉语和汉字的学习进入相互促进的良性循环,而汉字教学总体设计必须统观包括认知在内的各项学习任务才能有新的突破。此外,从方法论的角度看,作者提醒教师,在面对纷繁复杂的各种学说时,要先了解其研究角度与方法,准确理解问题讨论的基础,这一点对于我们的教学和研究都很有普遍性意义。

---

① 万业馨《从汉字研究到汉字教学》,《世界汉语教学》2004 年第 2 期。
② 万业馨《从汉字研究到汉字教学——认识汉字符号体系过程中的几个问题》,《世界汉语教学》2007 年第 1 期。详见第一章第二节。

李运富同样关注研究背景与角度的问题。他在《汉字的特点与对外汉字教学》①中强调，讨论汉字是否难学、难点何在时，要注意比较的对象和比较的角度。通过与英文的比较，兼顾汉字在形体、理据和功用三个方面的特点，可以总结出：汉字的形体呈二维方块；汉字的理据体现在它的理据单位（即构件）的功能和功能的关联中；汉字的单位跟语言的单位不是完全对应的关系。具体到教学操作上，他认为不必过分重视笔画和笔顺，而应重视构件的辨析，特别是它们的组合分布；对于理据的讲解可分层次进行，等等。文章论证严密，深入浅出，尤其是对一些问题由古及今的论述，对当代汉字教学很有启发。需要注意的是，该文认为功用"是汉字难学的根本原因或者最主要的原因，应该成为汉字教学的重点"，这一结论应属恰当，但作者更多是从历时的角度考察汉字的"功用"问题，与我们对外汉字教学中常说的"功用"（字词关系）的概念并不完全一致。

对汉字的理据表示重视、认为应将其作为教学重点的学者还有很多。李大遂《汉字理据的认识、利用与维护》②着重论述：汉字是理性的、有理据的文字，也就是说，汉字在构形、读音和意义上都是有依据的。根据作者对《汉语水平词汇与汉字等级大纲》和《现代汉语常用字表》的分类考察，至今大约90%以上的常用汉字仍有理据可讲。如果教师在教学过程中能够"得其法"，利用理据推展汉字教学，使学生能够"知其所以然"，就可以降

---

① 李运富《汉字的特点与对外汉字教学》，《世界汉语教学》2014年第3期。详见第一章第三节。

② 李大遂《汉字理据的认识、利用与维护》，《华文教学与研究》2011年第2期。详见第一章第四节。

低难度、提高效率,迅速提高学习者系统掌握汉字的能力。但是,理据讲解要有根据,要循序渐进,而目前汉字理据因部件分析法和俗文字学说解受到严重削弱,有待维护。

除针对教学的汉字研究外,实际上,文字政策与导向、学科建设状况等宏观性的研究也是主要内容之一,并且十分有必要了解。因主题和篇幅所限,本书仅收李守奎的《面向全球的汉字学——关于汉字研究融入国际学术体系的思考》[①]。文章对汉字学至今没有成为世界性独立学科的原因进行了分析,认为既有外部的影响——参照西方建立的学科分类体系,文字学只是语言学的依附,尤其是西方学者对以汉字为代表的表意字缺少深入的研究,汉字研究处于被孤立的位置;也有内部的问题——汉字研究自身存在诸多不足。最后,作者就如何促进汉字研究融入国际学术轨道提出了建议。文中指出的很多现实中不理想的状况,如盲从西方理论、过分强调汉字的优点、研究对象被割裂和研究方法不相容等,都是我们有必要引起重视的问题。

(二)汉字的形音义用研究

虽然近年来汉字与汉字教学研究的热点转向了习得研究、实验研究等,沿袭传统方法的字形、字音、字义研究数量明显减少,但对汉字的自然属性(即其形、音、义三要素)的考察仍然是汉字本体研究的基本构成部分。同时,字用问题也越来越为人所重视。

---

① 李守奎《面向全球的汉字学——关于汉字研究融入国际学术体系的思考》,《吉林大学社会科学学报》2012年第2期。详见第一章第五节。

王汉卫等在《笔素与汉字的难度序》①中提出"笔素"这一概念,为汉字研究、汉字教学和汉字应用程序开发提出了新的思路。作者以《汉语国际教育用音节汉字词汇等级划分》的3000字为对象,对笔画进行进一步分析,得出"笔素"这一汉字构形的最小单位。根据实验研究的结果,笔素对汉字认知有显著影响;相较于传统的笔画序,笔素笔画双先决的综合序是更好的难度序列,能更有利于形似字的对比;而难度序是目前亟待开发的汉字应用程序。同时,王汉卫、苏印霞《现代汉字笔画系统的简化、排序及命名》②论证在基本不引起重新认读的前提下,笔画系统可以由现在的32个简编为24个,并以能反映笔画内部规律的原则对这24个笔画进行排序。另外,作者建议以代表字读音来命名的方法,重新命名18个复合笔画,改变原有笔画名称冗长拗口的状况。笔画系统的简化是否切实可行还有待证实,但以代表字命名笔画的方式,或许能帮助我们在教学中取得方便。

基于形声字占汉字总数绝大部分的事实,关于形声字的研究始终是汉字本体研究中的主要内容;③而且,如果说之前学术界经历了一个从仅关注形义关系逐渐过渡到也开始关注音义关系的过程,那么,近十年来,学者们对字音的关注度显然增强。如鲁川、王玉菊《汉字"示音度"的定量研究——浅谈汉语研究中的"家

---

① 王汉卫、刘静、王士雷《笔素与汉字的难度序》,《语言教学与研究》2013年第2期。详见第二章第一节。

② 王汉卫、苏印霞《现代汉字笔画系统的简化、排序及命名》,《世界汉语教学》2012年第2期。详见第二章第二节。

③ 关于形声字研究的整体状况,可参看陈正正《汉语形声字研究三十年》,《云南师范大学学报》(对外汉语教学与研究版)2014年第1期。

族论"》》[①]、张熙昌《论形声字声旁在汉字教学中的作用》[②]等多篇文章，都是以声符（声旁）为主要研究对象。本书收张文为代表。该文从教学实践出发，首先对汉字学习中重形旁、轻声旁的原因进行了分析，并从认知心理学的角度指出培养留学生声旁意识的依据。然后通过对《现代汉语常用字表》2500个一级常用字中形声字声旁的考察，说明声旁与形声字之间的联系是多方面的，不仅表现在声韵调的相同与否上面，还表现在相关声母、韵母之间的转化以及某些声旁对形声字具有类推示音的功能上。最后，作者得出对教学的启示——利用形声字教学应该成为汉字教学的重要手段之一；应该充分利用声旁与形声字存在的不同的联系形式来区别性地为汉字教学服务；培养留学生的声旁意识，既可以采用归纳法，也可以用演绎法来引导。

王淑华、资中勇《重视意义在对外汉语汉字教学中的作用》[③]认为，对汉字本身承载的意义要素，应当从两个层面来体察——首先是要重视会意字和形声字中形符的表意作用，因为形符可以提示字的意义类属，有利于形近字的辨别；组字能力强的形符，还可以细化成不同类别；把属于同一语义场的形符联系起来，可以增强学习的趣味性。其次要重视汉字意义的同义、反义、类义等不同聚合，达到以旧带新、由此及彼的效果。可以说，该文是对汉字教学中一些常用手段所进行的理论性总结，并提供了大量字例。

[①] 鲁川、王玉菊《汉字"示音度"的定量研究——浅谈汉语研究中的"家族论"》，《汉语学习》2005年第3期。

[②] 张熙昌《论形声字声旁在汉字教学中的作用》，《语言教学与研究》2007年第2期。详见第二章第三节。

[③] 王淑华、资中勇《重视意义在对外汉语汉字教学中的作用》，《云南师范大学学报》（对外汉语教学与研究版）2007年第2期。详见第二章第四节。

关于字用的研究，我们选取了刘华的《东南亚主要华文媒体用字情况调查》[①]作为代表。作者以2亿字的东南亚华语语料库为语料，统计后发现：东南亚主要华文媒体中，非规范字频次比例非常低而字种比例较高，其中繁体字最多，其次为异体字。对根据频率、使用率排序所得两个字表进行比较，按频率排序时，反映时政特别是东南亚地域色彩的字排在前面；按使用率排序时，较均匀分布的常用字使用率较高。对汉字覆盖率和字种数的关系进行分析，可以看到8429个汉字中，73.39%的汉字是较低频次的字，这些低频字的总频率只占1%。将东南亚主要华文媒体的字表和《现代汉语常用字表》《现代汉语通用字表》进行分段比较，发现多数独用字与重大时事用字、东南亚人名地名有关。这种基于汉字使用实际状况得出的数据，应能为面向东南亚的汉字教学提供有力的支持。

（三）汉字教学理念与方法研究

李大遂认为汉字教学薄弱由来已久，虽然在1996年第五届国际汉语教学讨论会和2005年西方学习者汉字认知国际学术研讨会等重要会议之后，汉字研究掀起了几次高潮，但总体来说，"危机没有化解，挑战仍在继续"。因此，他在《关系对外汉字教学全局的几个问题》[②]中指出，要走出困境，要注意以下几个问题：对外汉字教学要形音义兼顾；要将识字量作为追求的重要目标；识字教学的推展要以偏旁为纲；要标本兼治，一方面积极探索对

---

① 刘华《东南亚主要华文媒体用字情况调查》，《华文教学与研究》2010年第1期。详见第二章第五节。

② 李大遂《关系对外汉字教学全局的几个问题》，《暨南大学华文学院学报》2008年第2期。详见第三章第一节。

外汉语教学新体系，另一方面开好独立的汉字课。研究提纲挈领，资料丰富，且有充足的教学实践情况和数据作为佐证，具有较强的可操作性。

万业馨《略论汉语拼音和汉字在对外汉语教学中的位置和关系》[1]针对基础教学中通常拼音先行、汉字（书写）随后的现象，就两个问题展开了讨论。首先是肯定拼音先行是可以得到便利的，这是基于单音节词在整个汉语词汇系统中的重要地位，以及汉字读音认知的复杂情况。然而对拼音能否代替汉字这个问题，答案是否定的。在汉字发展演变过程中，形声优势逐步确立，正说明汉语的特点决定了仅记录语音不能完全满足记录对应语言单位的需求；汉语拼音的实际使用状况也进一步证明了这一点。因此，教学中正确认识拼音和汉字的关系，摆正它们的位置，才能保证教学设计的科学性。

"字本位"和"词本位"之争始终是汉字教学中不可回避的热点话题，如徐通锵《"字本位"和语言研究》[2]、王洪君《语言的层面与"字本位"的不同层面》[3]等都就此问题进行了精彩的阐述，刘颂浩[4]与管春林[5]还曾发表过系列文章进行争论。施正

---

[1] 万业馨《略论汉语拼音和汉字在对外汉语教学中的位置和关系》，《世界汉语教学》2012 年第 3 期。详见第三章第二节。

[2] 徐通锵《"字本位"和语言研究》，《语言教学与研究》2005 年第 6 期。

[3] 王洪君《语言的层面与"字本位"的不同层面》，《语言教学与研究》2008 年第 3 期。

[4] 刘颂浩《对外汉语教学中的多样性问题》，《暨南大学华文学院学报》2006 年第 4 期；刘颂浩《关于字本位教学法和词本位教学法的关系》，《华文教学与研究》2010 年第 1 期。

[5] 管春林《"字本位"与"词本位"教学方法结合质疑——兼与刘颂浩先生商榷》，《暨南大学华文学院学报》2008 年第 4 期。

字《词·语素·汉字教学初探》[①]建议跳出"字本位"和"词本位"的限制,提出以"词·语素·汉字"为基本框架的教学理念,从语言学的范畴而不是文字学的范畴来思考和设计对外汉字教学。文章认为汉字和词是汉语教学的出发点和落脚点,是显性的;而作为字词关联的基点,语素只有通过汉字和词才能显现出来,是隐性的。应以词的使用频率和字的构形规律为线索,构建教学词库(指课堂教学中所要讲解和使用的词的集合,包括即知词库、心理词库、欲知词库)和教学字库(包括字形字库、意符字库、声符字库),做到字词兼顾,并在语素的基础上拓展学生的汉语能力和汉字能力。在文章的最后部分,作者举出了北京大学的教学案例,说明了这一理念的可实践性,应当说,这样的研究是从教学实际出发,再回到教学实际中得到了检验。

  一直以来,面向不同的教学对象、从不同视角提出的汉字教学法众说纷纭、名目繁多。李润生在普查文献的基础上撰写了《汉字教学法体系及相关问题研究》[②]一文。他认为当前汉字教学法分类有两种视角:特征分类和层次分类。借鉴英语教学法的研究成果,从层次分类的角度出发,建立起汉字教学法的层级体系——汉字教学思想、汉字教学方法、汉字教学技巧,每一层级包含若干汉字教学法。其中,汉字教学思想主要是指"集中识字"和"分散识字"这一对观念,目的是协调识汉字与学汉语之间的矛盾;汉字教学方法则是关于汉字教学内容和程序的总体设计;更具体

  [①] 施正宇《词·语素·汉字教学初探》,《世界汉语教学》2008年第2期。详见第三章第三节。

  [②] 李润生《汉字教学法体系及相关问题研究》,《语言教学与研究》2015年第1期。详见第三章第四节。

一层的汉字教学技巧是完成具体汉字教学任务的策略和技艺。这一体系的建立，为我们梳理了长期处于混乱状态的术语系统，为汉字教学法的评价提供了新的标准和思路。虽然是以小学识字教学为主要讨论对象，但得出的规律和结论同样适用于对外汉字教学领域。

（四）汉字教学模式与内容研究

汉字教学的研究还包括对教学模式、学习策略、偏误分析、教学内容的选择与呈现、教材的编写与使用、国别化教学等各个方面的探讨。

秦建文指出，汉语和汉字的学习是两个不完全相同的体系，在梳理借鉴前人关于教学方法和教学步骤研究结论的基础上，提出了自己的五点看法：汉字认读和书写属于显性知识，是有意识的学习，主要依靠教师的讲解和灌输；汉字教学开始的时间不宜太晚；主张从开始学习口语时就认汉字，尽早建立认同感；汉字教学应建立在汉语词汇学习的基础上；汉字理据教学应为主要教学方式。[①]文章强调视觉认知、整体性感知是学习汉字的主要途径，从认知的角度观察汉字学习，对教学很有启发。遗憾的是，题为"汉字教学模式的建构"，但更多是对教学理念的阐发，并未对"模式建构"提出明确的规划。

理念与方法，最终要落实到具体的汉字教学实践中，其中，最先要面对的问题之一就是究竟选择哪些汉字来进行教学，而基本字（基本部件）、字根等自然是大家一直关注的焦点。沙宗元《对

---

① 秦建文《对外汉语教学中汉字教学模式的建构》，《云南师范大学学报》（对外汉语教学与研究版）2008 年第 5 期。

外汉语教学所用独体字及其构字状况分析》[①] 以《高等学校外国留学生汉语教学大纲（长期进修）》中的《汉字表》为范围进行了封闭式统计，将其中的 175 个独体字进行了归类，并分析了它们作为意符、音符和记号时的构字情况，同时提出了有关的教学建议。我们选择收入这篇文章，原因之一是在现阶段研究热点逐渐转移的今天，受各种主客观条件的限制，用传统的穷尽性语料统计与分析的方法来进行研究的学者相对减少，但扎实的语料工作仍应是我们教学和研究的基础。

也有越来越多的论文关注针对性的汉字教学。例如，马燕华通过对海外（特别是北美）周末制中文学校办学地位、生源构成、教学目的等参数的分析，认为海外周末制中文学校的汉字教学性质介于语文学习和语言学习之间，其教学特征亦两种兼而有之，又不完全相同。文章最后提出了海外周末制中文学校汉字教学的五条原则：用汉语分析解释汉字字形结构；用居住国强势语言介绍汉字基础知识；结合课文讲解汉字理据意义；结合语言运用实际设计汉字练习题型；强化汉语阅读训练。[②] 虽然海外周末制中文学校并不是对外汉语教学的主流机构，但国别化、针对性的研究值得赞赏，而且作者对不同教学单位不同汉字教学性质的思考、对在海外进行汉字教学方法的探索、对生源复杂情况的处理等，对我们其他环境的汉字教学也有借鉴意义。

---

① 沙宗元《对外汉语教学所用独体字及其构字状况分析》，《云南师范大学学报》（对外汉语教学与研究版）2011 年第 5 期。详见第四章第一节。

② 马燕华《论海外周末制中文学校汉字教学的性质、特征及教学原则》，《暨南大学华文学院学报》2007 年第 2 期。

李香平《当前留学生汉字教材编写中的问题与对策》[1]调查了解了二十年来汉字教材的总体情况，发现现有汉字教材的主要问题是：多针对来华留学的初级汉语水平学习者，通用性较强而针对性较弱；多注重汉字知识的编写，但对知识点的选取呈现出一定程度的无序性和随意性；注重教材编写的系统性和通用性，忽视教材的实用性和趣味性。作者认为，必须构建多角度、多层面的对外汉字教材编写和分类的宏观体系，加强针对性和创新性研究，编写针对不同国别、不同层次、不同教学目的的汉字教材，同时加强教材现代化研究。调查较为全面，提出的问题也较为中肯。

万业馨《如何打破汉字教学的"瓶颈"——以〈中国字·认知〉为例谈汉字教材研究》[2]则通过对自身教材编写理念的阐述，就如何打破汉字教学的瓶颈问题进行探讨。文章首先提出了汉字教学的主要目标：一是学生对整个汉字符号体系有整体的了解和把握，二是学生对字词关系有比较清楚深入的认识，三是学生具有主动学习的能力。与之相适应，汉字教学的设计与汉字教材的编写，也应该做到：改变思路，变一味追求识字量为"温故知新"，变"语、文"并立为相互促进，变传授知识为培养学习者主动认识规律的能力。因此，作者在编写《中国字·认知》这一教材时，以本体研究成果作为支撑，将练习与游戏作为教材的主体，最大限度地提高字词复现率，让学生在做中学、做中悟，最终达到以上的三个目标，打破汉字学习瓶颈。

---

[1] 李香平《当前留学生汉字教材编写中的问题与对策》，《汉语学习》2011年第1期。详见第四章第二节。

[2] 万业馨《如何打破汉字教学的"瓶颈"——以〈中国字·认知〉为例谈汉字教材研究》，《世界汉语教学》2015年第1期。详见第四章第三节。

二、问题与方向

（一）存在的问题

虽然近十年来的汉字本体和汉字教学研究取得了丰硕成果，但仍然存在一定的问题。

首先，出于与教学接轨的需要，以前对汉字本体的研究，尤其是汉字形音义的研究，多基于大纲和语料库。例如前文所举的部分文章，还有邢红兵《〈（汉语水平）汉字等级大纲〉汉字部件统计分析》[①]、张瑞朋《语料库汉字偏误分类和标注体系研究》[②]等。但随着社会发展与形势变化，原来一些具有广泛影响的大纲已不再使用，这使得与之相关的研究结论在一定程度上都失去了原有的价值。也正因为如此，近年来，这类研究成果日渐减少。

2009年11月，国家汉办/孔子学院总部正式推出新汉语水平考试（HSK），在不同等级考试的难度控制上，新HSK主要以词汇、题型为重要控制因素，"以词本位为主，兼顾字本位"，所以新HSK考试大纲中提供了词汇等级表，但没有提供汉字等级表。[③] 这使得后续与新大纲相关的汉字研究无法跟上。另外，2006年8月28日，教育部和国家语言文字工作委员会将《汉字应用水平等级及测试大纲》作为语言文字规范（GF2002—2006）

---

① 邢红兵《〈（汉语水平）汉字等级大纲〉汉字部件统计分析》，《世界汉语教学》2005年第2期。
② 张瑞朋《语料库汉字偏误分类和标注体系研究》，《云南师范大学学报》（对外汉语教学与研究版）2014年第1期。
③ 张晋军、解妮妮、王世华、李亚男、张铁英《新汉语水平考试（HSK）研制报告》，《中国考试》2010年第9期。

正式颁布,并规定从 2007 年 2 月 1 日起试行该语言文字规范。围绕这一大纲,"汉字应用水平测试研究"课题组发表过多篇文章。但作为主要面向母语者的汉语能力测试,它暂时还没有形成广泛影响,在汉语国际教育学界也没有得到相应的重视。

其次,国别化汉字教学研究一直是有待加强的领域,尤其是对于非汉字文化圈的研究。[1] 但近年来,一方面有关成果未见明显增加;另一方面,有不少论文虽然名为针对"拼音背景"或"非汉字文化圈"学习者,但一般只是实验对象为特定学生,实际的研究内容或实验手段并无专门特征,因此,这类研究是否具有真正的国别化意义还有待商榷。

再次,汉字教学与其他学科的交叉融合是近年来的一大显著特征。例如,2005 年,西方学习者汉字认知国际研讨会在德国举行。这次会议是汉字学与认知心理学成功交叉结合成果的一次集中展示,会后出版了《汉字的认知与教学——西方学习者汉字认知国际研讨会论文集》[2],收录了来自中、美、德、英、葡等国的 40 余位学者的 27 篇论文。

而其中,作为目前一大主流的实验研究,被越来越多的教师所运用,是近年来的热点。应当说,教师对新理论新方法的吸收程度提高和汉语学习者的大量增加为实验研究全面展开提供了可能,以实验为手段的研究涉及学习动机、学习策略、影响因素、教学方法等多个方面的内容,非常丰富。但具体设计的科学性、被试和样本的选择、变量的控制、实验结论的可信度等方面的状

---

[1] 孙德金主编《对外汉字教学研究》,商务印书馆,2006 年。
[2] 顾安达、江新、万业馨《汉字的认知与教学——西方学习者汉字认知国际研讨会论文集》,北京语言大学出版社,2007 年。

况还不够理想。同时，实验及其报告的固定模式便于操作，相对易出成果，也使得将精力转向这方面研究的学者和教师越来越多，其他类别或方法的研究则相对萎缩。

（二）未来发展方向

首先，要论证科学标准。应进一步厘清理论问题，为汉字研究和教学提供有效的理论指导。应在充分论证的前提下，制定适应新形势的汉字大纲，而不是简单地以词汇大纲中所用的汉字集合作为替代；随后在新的、稳定的大纲基础上开展后续各项研究。

特别需要提出的是：汉字文化是一个十分重要并备受关注的问题，在实际教学中也经常被教师们提及，但令人不解的是，近十年来针对汉字教学中文化问题研究的内容非常少见。我们建议对汉字文化展开系统性的研究，在汉字大纲中增加与文化有关的参数，以保证汉字文化教学的科学性和规范性，避免俗文字学式的主观臆断的说解。

其次，要进行有效实验。应在充分探讨有效性和科学性的基础上，进行多种形式的实验和调研，解决教学实际问题。理想的实验应当是可重复的、可推广的。要达到这样的效果，需要进行科学的实验设计，在问题的提出、假说的形成、实验组与对照组的比较、样本数和覆盖面的确定、变量的选择与控制等各个方面精益求精，提高实验精度，获得有效的可复现的实验结果。

再次，要加强区别化、针对性汉字教学研究。在汉语教学蓬勃发展的现阶段，充分利用优势资源，进行国内与海外、汉字文化圈与非汉字文化圈、短期与长期、儿童与成人等多种不同国别、不同性质的汉字教学研究。

另一方面，区域内的异中求同、加强沟通仍然是教学和研究的主要目标之一。如 2013 年 10 月召开的中日韩共用常见汉字国际学术研讨会，就是为实现此目标所进行的一次有益探索。中日韩三国专家学者共同对第八次东北亚名人会上通过的《中日韩共用常见 800 汉字表草案》进行了系统的讨论和诠释，在原草案基础上形成了 808 字的《中日韩共用常见八百汉字表》。该表根据中国《现代汉语常用字表》、日本《常用汉字表》、韩国《教育用基础汉字表》三种资料编制，遵循"共同常用"的标准，目的是促进共同常用汉字的推广和应用，促进中日韩三国更进一步的交流。

第一章

汉字与汉字字综论

第一节 说"字" ①

本节从汉字与汉语的关系的角度解释汉字。为什么要从汉字与汉语的关系的角度解释汉字？因为我们讲汉字不难学，是为了讲汉语不难学。只有联系汉字与汉语的关系，讲汉字不难学才有意义；也只有联系汉字与汉语的关系，才能更好地说明汉字为什么不难学。朱德熙（1986）在"汉字问题学术讨论会"上说过，研究汉字"尤其要研究汉字和汉语的关系"。

为了讨论汉字与汉语的关系，为了从汉字与汉语的关系的角度解释汉字，我想从以下三个方面说"字"：一、什么是"字"；二、汉语音节的性质和特点；三、汉字的性质和特点。

一、什么是"字"

（一）"字"是音节和汉字的合称

提到"字"，人们首先想到的是汉字。因为首先想到的是汉字，所以当徐通锵先生提出"'字'是汉语的基本结构单位"的时候，

---

① 本节摘自吕必松《说"字"》，原载《汉字文化》2009 年第 1 期。

就有人问：口头汉语算不算汉语？如果承认口头汉语也是汉语，那么，什么是口头汉语的基本结构单位？如果把"字"仅仅理解为汉字，提出这样的问题当然不无道理。不过我个人一直认为，汉语的"字"不但包括汉字，而且也包括音节。"字"是音节和汉字的合称。对口头汉语来说，"字"指音节；对书面汉语来说，"字"指汉字。也就是说，所谓"字"是汉语的基本结构单位，是说音节是口头汉语的基本结构单位，汉字是书面汉语的基本结构单位。

为了说明"字"是音节和汉字的合称，这里不妨再重复引述吕叔湘（1964）的话："汉字、音节、语素形成三位一体的'字'。"[①] "三位一体"是什么意思？"三位一体"就是三者具有同一性。因为它们具有同一性，所以都可以叫作"字"。

"语素"是"词本位"理论的概念，"字本位"理论所说的"字"就包括"词本位"理论所说的"语素"，所以"字本位"理论不再使用"语素"的概念。这样就剩下了两位一体。我们用表1说明"字"和"语素"的包容关系：

表 1

要素	名称	
	字本位	词本位
音节	字	语素 （单音节词）
汉字		

把汉字和音节都叫作"字"完全符合人们对"字"的称说习惯。例如，我们可以说"这个字写得不对"，也可以说"他说话

[①] 吕叔湘《语文常谈》，《文字改革》1964—1965 连载；《吕叔湘文集》（第五卷），商务印书馆，1993 年。

总是两个字一顿"。"字写得不对"中的"字"就是指汉字，"两个字一顿"中的"字"就是指音节。由此可见，我们说"字"是音节和汉字的合称并不是杜撰，当然也不是什么新发现。

（二）"字"是汉语的基本单位

什么是基本单位？我们所说的基本单位，是指最小的结构单位。汉语的基本单位就是汉语中最小的结构单位。根据需要，可以从不同的角度把汉语最小的结构单位分别叫作基本语言单位、基本语法单位、基本组合单位、基本认知单位。这就是说，作为基本的即最小的结构单位，"字"（音节和汉字）是汉语的基本语言单位、基本语法单位、基本组合单位和基本认知单位。有一点需要补充说明：作为汉语基本单位的"字"是语内单位。"字"以下的单位，包括音节中的声母、韵母和声调，汉字中的笔画和部件，也都是结构单位，不过它们是字内结构单位，不是语内结构单位。字内结构单位是字法单位，不是语言单位和语法单位。

我国讲现代汉语的语言学著作以及各种现代汉语教科书，实际上都是把"词"作为汉语的基本单位。这一点已经深入人心，想改变都不太容易。"词"的概念是从西方语言学引进的，相当于英语的 word。"词"（word）是印欧系语言的基本单位，引进到汉语中来，也把它作为汉语的基本单位。这就成了问题。什么问题？就是汉语中到底什么是"词"，至今还没有一个统一的说法，也无法提出统一的说法。一个世纪过去了，还不能解释到底什么是"词"，仅此一点就足以说明，相当于英语 word 的"词"的概念对汉语不适用。

为了说明相当于英语 word 的"词"的概念对汉语不适用，下面再重复引述三位语言学大师的话。

吕叔湘先生说:"汉语里的'词'之所以不容易归纳出一个令人满意的定义,就是因为本来没有这样一种现成的东西。其实啊,讲汉语语法也不一定非有'词'不可。"① 赵元任先生指出,印欧系语言中 word 这一级单位"在汉语中没有确切的对应物","在说英语的人谈到 word 的大多数场合,说汉语的人说到的是'字'。这样说绝不意味着'字'的结构特性与英语的 word 相同,甚至连近于相同也谈不上"。② 王力先生说:"汉语基本上是以字为单位的,不是以词为单位的。"③

以上就是三位大师各自积一生之研究心得分别得出的同样的结论。他们明明白白地告诉我们:相当于英语 word 的"词"在汉语中根本不存在;汉语的基本单位是"字",不是"词"。

以上两点——"字"是音节和汉字的合称,"字"是汉语的基本单位——说的是"字"的内涵以及"字"在汉语中的地位和作用。这就是我们对"字"的解释。

二、汉语音节的性质和特点

(一)音节是口头汉语的基本单位

我们说汉语至少要说一个音节,小于音节的单位不是言语单位,大于音节的单位都是由音节组合生成的。例如:

---

① 吕叔湘《语文常谈》,《文字改革》1964—1965 连载;《吕叔湘文集》(第五卷),商务印书馆,1993 年。
② 赵元任《汉语词的概念及其结构和节奏》,载《考古人类学学刊》第 37—38 期,1975 年。王洪君译,叶蜚声校。收入《赵元任语言学论文选》,清华大学出版社,1992 年。
③ 王力《实用解字组词词典·序》,上海辞书出版社,1986 年。

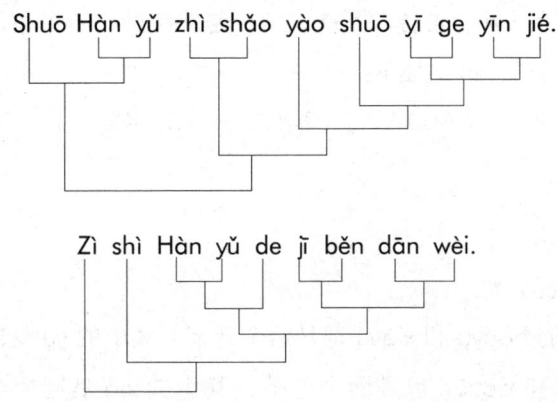

在上面的例子中，用汉语拼音拼写的每一个音节都是一个最小的言语单位。连接线是表示大于音节的结构单位都是以音节为基本单位按照"二合"方式层层组合起来的。除了联绵字、音译外来词和结构成分为奇数的并列结构以外，找不到其他的结构方式。由此可见，我们指出"音节是口头汉语的基本单位"是以语言事实为根据的。

（二）汉语音节具有双重身份

汉语音节既是语音单位，也是言语单位——作为口头汉语基本单位的音节就是言语单位。这就是汉语音节的双重身份。我们把作为语音单位的音节叫作语言音节，把作为言语单位的音节叫作言语音节。语言是对言语的抽象，与此相一致，语言音节是对言语音节的抽象。言语音节处于言语之中，具有表音和表意的双重作用。表音作用体现为在听觉上是一个响峰，可以用声学原理对其中的语音成分加以分析；表意作用体现为可以听出它的意思，可以用相应的汉字加以转写。因为具有表音和表意的双重作用，所以言语音节是音义单位。语言音节对言语音节的抽象只提取语音成分，所以只能表音，不能表意，是单纯的语音单位。言语音节和语言音节的区别如下：

言语音节（音义单位）　　　语言音节（语音单位）
（hàn）yǔ 语　　　　　　　　　　yǔ
（xià）yǔ 雨
xià（yǔ）下　　　　　　　　　　xià
xià（tiān）夏

上面的 hànyǔ 和 xiàyǔ 都是两个音节，其中的 yǔ 是同一个音节；xiàyǔ 和 xiàtiān 也是两个音节，其中的 xià 是同一个音节。我们都知道要把 hànyǔ 的 yǔ 写成"语"，要把 xiàyǔ 的 yǔ 写成"雨"；也都知道要把 xiàyǔ 的 xià 写成"下"，要把 xiàtiān 的 xià 写成"夏"。这就是因为这里的 yǔ 和 xià 都处在言语之中，是既表音也表意的言语音节，所以知道应该用什么汉字转写。如果单说 yǔ，或者单说 xià，我们就不知道说的是什么 yǔ、什么 xià，因此也不知道要用什么汉字转写。这就是因为单说的 yǔ 和单说的 xià 是从言语音节中抽象出来的，只提取了语音成分，所以是只表音不表意的语言音节。

具有双重身份是汉语音节能够成为口头汉语基本单位的决定性因素。汉语各级单位的组合都是意义的组合，意思相关的单位才能互相组合。如果汉语的音节仅仅是语音单位，就不能作为言语单位用于组合。由此可见，了解汉语音节的双重身份是理解汉语组合特征的关键之一。

汉语音节具有双重身份是汉语跟印欧语系语言的重要区别之一。印欧语系语言的音节是词内单位，可以是单纯的语音单位。汉语言语音节是语内单位，语内单位必然是音义单位。因此，不能把西方语言音节的概念套用在汉语音节上。说汉语音节是口头汉语的基本单位，许多人不理解。不理解不是因为别的，就是因为西方语言学中的音节是语音单位。音节既然是语音单位，怎么能成为言语单位呢？所以我们要反复说明：汉语音节具有双重身份，与印欧语系语言音节的性质不完全相同。

在汉语教学中，只有看到汉语音节的双重身份，才会把音节教学作为口头汉语教学的基础和基本组成部分，也才能提高口头汉语教学的效率。

（三）言语音节是原本性结构单位

作为音义单位的言语音节是音义黏着的天然整体，并非人工合成所致。就像一株植物，虽可指出它的根、茎、叶，却不能认为它是由根、茎、叶合成的。这就是言语音节的"原本性"——原本如此。原本性不但表现在音义黏着上，而且表现为在发音方法上是一气呵成，中间没有任何停顿，在听觉上是一个整体，没有任何合成的痕迹。言语音节的原本性告诉我们，汉语语音教学要把言语音节作为整体来教，因为只有把言语音节作为整体来教，才能保持音节发音的原本性。汉语作为第二语言学习者的洋腔洋调，跟我们的教学不是毫无关系。借助于汉语拼音把声母、韵母和声调分开来教，学生在发音时就要同时考虑声、韵、调。因为汉语拼音就刻在头脑里，头脑里要想着以汉语拼音为代表的声、韵、调，发音时就不但不能一气呵成，而且还会因为处理不好三者的关系和对汉语拼音的不可避免的误读而出错。如果不是借助于汉语拼音而是借助于汉字把音节作为整体来教，学生头脑中没有汉语拼音，只觉得一个汉字就是一个音，就不会出现这样的问题。

(四) 语言音节由极少的生成元素组合生成

作为音义黏着的天然整体,言语音节无法切分,但是任何音节的语音成分都可以分析。用声学原理对汉语音节的语音成分进行分析的结果,得到声母、韵母和声调这三大要素。这三大要素就是汉语音节的生成元素。它们之所以能够成为汉语音节的生成元素,是因为它们都是具有生成性的自由形式,可以根据组合规则互相组合。同一个声母可以与不同的韵母相组合,同一个韵母可以与不同的声母相组合,由声母和韵母组合生成"声韵";同一个"声韵"可以与不同的声调相组合,由声韵和声调组合生成音节。现代汉语普通话共有1333个语言音节(根据《现代汉语词典·音节表》统计,包括轻声音节、零声母音节、零韵母音节),这1333个语言音节就是由21个声母、35个韵母和5个基本声调组合生成的。5个基本声调是指第一声、第二声、第三声、第四声和轻声。把轻声算成基本声调,是因为轻声不都是变调。例如,de、le、ma、ne等一大批轻声音节都是原调,原调轻声音节是1333个语言音节不可缺少的组成部分。轻声的高低程度虽然不十分固定,要跟前一个音节相适应,句尾轻声的高低程度除了要跟前一个音节相适应以外,还要跟句调相适应(其实其他声调也是如此),但是这种不固定性并不能改变轻声音节"轻"的特点。因此,不应当把轻声排除在基本声调之外。5个基本声调以外还有1个半三声。半三声是变调,虽然也有独立的调值,但是对语言音节总数的构成不产生影响,不属于基本声调。由第三声变来的第二声与原调第二声调值相同,所以不是独立的调型,不影响语言音节总数的构成。"一、不"等的变调也不是独立的调型,也不影响语言音节总数的构成。变调是音节组合中出现的语音现象,并非音节本身固有的特点。由此可见,汉语的全部语言音节就是由 21 个声母、35 个韵母和 5 个基本声调组合生成的。

汉语学习者在学习过程中的发音偏误,都集中在声母、韵母和声调这三个方面。这三个方面的偏误不一定同时发生,所以纠正偏误应当有针对性地纠正。有针对性地纠正就是哪一方面出现偏误,就在哪一方面纠正。我们从汉语教学的角度分析汉语语言音节的生成元素不是为了把这些生成元素分开来教,而是为了科学地编排语音练习的内容和有针对性地纠正学习者的发音偏误。

三、汉字的性质和特点

(一)汉字是书面汉语的基本单位

就像说汉语至少要说一个音节一样,写汉语至少要写一个汉字。小于汉字的符号不能成为书面汉语的单位,大于汉字的单位都是由汉字组合生成的。把前面的例子用汉字转写出来就可以清楚地看出,书面汉语的基本单位与口头汉语的基本单位是完全一致的。

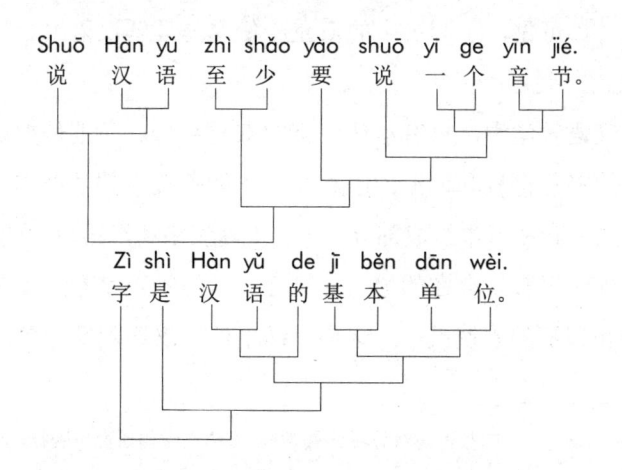

Shuō Hàn yǔ zhì shǎo yào shuō yī ge yīn jié.
说 汉 语 至 少 要 说 一 个 音 节。

Zì shì Hàn yǔ de jī běn dān wèi.
字 是 汉 语 的 基 本 单 位。

从上面的例子不难看出，我们指出"汉字是书面汉语的基本单位"也是以语言事实为根据的。

（二）汉字是整体转写言语音节的文字

文字的作用是转写口头语言。汉字转写口头汉语是整体转写言语音节，而不是转写大于或小于言语音节的语音成分。从上面的例子可以看出，汉字之所以能够成为书面汉语的基本单位，就因为汉字是整体转写言语音节的文字，与言语音节有对应关系：一个言语音节写下来就是一个汉字，一个汉字读出来就是一个言语音节。再举例如下：

yǐ rén wéi běn　　hé xié shè huì　　kē xué fā zhǎn
以 人 为 本　　和 谐 社 会　　科 学 发 展

因为汉字是对言语音节的整体转写，所以含有与之相对应的言语音节所赋予的音和义，成为形音义单位。这说明汉字也具有双重身份：它既是汉语的书写符号即表形单位，也是形音义单位。汉字具有双重身份是汉字能够成为书面汉语基本单位的决定性因素。如果仅仅是书写符号，汉字就不能作为书面汉语的基本单位用于组合。可见，了解汉字的双重身份也是理解汉语组合特征的关键之一。

在汉语教学中，只有承认汉字的双重身份，而不是把汉字看成单纯的书写符号和词汇的附属品，才能把汉字教学作为书面汉语教学的基础和基本组成部分，才能提高汉字和汉语教学的效率。我国对外汉语教学存在的最大问题之一就是把汉字看成单纯的书写符号和词汇的附属品，[1] 这是"词本位"汉语观所导致的必然

---

[1] 吕必松《语言教育与对外汉语教学》，外语教学与研究出版社，2005年。

结果。

（三）汉字是意符表意和音符表音相统一的文字

有一种颇为流行的说法，就是拼音文字是表音文字，汉字是表意文字。这样的说法给人的印象是：拼音文字只表音不表意，汉字只表意不表音。实际上，每一种语言的文字都有一定的形体结构，也都有一定的表音和表意的方法。从这个意义上说，每一种文字都有表音功能，也都有表意功能。一种文字如果没有表音功能，就无法读出它的声音来；如果没有表意功能，就不能通过字形（词形）识别字义（词义）。具有表音和表意功能是不同文字的共性。不过，不同的文字往往用不同的方法，也就是用不同的形体结构表音和表意。形体结构不同，就意味着表音和表意的方法不同，这样就形成了不同文字的个性特点。人们学习一种语言的文字，就是要掌握这种文字的形体结构及其表音和表意的方法。因此，从语言教学的角度研究文字，就必须研究文字形体结构的特点和表音、表意方法的特点。我们从汉语教学的角度研究汉字，最重要的是研究汉字形体结构的特点以及汉字表意和表音方法的特点。

汉字形体的结构单位有笔画、部件和整字，组成整字的笔画和部件都按上下、左右、内外的位置排列。这样的结构特点就是汉字表意和表音的物质基础。

汉字表意和表音方法的主要特点是意符表意和音符表音的统一，这也是汉字的造字原则。（我们在"字义、形音义"等表述中所说的"义"都是指"义类"，不是指具体的意思。）古人把汉字分为六类，叫作"六书"。"六书"包括象形、指事、会意、形声、假借和转注。假借字是指借用原来的汉字代表新的意思，不再创造新字。例如，"六"本来是"庐"的意思，后来借用来代表数目字"六"，数目字"六"就叫假借字。转注字是指可以用来互相解释字义的汉字。例如，"老"和"考"可以用于互相解释字义，说明"老"是"考"的意思，"考"是"老"的意思，"老"和"考"就叫转注字。其他四类汉字的类别就代表意符表意和音符表音相统一的造字原则。

为了把这些具体知识归结到汉字的性质和特点上来，下面解释一下象形字、指事字、会意字和形声字的造字原则。

1. 象形字。在最早的汉字中，有一类是用线条描画出来的人和事物的形状，用人和事物的形状代表字义。后来人们就把这类汉字叫作象形字。例如，"人"是用线条描画出来的人的形状，"马"是用线条描画出来的马的形状，"日、月"是用线条描画出来的太阳和月亮的形状。"人、马、日、月"就叫象形字。在汉字发展的过程中，线条逐渐演变为笔画和笔画组合，字形就发生了不同程度的变化，但是仍然保留着大致的轮廓。我们可以通过对字形的联想识别字义和帮助记忆。

2. 指事字。在最早的汉字中，还有一类是用线条描画出来的人和事物特点的形状，用人和事物特点的形状代表字义。后来人们就把这类汉字叫作指事字。例如："一、二、三"是用横线的数量表示数目，"上、下"是分别在横线上面和下面添加符号指示方位。"一、二、三"和"上、下"都是描画事物特点形状的象形符号。又如："木"是用线条描画出来的树的形状，在"木"（树）的底部添加一个符号就成为"本"，代表树根；"食"是用线条描画出来的碗上有盖的形状，用碗上有盖的形状代表食物。在"木"（树）的底部添加一个符号代表树根，是因为树根的特点之一是位置在树的底部；用碗上有盖的形状代表食物，是因为食物的特点之一是可以盛在碗里，可以用碗上加盖的方法保温和保洁。跟象形字一样，指事字的线条也逐渐演变为笔画和笔画组合，字形也随着发生了不同程度的变化。指事字多半要通过对字形的解析才能理解字义，形体变化较大的指事字还要通过追溯原形才能帮助理解和记忆。

象形字和指事字数量不多，但是多半都可以与其他汉字组合生成会意字和形声字。因为会意字和形声字中包含着象形字或指事字（以及它们的变体），所以在象形字和指事字的基础上学习会意字和形声字就更加容易。

3. 会意字。会意字是由象形符号与象形符号组合生成的汉字，用象形符号与象形符号的组合表示字义。例如，"从"由两个"人"组成，两个"人"一前一后，代表跟从。"多"由两个"夕"组成，"夕"的古字同"月"，"多"代表两个月亮，意为多出了一个。"活"由"氵"（氵＝水）和"舌"组成，用"舌上有水"代表存活。"话"由"讠"（讠＝言）和"舌"组成，因为说话要用舌头，所以就用"舌"和"言"的组合代表说话。这是根据现行汉字的形体所做的解释。"活"和"话"原本是形声字，其中的"舌"原为"昏"（音 guā），是音符，后来隶变为"舌"。又如，"信"由"亻"（亻＝人）和"言"组成，从中可以看到古人有"人言为信"的准则。"和"由"禾"和"口"组成，我们可以解释为"禾"代表庄稼，"口"代表人，人和庄稼相互依存，相依为命，代表人与大自然的正常关系，也比喻人与人的正常关系。"谐"由"讠"（讠＝言）和"皆"组成，"皆言"即人人都有发言权。通过解析"和、谐"二字的造字原则就可以更好地理解"和谐社会、和谐世界"的深刻含义。

4. 形声字。由意符（形旁）和音符（声旁）组合生成的汉字叫作形声字。形声字的意符代表义类，音符代表音类。例如，"功、攻"中的"力、攵"是意符，"工"是音符；"铜、桐"中的"钅（钅＝金）、木"是意符，"同"是音符。有些会意字也是形声字。例如，"和"是会意字，但是"和"中的"禾"也是音符，所以"和"是会意兼形声字。"躬"由"身"和"弓"组成，有把身体弯成弓形的意思，是会意字。"弓"又充当音符，所以"躬"也是会意兼形声字。"富"由"宀"和"畐"组成，"宀"代表屋子，"畐"的古字像装满实物的瓶子，意为充盈，用屋内充盈代表富有，是会意字。"畐"（fú）又充当音符，所以"富"也是形声字。

会意字和形声字中的象形符号都是意符。会意字是意符与意符的组合，形声字是意符与音符的组合。无论是意符与意符的组合，还是意符与音符的组合，其组合规则都是"二合"。

用象形符号与象形符号组合表意都是直接表意，这是汉字跟拼音文字的重要区别之一。拼音文字是通过记音表意，由音生意；汉字是通过画形表意，由形生意。由音生义是间接表意，由形生义是直接表意。直接表意就是直接反映客观世界，具有便于理解和记忆、能够快速反映的优势。有大量的汉字即使不知道它们的读音，也可以根据字形猜到它们的大意，根据上下文猜测字义的把握性更大。不需要或者不必单纯依靠语音转换就能理解字义，这就充分显示了汉字表意方法的科学性。

汉字的笔画不代表音素，因此有人认为汉字没有表音功能。这是对文字表音功能的误解，也说明对汉字的表音特点缺乏认识。汉字不是用笔画或字母表音，而是用整字表音。整字表音有两种方法。一种方法是用整字的读音代表音节的读音,这是形音合一;另一种方法是用整字做形声字的音符表音,这是形音结合。象形字、指事字和会意字都是形音合一,形声字(包括会意兼形声字)是形音结合。无论是形音合一还是形音结合,都是形和音的统一。因为意符有直接表意的特点,所以形音统一也就是形音义的统一。我们认为,能够达到形音义高度统一的文字才是最科学的文字。

有些形声字的音符在现代汉字中已不再表音。现代汉字中仍有表音功能的音符有以下三种类型:

1. 全表音音符。与整字的读音完全相同的音符是全表音音符。例如:

表2

音符	例字
成	城 诚 晟 盛 铖 宬
唐	鄌 塘 搪 溏 瑭 糖 螗 糛
凶	匈 讻 汹 恟 胸
肖	削 逍 消 宵 绡 硝 销 蛸 霄 魈
章	鄣 獐 彰 漳 嫜 璋 樟 蟑

2. 半表音音符。在声韵调这三项当中,只有一两项与整字的读音完全相同的音符是半表音音符。半表音音符虽然只能表示近似音,但是对整字的读音有提示作用。下表是有两项相同的例子:

表3

声母和韵母相同		声母和声调相同		韵母和声调相同	
形声字	音符	形声字	音符	形声字	音符
吗(ma)	马(mǎ)	伯(bó)	白(bái)	草(cǎo)	早(zǎo)
哪(nǎ)	那(nà)	宾(bīn)	兵(bīng)	现(xiàn)	见(jiàn)
花(huā)	化(huà)	英(yīng)	央(yāng)	谈(tán)	炎(yán)

3. 部件音音符。有些音符的读音与该音符的本音虽然不同，但是做部件时的读音具有内部一致性，代表做部件时的统一读音。我们把这类音符的读音叫作"部件音"。下表是部件音的例子：

表 4

部件	原字音	部件音	例字
白	bái	bó	伯 泊 柏 铂 帛 舶 鲌
并	bìng	píng	屏 摒 洴 瓶
亥	hài	gāi	该 陔 垓 荄 赅
斤	jīn	xīn	䜣 忻 昕 欣 锌 炘 新 妡
开	kāi	xíng	刑 邢 形 型 钘
难	nán	tān	摊 滩 瘫
反	fǎn	bān, bǎn	扳 攽 颁，阪 坂 板 昄 版 钣 舨
句	jù	gōu, gǒu, gòu	佝 枸，狗 岣 苟 笱 岣，够
生	shēng	xīng, xìng	星 猩，性 姓
少	shǎo	chāo, chǎo	抄 钞，吵 炒
亡	wáng	māng, máng	牤，邙 芒 忙 盲 氓 茫 杧 硭 铓
襄	xiāng	rāng, ráng, rǎng	嚷，瀼 禳 穰 瓢，嚷 壤 攘
炎	yán	tán, tǎn	倓 谈 郯 埮 锬 痰，菼 毯
且	qiě	zū, zǔ	租，阻 诅 组 祖 俎
我	wǒ	é, è	俄 莪 涐 娥 峨 哦 锇 鹅 蛾 鹅，饿

上表中的部件音，有的读音完全相同，有些只是声调不同（声调不同的用逗号隔开）。

现代汉字义符表意和音符表音的功能已经弱化。弱化现象表现为：由于字形的发展变化，象形符号要通过联想或联系原形进行解析才能理解字义；由于语音的发展变化，多数音符只能表示近似音，有的已不再表音。尽管如此，现代汉字中仍然保留着大量表意和表音的成分，这些表意和表音的成分仍然有助于汉字的理解和记忆。尤为重要的是，汉字意符表意和音符表音的功能虽已弱化，但是意符表意和音符表音相统一的科学原则依然存在，为通过汉字改革恢复和强化这一科学的造字原则预留着空间。

（四）汉字是区别性和节约性高度统一的文字

文字都必须同时具备区别性和节约性。所谓区别性，就是把代表不同音义的字词区别开来；所谓节约性，就是用尽可能少的符号满足区别性的需要。文字如果没有区别性，不能把不同音义的字词区别开来，就没有存在的价值；如果没有节约性，要给学习和使用带来无法承受的重负，就没有使用的价值。

汉语语言音节为数有限，节约性有余而区别性不足。如果用汉字转写语言音节，就必然会因为汉字数量太少而跟语言音节一样不能显示足够的区别性。为了弥补为数有限的语言音节区别性不足的缺陷，我们的祖先就想出了用汉字转写言语音节的办法。用汉字转写言语音节不但可以把同音字区别开来，而且可以把同音词区别开来。例如：

不详—不祥（详 祥） 大道—大盗（道 盗） 食堂—食糖（堂 糖）

石油—食油（石 食） 因素—音素（因 音） 原因—原音—元音（原 元 因 音）

中心—忠心—衷心（中 忠 衷）住房—驻防（住 驻 房 防）向前看—向钱看（前 钱）

用汉字转写言语音节，就是为了区别字义和词义。如果用汉字转写语言音节，汉字就成为单纯记音的文字，就无法区分同一个音节的不同的意思，不要说古代汉语和大量的诗词、对联、标牌等都无法理解，就是上面列举的现代人日常生活中常用的词语，也都难以从意义上加以区分。通过转写言语音节而使汉字具有更大的区别性，就能充分满足书面交际的需要。

前面提到，汉字形体的结构单位包括笔画、部件和整字。我们把整字分为基本结构字、复合结构字和复杂结构字三类。部件是与整字相对的概念，大部分部件由整字担任。由基本结构字担任的部件是基本部件，由复合结构字担任的部件是复合部件，由复杂结构字担任的部件是复杂部件。也有非整字部件，例如"汉语"二字中的"氵、讠"，"提高"二字中的"扌、亠、冂"等，都是非整字部件。非整字部件只能用于组字，我们把这类只能用于组字的部件叫作组字部件。汉字到底有多少笔画、多少部件，因为分析的角度、标准和方法不同，得到的数量也不同。我们根据教学的需要把汉字的笔画归结为24个（笔者前说26个），其中基本笔画（书写时笔向基本不变的笔画）6个，复合笔画（书写时笔向改变一次的笔画）和复杂笔画（书写时笔向改变两次及以上的笔画）各9个；我们对《现代汉语常用字表》（国家语言文字工作委员会汉字处编，语文出版社，1988年）中的3500个常用和次常用汉字进行分析、统计，得到组字部件120个。经初步核查，3500个以外的非常用汉字，不再出现新的笔画，只出现少量组字部件。因为简化字中出现了不少新的部件，使汉字的部件数量不是减少而是增加了，所以繁体字部件的总数只会小于此数。大体上说，所有的汉字就是由这24个笔画和120个组字部件组合生成的，这24个笔画和120个组字部件就是汉字的生成元素。为数有限的生成元素能够组合生成数量充足的汉字，充分满足书面交际的需要，这就显示了高度的节约性。

汉字为什么具有高度的节约性？一是因为汉字不是拼音字母的线形组合，而是笔画和部件按上下、左右、内外位置排列的平面组合，这就使形音义表达的自然空间得到了充分的利用。二是因为部件都是具有生成性的自由形式，多半是一身多任。所谓一身多任，就是既是独立的汉字或独立汉字的变体，又充当整字的部件；作为整字的部件，还充当音符或意符。例如："村"由"木"和"寸"组合生成，"木"既是独立的汉字，也是"村"的部件，又充当"村"的意符;"寸"既是独立的汉字,也是"村"的部件,又充当"村"的音符。由此可见,"木"和"寸"都是一身多任。利用现成的符号担任多种角色,就使汉字生成元素的数量得到了有效的控制。

上面的事实说明,汉字确实是区别性和节约性高度统一的文字。汉字区别性和节约性的高度统一是由汉字形体结构的特点所决定的。

(五)汉字是与口头汉语科学匹配的文字

文字是口头语言的转写符号,必须与口头语言相匹配。我们说文字与口头语言有匹配关系,不是说文字和语言只能是一对一的匹配关系。同一种语言可以用不同的文字匹配,但是文字与口头语言的匹配有是否科学和科学化程度高低的问题。文字改革的目标之一就是谋求文字与口头语言的科学匹配,或提高匹配的科学化程度。汉字与口头汉语的匹配相当科学,其科学性至少表现在以下几个方面:

1. 保证了基本单位的一致性和视、说、听的一致性。口头汉语以言语音节为基本单位,汉字整体转写言语音节,正好与言语音节相一致,成为书面汉语的基本单位。这样就使以汉字为代表的书面汉语的基本单位跟以言语音节为代表的口头汉语的基本单位完全一致,使汉语使用中的视、说、听完全一致。所谓视、说、听完全一致,就是视觉上的一个直观表意的符号,说出来就是一个音节,在听觉上就是一个响峰。基本单位的一致性和视、说、听的一致性有利于书面汉语和口头汉语的兼容和对流。"对流"即互相影响。例如,"与时俱进、以人为本"等在书面汉语中出现以后,很快就融入了口头汉语。如果不是先见于书面汉语,一般人就听不懂，也就难以进入口头汉语。

2. 弥补了语言音节区别性不足的缺陷。汉语音节数量有限，基本上都具有多义性，而汉字除了能够跟言语音节相对应以外，还具有意符表意和音符表音相统一的特点以及由此决定的更大的区别性，可以用不同的汉字把同一个语言音节的不同的意思区别开来。

3. 使众多方言的存在不影响书面汉语的统一。因为汉字与言语音节有对应关系，所以同样的汉字可以用不同的方音识读。众多方言的存在，包括跟普通话语音差别很大的方言的存在，并不影响书面汉语的统一，原因就在于此。而书面汉语的统一又使普通话和方言能够兼容和对流。

4. 使现代汉语能够跟古代汉语保持有效的传承关系。汉字与言语音节的对应性以及意符表意和音符表音相统一的特点使现代汉语能够跟古代汉语保持有效的传承关系，使历代文化典籍中最精彩的部分，包括成语、典故、常用字词和词语结构方式等，都成为语言自身的积淀而在现代书面汉语和口头汉语中被广泛沿用，使现代书面汉语和口头汉语更加简练、丰富和多姿多彩。"人法地、地法天、天法道、道法自然"，这类最古老而又最深刻的科学道理，都可以通过汉字去加以理解。

书面汉语和口头汉语的兼容和对流，普通话和方言的兼容和对流，古代汉语及其承载的传统文化通过现代汉语绵延传承，使汉语在使用中不断发展，使源远流长的中华文化在与时俱进中弘扬光大，所有这些，都要归功于与口头汉语科学匹配的汉字。

（六）汉字是容易学的文字

所谓汉字难学，并由此推及汉语难学，似乎已成了不争的事实。"汉字难学论"不但是有些人坚持走拼音化道路的理论基础，而且还成了我国语文教学和汉语作为第二语言教学设计教学方案和教学方法的或明或暗的思想前提。"汉字难学"是个祸害无穷的冤假错案，是提高我国语文教学和汉语作为第二语言教学的教学效率的一大障碍。我们阐明汉字容易学的特性，就是为了打破"汉字难学论"。只有这样，才能提高我国语文教学的质量，才能提高汉语作为第二语言教学的效率和成功率，也才能消除希望学习汉语的外国人对汉字的恐惧心理。

我们说汉字是容易学的文字，绝非民族感情的驱使，而是出于对事实的尊重。下面就是汉字容易学的事实根据：

1. 学习汉字需要理解、模仿和记忆的要素很少。学习不同的语言和文字，确实有难易程度的差别。决定难易程度的因素是需要理解、模仿和记忆的要素的多少，以及理解、模仿和记忆这些要素的难易程度的大小。

前面说过，汉字形体的结构单位包括笔画、部件和整字，笔画、部件和整字就是学习汉字需要理解、模仿和记忆的要素。笔画是汉字的基本结构单位，总数只有24个，这24个笔画只有9个概念——横、竖、撇、捺、点、提、钩、弯、折。这9个概念既是笔画的名称，也是笔画书写方法的名称。英语的最小书写单位是字母，就读音而言，英语字母是26个，就书写方法而言，却是104个，因为英文字母有大写和小写以及印刷体和手写体之分。英文字母没有书写方法的名称，没有名称的事物不容易记住。学习24个笔画和学习104个字母哪一种更加容易？一定有人会说，英文字母有表音功能，汉字的笔画没有表音功能，所以不能拿笔画跟英文字母相比。不过，我们将在下面举例说明，英文字母虽然有表音功能，但是英文字母的读音与英文词的读音并不完全一致，学会了英文字母的读音，并不等于学会了英文词的读音。因此，就需要理解、模仿和记忆的要素而言，汉字的笔画跟英文字母仍有一定的可比性。汉字中大于笔画而与整字相对的结构单位是部件，大部分部件也是整字。整字部件都是成品，就包含在整字的总数之内，不必额外计算。需要作为部件专门学习的是组字部件，而组字部件只有 120 个。有统计表明，2500 个最常用汉字的覆盖率可以达到 99% 左右。只要掌握了 2500 个最常用的汉字，阅读非专业性的汉语文本就基本上没有文字障碍了。即使遇到个别没有学过的汉字，也可以根据字形猜到字义，在上下文中猜测字义的把握性更大。例如，看到带"讠"的汉字，就知道跟"言语"有关；看到带"口"的汉字，就知道跟"口"的形状或"口"的动作有关；看到带"冫"的汉字，就知道跟冰冻、寒冷有关……掌握了 2500 个最常用的汉字就具备了查字典的能力，即使阅读专业书刊，也可以通过查字典解决生字问题。因此，无论是学习第一语言，还是学习第二语言，都可以把 2500 个最常用汉字作为汉字教学的数量目标。以上事实说明：学习汉字需要理解、模仿和记忆的要素只有 24 个笔画、120 个组字部件以及由这些笔画和组字部件组合生成的 2500 个左右最常用的汉字。

2. 汉字容易理解、模仿和记忆。有研究表明，最能帮助理解和记忆的是形象和事件。组成汉字的象形符号具有形象性，象形符号组合不但代表形象，而且也代表事件，可以如故事般解释字形和字义。例如，"国"由"囗"和"玉"组成，"囗"是围起来的样子，代表边界；"玉"是宝玉的形状，代表资源和财富。古人把划定边界并拥有资源和财富的地方叫作"国"。又如，"家"

由"宀"和"豕"组成,"宀"是房子的形状,"豕"是猪的形状。猪本来是野生动物,后来收到房子里饲养。有屋子养猪就代表定居,定居就代表家的形成。古人用屋子里有猪代表"家",我们从中可以体会到"家"的形成过程。学会了"国"和"家",再学习"国家"就相对容易。

一般认为,用整字的读音代表音节的读音就是一字一音,一字一音对读音就要死记硬背;形声字发展到现在,多数音符只能表示近似音,有的已不再表音,也要死记硬背。其实,不但学习汉字的读音要死记硬背,学习拼音文字的读音也要死记硬背。区别不在于是否需要死记硬背,而在于需要死记硬背的要素的多少以及难易程度的大小。一般说来,学习形音脱节的文字需要死记硬背的要素多,学习形音一致的文字需要死记硬背的要素少;学习形音脱节严重的文字需要死记硬背的要素多,学习形音脱节不严重的文字需要死记硬背的要素少。汉字确实存在着形音脱节的现象,但是,如果把 2500 个最常用的汉字作为汉字教学的数量目标,那么,即使都是一字一音,需要死记硬背的要素也有限。何况,带全表音音符、半表音音符和部件音音符的汉字并不需要一个一个地死记硬背。汉字直接表意的特点又使汉字具有便于理解和记忆的优势,这一优势足以抵消汉字形音脱节的缺陷。

跟汉字相比,英语文字形音脱节的现象相当严重。我这样说,恐怕很少有人相信,所以要用事实来说明。下面普通的例子就是事实:

write/right common/commode or/work gentleman/ground five/phonetic

在上面的例子中,write 和 right 读音完全相同,所用字母和字母组合却不完全相同；common 和 commode 中的同一个字母 o 就有三种读音；or 单独成词时的读音与在 work 中的读音也不相同；gentleman 和 ground 中的同一个字母 g 的发音却有天壤之别；phonetic 和 five 中的同一个字母 i 的读音截然不同，f 和 ph 的发音却又完全相同，如此等等。这类情况是常规而非特殊，说明英语文字形音脱节的现象相当严重。正因为如此，我们学习英语文字的读音，绝不能完全依靠字母的发音。如果英语文字都能根据字母直接发音，就不必专门记忆每一个词的拼法。而事实正好相反，我们学习英语的时候，不但要记住每一个词的读音和意思，而且要记住每一个词的字母组合，所以要花费很多的时间和精力去背诵单词。尽管如此，书写时有时还要查词典，还免不了要出现拼写错误。就是用英语的本族人，包括文化程度很高的人在内，书写时有时还要查字典，也免不了出现拼写错误。学会了英语的人，有可能忘记学习的过程，忘记了自己是花了多少时间才学会英语的。这是不是属于好了伤疤忘了疼？没有学过英语的人，一听说英语是表音文字，就以为一定容易学，这是想当然。

上面实际上是拿汉字跟英文词做比较。一定有人会说，汉字和英文词不在同一个层面上，不能相比。不过，这里就需要理解、模仿和记忆的要素的多少以及难易程度的大小而言。汉字与英文词的可比性还是有的。例如，即使在词汇层面上，同样是满足书面交际的需要，汉语常用和次常用字词的数量也比英语常用和次常用词少。汉语的词多半是利用旧概念生成新概念，字义可以帮助理解词义，并不是每个词都要专门学习。因此，即使在词汇层面上，学习书面汉语需要理解、模仿和记忆的要素也要少得多。

3. 中外儿童都能较快地学会汉字。2007年暑假，北京新亚研修学院用《48小时汉语速成》（初稿）对来自美国等国家的6—18岁的汉语初学者进行了一次教学试验。试验前设想，这个阶段平均每课时最多学会认读3.5个汉字。后来惊喜地发现，试验结果比预想的还好。试验报告说："学习完2周共24课时的学生基本上都能认读120个左右的汉字，最好的能认读200多个汉字和由这些汉字组合生成的400多个词语。"这就是说，即使按120个汉字计算，也达到了平均每课时学会认读5个的水平。我们知道，汉字学习有一个从慢到快的过程，有了一定的基础，以后会学得更快。

有大量的证据表明，中国儿童如果在三四岁开始学习，在学前阶段（五六岁）就可以学会一两千甚至两三千个汉字，形成自主阅读的能力。使用拼音文字国家的儿童在学前阶段不一定都能学会自主阅读。人们普遍认为汉字比拼音文字难学，如果汉字真的比拼音文字难学，为什么中国儿童能在学前阶段学会自主阅读而使用拼音文字国家的儿童反而不能？

让中国儿童在学前阶段学会自主阅读意义重大。五六岁的儿童正处于阅读能力发展的最佳期内，在阅读能力发展最佳期内养成自主阅读的能力，对促进智力发展的意义非同小可。幼儿和儿童有爱学的天性，如果能够自主阅读，爱学的天性就会持续发展。人之初，本爱学。可是现实情况却令人失望。有不少儿童，甚至可以说是多数儿童，一上学，就厌学。面对这样的局面，我们这些教育工作者难道不应该问一个为什么吗？

让中国儿童在学前阶段学会自主阅读不是能不能的问题，而是做不做的问题。做不做又在于对汉字的认识。许多人的头脑中都有一个难解的"结",这个"结"就是汉字"难学"。我们讲汉字容易学的目的之一,就是希望帮助人们解开这个"结"。

四、结束语

最后概括一下:说"字"要说的是汉字与汉语的关系,从汉字与汉语的关系的角度说明汉字不难学,并通过汉字不难学说明汉语不难学。先讨论汉语音节,再讨论汉字,是为了说明汉字是与口头汉语科学匹配的文字;讨论汉字形体结构的特点和表意、表音方法的特点,是为了说明汉字是科学的文字;拿汉字跟英语文字做比较,并介绍中外儿童学习汉字的实际情况,是为了用事实说明汉字是容易学的文字。说明汉字是容易学的文字,不但是为了帮助人们树立学好汉字和汉语的信心,而且也是为了从理论上破除"汉字难学论"。破除了"汉字难学论",就容易破除"汉字落后论",因为"汉字落后论"的主要根据是汉字"难学"。

人们认为汉字难学,实际上是一种误解。产生误解至少有两个原因。第一个原因是想当然,以为拼音文字有表音功能,汉字没有表音功能;汉字既然没有表音功能,就必然比拼音文字难学。第二个原因是我们没有正确认识和处理汉字教学与汉语教学的关系,也没有按照汉字的特点和规律教授汉字。我们讨论汉字与汉语的关系,讨论汉字形体结构的特点和表意、表音方法的特点,也是希望正确处理汉字教学与汉语教学的关系,并按照汉字的特点和规律教授汉字。

鸦片战争之后,我国一度处于危难时期。有些爱国者误认为汉字是造成国家落后的根源,于是把废除汉字当成了医治落后、振兴国家的良方。时至今日,汉字容易学已为许多理论研究和教学实践所证明。在这样的情况下,如果还在把汉字贬为落后文字,还在把至宝当祸害,还在主张用拼音文字替换汉字,就不是与时俱进而是倒行逆施了。

第二节 从汉字研究到汉字教学[①]

对外汉字教学的目的是让学生对汉字符号体系有基本的了解和总体把握,并在此基础上学会运用汉字。为了实现这一目标并尽可能地避免或减少由于教学上的失误所诱发的学习偏误,[②] 教者首先应该对汉字符号体系有比较清楚的认识,并在此基础上有计划地引导学生了解汉字符号体系。

然而在上述两方面,目前都存在着一些问题。在教者自身,主要有二:一是对汉字符号体系的认识不够全面,一部分人只希望就对外汉字教学有关的部分"急用先学,立竿见影"。这种浮躁情绪不可避免会导致认识上的片面性,不仅在解决教学问题时欲速而不达,而且也很难用对外汉字教学实践中本可以得到的真知与本体研究已有成果相印证。因此,虽然不少论述已经在努力

[①] 本节摘自万业馨《从汉字研究到汉字教学——认识汉字符号体系过程中的几个问题》,原载《世界汉语教学》2007 年第 1 期。

[②] 鲁健骥曾指出:"教学上的失误是诱发学生的偏误的原因之一,或者说是主要原因之一。"《偏误分析与对外汉语教学》,《语言文字应用》1992 年第 1 期。

缩短二者间的距离，但从已见成果所反映的汉字教学研究中来看，理论与实践脱节的现象依然存在。本体研究与教学相结合的努力往往停留在对汉字教学总体设计或具体方法提出构想，而教学研究提高理论含量的做法则常常是为教学活动中得到的感性认识寻找理论支撑。二是在吸收汉字研究成果的过程中，遇到众说纷纭、尚未形成共识的情况时，常常深感困惑，难于取舍。

在教学过程中，则既有对引导学习者了解汉字符号体系的重视不够的问题，又存在着上述片面认识与无所适从的困惑。表现在认识方面，是将教学总体设计所依靠的理论基础——汉字符号体系的系统性狭隘地等同于字形的结构层次；表现在做法上，则无论是引导学生认识汉字形体还是读音以及字所代表的语义时，仍然着眼于个别符号的具体分析和讲解，或以为必须通过知识讲授课程的设置，才能让外国学习者形成对体系的认识，对于通过其他手段引导学生自主地了解汉字符号体系缺少充分的思考和具体实践。

本节将就我们自身如何面对本体研究中一些有分歧的问题择善而从，以及如何引导学习者认识汉字符号体系两方面展开讨论。

一、认识汉字符号体系过程中的几个问题

我们对汉字符号体系的认识以及从事汉字教学的理论依据大多数来自文字学著作和已见文字资料，而各家著述中的不同见解往往引起各种困惑。因此如何正确、全面地认识汉字符号体系就成为一个至关重要的问题。

（一）研究角度与方法对结论的影响

翻检有关汉字研究的著述，有时会发现这样一种现象：以同

一事物或现象作为依据所做的研究，得到的却是截然相反的结论。对形声优势形成的认识便是一个典型的例子。

在现行汉字中，形声字仍然是主体。这一现状决定了形声字是汉字学习的主要内容。对汉字认知途径的设计也是以形声字的认知作为主要依据的。然而长期以来，对形声字结构成分的了解多着眼于意符（形旁）而有意无意地忽略了音符（声旁）。其中一个重要原因就是以为音符的前身是独体表意字。因此，选择对形声优势的认识作为这一部分的例子，一方面是由于其本身极具代表性，可以用来作为解剖的对象；另一方面，弄清音符的来源对于教学是有其现实意义的。

所谓形声优势，指的是形声字在全部汉字中占大多数或绝大多数。根据对古文字资料的研究结果："西周到西周末期形声字尚占当时总字数的 50% 左右。""春秋战国之际的文字资料中，形声字约占总字数的 75%—80%。"[1] 参照其他统计结果，[2] 即使按照比较保守的估测，也可以得到这样的结论：至迟在战国末期，形声优势已告确立。那么，这种发展趋势意味着汉字发生了什么样的变化呢？

面对同一事实，结论却迥然不同：

看法一：汉字增加了表音成分。如高名凯、石安石曾指出："表音成分在汉字中大大增加了，这主要表现在形声字的比重上。"[3]

---

[1] 张振林《隶变研究·序》，河北大学出版社，1993 年。

[2] 根据对属于战国时期的中山王墓出土器物上的文字所做分析统计，形声字约占总数的 67%。详见汤余惠《略论战国文字形体研究中的几个问题》，载《古文字研究》（第十五辑），中华书局，1986 年。

[3] 高名凯、石安石《语言学概论》，中华书局，1963 年。

又如蒋善国认为,形声字"在表意字的基础上增加了表音的成分,解决了汉字字形与语音表达的矛盾"①。

看法二:汉字记音化的倾向被抑制。黎锦熙先生说:"有了形声,让那些太滥太歧的假借字渐渐有个'形'的区别,于是语文演进,从主'音'的正面逐渐走到了主'形'的反面来了。"②同样,与此同时或稍后的一些著述中也有相同的看法。如魏建功认为:"最初的形声是'注形作用'。"③

两相对照,可以看到,两种意见对形声优势的形成这一事实并无疑议,分歧在于对形声字来源的看法。形声字主要有以下三个来源:(1)意符+音符(由意符、音符直接组成);(2)表意字+音符(在已有的表意字上添加音符);(3)假借字+意符(在假借字上添加意符)。显然,看法一认为当时足以形成形声优势的大量形声字主要来源于(2),而看法二则以(3)是主要来源作为立论根据。哪一种看法更符合历史事实呢?问题的答案应在对二者立论的依据进行比较后得出。

由于形声优势形成的时间是在古文字阶段,对当时汉字状况的有关统计、分析和结论应该最能够说明问题。在这方面,李孝定的观点和论据为我们提供了很好的线索。④

一方面,他注意到:假借字"本身已是纯粹表音文字","已

---

① 蒋善国《汉字学》,上海教育出版社,1987年。
② 详见黎锦熙《中国文字与语言》,北京师范大学出版社,1951年。转引自曹先擢《汉字的表意性和汉字简化》,载中国社会科学院语言文字应用研究所编《汉字问题学术讨论会论文集》,语文出版社,1988年。
③ 魏建功《古音系研究》,中华书局,1996年。
④ 李孝定《中国文字的原始与演变》(上)(下),载《历史语言研究所集刊》45本2、3分册,1974年。

进入了表音阶段";"形声造字的办法,是受了假借字启示,才被发明出来的";"从假借字变成形声字,多半是就原字加注形符造成的"。但另一方面,他又因为"后世新增的文字,几乎全是形声字",连原有的表意字(象形、指事、会意)或假借字,一部分也变成了形声字,于是得出结论:"文字声化的趋势,在甲骨文里已相当显著。"

这两段出现在同一篇文章中的论述告诉我们:形声优势形成前的汉字各种结构所占比重决定了汉字发展趋势的实质。换言之,如果当时是表意字占多数,看法一就是正确的;反之,如果是假借字占优势,看法二就是符合史实的客观认识。这一点,从李氏在该文中公布的他对已识甲骨文字 1226 字所做六书分析的结果中得到了印证。现将统计分析所得数据转录于下:

在这 1226 字中,除未详 70 字,转注不做统计外,象形 277 个,约占 22.59%;指事 20 个,约占 1.63%;会意 396 个,约占 32.30%;假借 129 个,约占 10.52%;形声 334 个,约占 27.24%。也就是说,表意字共 693 字,约占 57%。与只占 10.52% 的假借字相比,自然可以作为当时汉字的主体。这就是李氏结论的来源。

"古书多假借"这一看法在训诂学和校勘学研究领域中早已形成共识。但多到什么程度?魏建功在对古音系分期进行研究的过程中指出:"秦汉以前文字简直完全写音,不为一语特造一字,假借同音字之形,后来顾到用表意的形体来区分同音。"[①] 虽然这是古音学家对那个时代字词关系的细致观察,然而,尚没有具体的统计数字可资比较。直到 20 世纪 80 年代初,姚孝遂根据对

---

① 魏建功《古音系研究》,中华书局,1996 年。

甲骨刻辞的随机抽样分析得到的数据才回答了这个问题：在甲骨文的常用字中，假借字"约占74%"，"所有甲骨刻辞大体上都是这个比例"。[①] 这一数据与上引李氏所得可谓大相径庭。根据两文中的说明，可知这是由统计方法不同所造成的。

李文所用统计方法一仍《说文》旧贯，是对每个汉字做形义分析；而姚文所得数据是对甲骨刻辞的随机抽样分析所得，换言之，是在语境中判断文字符号形体与所对应的词之间的关系的，根据的是文字的功能和作用——即汉字记录汉语的方式。

假借是通过借用同音字的形体来与语言单位建立联系的，两者间的纽带是语音。由于假借字绝大多数借的是表意字，这些字在记录语词时便充当了不同的角色，或表意、或假借。对角色的判定，需要依靠语境。脱离语境时，只能见到前一种角色。因此，姚文的统计更符合甲骨文字记录上古汉语的实际情况。

可以作为姚文佐证的是纳西象形文字，这种因记录东巴经文而被保留下来的早期文字，"用于应用性文献时"，"假借字多在百分之七八十以上，有的甚至高达百分之九十多"。[②]

综上所述，可以得出结论，第二种看法是符合历史事实的。

了解上述过程的意义不仅在于了解观察和认识问题的方法以及音符的来源，更重要的是可以进一步了解到如何看待和处理语言和文字之间的关系。而这种了解对今天的汉字教学仍然颇具意义。

---

① 姚孝遂《古汉字的形体结构及其发展阶段》，载《古文字研究》（第四辑），中华书局，1980年。

② 喻遂生《一封最新的东巴文书信》，载《纪念王力先生百年诞辰学术论文集》，商务印书馆，2002年。

（二）约定俗成与汉字符号体系

约定俗成是语言文字的本质特征，事物的名称与事物之间并无必然的联系。由于语言的产生先于文字，因此，事物名称首先表现为语音形式。对于语音和事物之间没有必然联系而只是约定关系这一点，人们早已形成共识。然而，对于汉语的记录符号——汉字，人们常常因为它所具有的形体特点，而忽略了这一本质特征。

这种忽略在对外汉字教学中主要表现在对汉字认知路径的认识与设计方面。汉字认知究竟是通过分解的过程还是合成的方式去完成更为合理？落实到部件教学，所谓分解，指的是先整字，后部件；所谓合成，则是从部件到整字。而两种意见对立的实质，是对约定俗成本质的认识。我们认为，从部件到整字的主张至少忽略了两项约定俗成的存在。

首先是词库和字库的存在。词库、字库是最能反映语言文字约定俗成本质特征的，一旦被忽略，不仅不能客观认识汉字符号体系，而且会给教学带来干扰。

词库和字库从存在到规模都是约定俗成的产物。任何造出来的词或字，经过约定的就能成立并被使用；不能被约定的，就是不被公认，不能使用。因此，所谓词库、字库，就是以约定俗成为"围墙"而圈定的词语和汉字的总汇。通常所说的汉语里有没有这个词或字，就是这个词或字在不在库里。一般说来，这样的库主要有三个：

第一个库，包括整个汉语、汉字符号体系中经过约定的词和字，即已有的全部词和字。存在于这个库里的，就是通常说的"成词""成字"，反之则为"不（成）词""不成字"。这些词和字在约定过程中，具有规律性的内容和带有任意性的东西往往交织在一起。而教学中的一大难题即在于此：把具有规律性的内容说成"无法解释，本来就这样"，无疑会影响学习者掌握规律；反之，将带有任意性的部分误认为规律，则容易诱发泛化性质的偏误。

第二个库是根据实用需要，人为规定范围或数量的库，如常用词、常用字或通用字等，中文信息处理多选择这样的库设计编码。

第三个库指储存在人脑中的词语与汉字。库的大小及储存方式的合理程度因人而异。一般说来，文化水平高的人，库也相应较大；受过专业训练的，词和字的储存方式常常更为科学、合理。

在对外汉语教学中，对上述情况的了解和重视程度，可以直接影响到对学生认知途径的引导。以汉字教学为例，由于对汉字认知途径的了解和认定是教学总体设计的重要基础，在部件教学的思路被多数人接受的情况下，围绕着如何展开部件教学的两个相对立的方案摆在我们面前。为了能够择善而从，我们同样需要辨章源流。

汉字的认知包括字形识别、读音认知和语义——字形所联系的语素义——获得等三个方面。如何引导学习者顺利完成这三项任务？简言之，一种方案是自上而下。即先认识整字，然后分解字形结构（方法可以多样）进入教学部件（相当于字符——主要是音符、意符）[①]的层次，然后，（1）再回到整字，（2）同类系联。前者是认识每个汉字的必经之路，后者则是认识整个符号体系的方法。

第二种方案则是自下而上，从部件到整字。由于处于初学阶段的外国学生在大脑中尚未建立汉字字库和合理储存方式，由部

[①] 万业馨《文字学视野中的部件教学》，《语言教学与研究》2001年第1期。

件到整字的途径不利于他们对已有的汉字——字库——的客观存在形成明确的认识,更不利于"真""假"字概念的形成和识别能力的培养。因为并不是所有合乎汉字结构规则的"字"都能得到约定,那些没有经过约定的,通常称为"不成字"的,有"假字"(符合结构规则但未能进入字库的),有"非字"(不符合规则的)。而真假字判别正是汉字认知中字形识别的一项重要内容。

其次,是汉字结构方式以及字词间的联系的存在。由于语音与事物之间本无必然的联系,因此音义关系的任意性是众所公认的。汉字构形以及形义间的关系,可谓规律性与任意性交织在一起的典型。这在以下两方面有充分的反映:

一是形义关系。会意字是典型的例子。例如,以"人"与"木"组成的"休"记录的是"休"这个词(下面用{某}的形式表示"词某"),与"休息"之意有联系。以上下两"艸"与"日"组成的"莫"("暮"的本字)与"日落时分""黄昏"之意相关。于是,人们常误以为汉字符号形体(字形)与语义之间的联系是必然的。其实二者间既存在着理性的部分,也有任意性——武断选择——的部分。

当我们了解"休""莫"的字形是{休}{莫}的代表字时,的确可以用"人在树下""日落于草莽之中"形象地描述{休}{莫}的意义,加深理解,帮助记忆。但如果顺序相反,当我们见到"休""莫"这样的字形,却并无辞例的帮助,不能通过语境确认它的职能,也就不能判断它们被约定为什么词的记录符号。因为"人在树下"的"画面"所提供的信息是众多的,"休息"只是其中一种;同样"日在草莽之中"的图示,既符合"日落"时所见景象,也未尝不可对应"旭日东升"之{朝}。因此,上述两例形义关系中具有合理性内容的部分,是字形所提供的各种信息中必有一种是与词义一致或相关的；而任意性的部分则是词对字形所能提供的众多信息的武断选择（或者说"取舍"）。而这正是古文字考释过程中字形分析与辞例确认两者不可或缺的原因。

二是汉字的构形。这种约定关系可以整字中偏旁的位置关系为例加以说明。对有关偏旁的研究稍加留意就不难注意到偏旁位置的一些主要特点：

第一个特点，是形声结构中形旁与声旁的位置类型多。据统计，7000通用汉字中属于形声结构的有5631字，以形旁所用意符与声旁所用音符为观察、统计的基本单位，可以得到左形右声等八种类型。[1] 若以字根为统计对象，则7000通用字中构字能力强的字根及其变化形式共181个，其出现的结构部位可多达186种。[2]

第二个特点，是同一意符（形旁）或音符（声旁）在其组成的形声字中的位置是有一定系统的，"只是系统不够严密"[3]。上述两点，已足以说明汉字构形的复杂性。

由于现行规范汉字中，合体字偏旁的位置是固定的。也就是说，任何一个字，无论结构如何，偏旁位置是不能随意改动的。偏旁位置的改变，可以造成字词联系的变更。偏旁位置具有区别不同汉字的作用。例如，"杏"与"呆"，"景"与"晾"，"怡"与"怠"，"忘"与"忙"等，都是由于偏旁位置的不同而形成对立、成为不同的字的。

---

[1] 康加深《现代汉语形声字形符研究》，载陈原主编《现代汉语用字信息分析》，上海教育出版社，1993年。
[2] 傅永和《汉字部件出现的结构部位》，《语言文字应用》1992年第1期。
[3] 梁东汉《汉字的结构及其演变》，上海教育出版社，1981年。

显而易见，自下而上，汉字认知将面临两大难题，即部件到整字过程中对汉字结构的了解和记忆、字义（此指字符从它的来源字所承袭的意义）到达语素义的复杂局面。

而从上到下，由整字到部件的过程则不然。先认识整字，指了解字词间的约定关系；然后分解字形，进一步理解部件与整字间的联系（或读音，或意义范畴）；再回到整字。学习了一定数量的汉字后，按意符与音符分别归类系联，不仅可以改变学生对汉字"一盘散沙"的印象，而且这种分组串联有利于字形加工和记忆使用。更重要的是可以因此获得有关汉字符号体系全貌的客观认识。

不仅如此，语素义（字）与词义的关系以及认识途径也同样有一个自上而下再自下而上的过程。正如王力为周士琦《实用解字组词词典》所作序中说的那样："要了解一个合成词的词义，单就这个词的整体去理解它还不够，必须把这个词的构成成分（一般是两个字）拆开来分别解释，然后合起来解释其整体，才算是真正彻底理解这个词的意义了。"[①]

二、如何引导学习者了解汉字体系

在对外汉字教学中，如何引导学生了解汉字体系并在此基础上掌握和运用一定数量的汉字，是教学目的所在，也是至今尚未很好完成甚至未能引起足够重视的问题。

---

① 王力《实用解字组词词典·序》，上海辞书出版社，1986 年。

(一) 汉字符号体系与汉字读音认知

最能反映对体系重视不够的, 莫过于对汉字读音认知的态度。首先是教学总体设计中, 未能给汉字读音认知以应有的地位和行之有效的具体安排, 重意符轻音符的倾向至今仍然存在。其次, 是从研究到教学活动, 都未能从汉字符号体系的总体面貌着眼。学生通过课堂学习所了解到的往往是零星单字中声旁字的表音情况, 即使是一些注重文字表音能力、善于归纳分析的欧美学生, 也很难在短期内大致把握汉字表音状况的总体面貌。[①] 究其原因, 有汉字本身表音情况的复杂性所带来的困难, 也有我们在教学方面主观努力不够和具体方法的失误。

属于汉字本身的因素如下:

其一, 音符数量众多, 组字能力不强。汉字形声字中, 音符数量远远超过意符。有统计结果显示, 7000 通用字中所包含的 5631 个形声结构, 加上多音的 479 个, 共 6110 个形声结构中含有不同声旁 1325 个, 形旁 246 个。[②] 意符的组字能力远超过音符。上述局面其实取决于汉语和汉字本身的特点。一是由于形声字中, 音符表个性, 意符表共性, 意符并不直接表意而只是表示模糊的类概念, 这一职能使它具有很大的包容性。二是由于汉语多同音词, 汉字多同音字, 为易于区别起见, 音符采用不同的形体以造

[①] 例如, 曾在中国学习过的德国友人孟坤雅回顾她了解汉字表音总体面貌的学习经历: 在认识了"唐"为声旁的形声字后, 才知道汉字声旁字的表音状况并不都像从"包"得声的形声字那样, 而是有一部分"理想声旁"的存在的。也许正是这种自我摸索的"不易"和"漫长"的深刻体验, 促成她选择形声字声旁的研究作为博士学位论文的题目。

[②] 李燕、康加深《现代汉语形声字声符研究》, 载陈原主编《现代汉语用字信息分析》, 上海教育出版社, 1993 年。

成区别或对立是必然的选择。

其二，同一音符出现的频率远低于意符的出现频率。正是因为音符数量多，组字较少，出现频率自然就低。表现在教材和教学活动中从同一声旁得声的形声字很少能同时或在相邻的课文里出现，不利于系联比较，复现率也相应较低。学习者常需单个记诵，不利于形成对符号系统表音状况全貌的总体把握。

其三，声旁字（音符）的常用程度对汉字读音认知采用规则法的限制。所谓规则法，指直接按声旁字的读音读出由该声旁组成的形声字的读音。这一方法的成功率受到来自两方面的限制。第一，是声旁字与形声字在读音上完全一致者所占比例并不高，也就是说，如果见到所有形声字都用声旁字去读，误读率高。第二，就是并非所有的声旁字都比形声字常用。我们曾对《汉语水平词汇与汉字等级大纲》（以下简称《大纲》）所收 2905 字中的 2001 个形声字及其所包含的 820 个声旁字进行观察，结果是 820 个声旁字为《大纲》所收者 559 个，约占声旁字总数的 68.17%；由它们组成形声字 1445 个，约占形声字总数的 72.21%。《大纲》未收的超纲声旁字 261 个，约占 31.83%，由它们组成的形声字 556 个约占 27.79%。另一组数据由声旁字与它组成的形声字常用程度比较所得：声旁字与形声字在《大纲》属于同一常用级的 356 组，约占 17.79%；前者比后者更常用的 815 组，约占 40.73%；声旁字不如形声字常用的 830 组，约占 41.48%。[①]

上述两组数据显示：约有 40% 的声旁字不如形声字常用；有 261 个声旁字甚至不属于常用字。这些都给汉字读音认知采用

[①] 万业馨《应用汉字学概要》，安徽大学出版社，2005 年。

规则法带来麻烦。

属于认识偏差的主要表现为：对汉字表音能力的认识不足以及过多地将注意力放在汉字与其他文字的不同之处——汉字在使用音符（更准确一点儿说是"借音符"）的同时还使用意符——以致或多或少地忽略了汉字所具有的表音能力以及有关汉字读音认知的研究。

存在于研究与教学中的偏差乃至失误则表现在两方面。

首先，是如何吸收有关汉字表音能力研究的成果。迄今为止，几乎所有有关汉字表音状况的统计数据都来自对一定范围（如7000通用字）内形声字（或所有合体字[①]）个体表音情况测查，所用的标准也是一致的：即声旁字与形声字读音的一致性。[②] 作为教者，如果对这些数据照单全收而不加分析的话，可能产生三个问题：一是对汉字表音功能以及引导学生认识这一功能缺少信心，显得悲观而无奈；二是以为规则法是汉字读音认知的唯一途径；三是进而怀疑形声字是否还是现行汉字的主体。

[①] 例如周有光《汉字声旁读音便查·序言》（吉林人民出版社，1980年）所说"声旁有效表音率"中的"声旁"指的是"部首以外的半边"。

[②] 各家统计范围多有不同，如丁西林《现代汉字及其改革的途径》（《中国语文》1952年第8期）的数据来自对"一本普通字典中所收录的""从'手'的字"的统计，陈亚川《六书说·简化字与汉字教学》（《语言教学与研究》1982年第1期）的统计对象是545个简化字，周有光《汉字声旁读音便查》（吉林人民出版社，1980年）的数据来自对《新华字典》（1971年版）所收全部正字的统计，李燕、康加深《现代汉语形声字声符研究》（陈原主编《现代汉语用字信息分析》，上海教育出版社，1993年）的统计范围是7000通用字中的形声字。数据冠名也有所不同，有"声旁准确表音率""声旁有效表音率""声旁总体表音率"等，但标准并无不同。

我们认为，就统计工作及其所用统计方法本身而言，无可厚非。但从教学角度看，不难注意到其中的不足，即未能从汉字符号的整个体系出发来认识汉字表音现状。

为使学习者能够尽快了解汉字表音状况的全貌、自觉地寻求汉字读音认知的正确途径，有必要加强以下两个方面的工作：

一是尽可能将作为汉字主体的形声字读音的总体面貌客观地展示给学习者，让他们能够从中了解形声字表音的实际状况。

以从"者"得声的形声字为例（以《大纲》收字为限，下同），读音情况可分 10 种（多音者取其常用者），如不计声调不同者，则可列为 6 种（括号内为在《大纲》中的常用级）：

(1) dou 都（甲）

(2) du 堵（乙）赌（丁）睹（丁）

(3) she 奢（丁）

(4) shu 暑（乙）署（丁）

(5) tu 屠（丁）

(6) zhu 猪（甲）诸（丁）煮（乙）著（乙）

了解这一组从"者"（甲）得声的形声字的读音情况是很有意义的。第一，"者"绝不是理想声旁，组里没有一个字可以直接按规则法来读，应该属于通常所说的表音能力不强的一种。第二，如果直接将"者"和其中任何一个字放在一起，没有受过专门训练的人都不知道它们之间是声旁字和形声字的关系。但如果将（2）（4）（6）中任何一组中的两个或两个以上的字放在一起并写出它们的读音，学习者就会注意到这些都含有"者"的字的读音间的联系，并且在记忆时利用这种相关性。而这正是类推法这一读音认知途径得以存在的物质基础。事实上，不少中国人也正是通过这样的途径了解到上述这些字是形声字的。第三，可以了解到即使形声字和声旁字的读音不一致,这些字之间也有不少是在读音上有联系的。第四,这组字对我们了解除了规则法以外的汉字读音认知途径是有启发的。即:一是盲记,指通过反复多次的使用或复习来帮助其进入心理词典;二是利用音同和音近的同声旁字帮助记忆,即类推法。

显然,仅仅提供单个形声字与声旁字读音是否一致的统计数字和比例与上述展示方法相比,二者对学习者了解汉字表音情况、主动寻求汉字读音认知途径所起的作用是不可同日而语的,更不必说在学习信心方面的影响了。

又如从"包"(bao)得声者:

(7) bao 胞(丙) 雹(丁) 饱(甲) 抱(甲)

(8) pao 刨(丁) 袍(丙) 跑(甲) 泡(丙) 炮(乙)

再如从"生"(sheng)得声者:

(9) sheng 牲(乙) 胜(甲)

(10) xing 星(甲) 性(乙) 姓(甲)

如果将所有形声字按声旁系联分组,可以看到绝大多数组里形声字的表音情况与上述字例大同小异。

二是对"如何展示"的深入讨论以及全面规划。从上述例子中可以看到,由于同一声旁组成的形声字数量较少,又分布在各个常用级中,在教材中出现的先后顺序会很不一样,依靠教材提高复现率的可能也非常小。因此用什么样的方法、在什么阶段展示,才是教学研究的当务之急。

(二)语文关系

在对外汉语教学中有关"语""文"关系的讨论,主要包含两项内容:一是如何安排语言教学与汉字教学的关系;二是认知字与词的关系。二者密切相关,其中,又以前者居主导地位。

20世纪50年代初期,曾有过上述第一项的讨论和试验,采用的是"先语后文"的做法。具体做法有两种:第一种是初学的外国学生在五六个月内只学拼音,不接触汉字,掌握几百生词后,才开始同时学汉字。第二种,同样先学词,在学完七八百单词和基本语法后,不讲新课,速成识字。结果是学习语词的阶段相对轻松、单调,进入学习汉字阶段后,学生不堪重负,顾此失彼,效果不佳。于是改为"语文并进"(或称为"语文同步")的方法,沿用至今。[①] 但在这50年中,尤其是近十余年来,对"语文同步"方法的重新审视一直没有停止过。对于这一方案带来的弊端——汉字教学附属于词语教学、汉字教学基本上以汉字书写教学与纠正错别字为主,不利于外国学生汉字学习等,基本已形成共识。同时,有相当一部分人以为这种不利影响首先在于不能根据汉字本身的系统,先独体,后合体;由简而繁,从易到难,循序渐进。但也有人注意到字形教学的由简到繁,势必限制教材中语词和句子的选择与安排,因此重新提出"语文分家"的主张。

我们认为,上述问题同样需要从全面认识汉语和汉字两种符号体系出发综合考虑。因为单方面强调任何一个系统,都会给另一方造成限制或困难。只有同时兼顾两个符号系统的特点,才能造成互相促进的良性循环。为此,以下三方面工作是必不可少的:(1)认真总结两种教学路子的利弊;(2)明确汉字教学所要完成的任务及各自的路径;(3)寻求可以造成两者互相促进的良

---

① 李培元、任远《汉字教学简述——对外汉语教学发展史之一章》,载《第一届国际汉语教学讨论会论文选》,北京语言学院出版社,1986年。

性循环的教学总体设计方案。

　　1950年"先语后文"的做法和1951年"速成识字"的试验都因效果不理想而被搁置不用。前者的失败在于从"先语"进入"后文"阶段后，语文同时并进，而"先语"时未处理的汉字一下子集中到"后文"的阶段，实质是将初学时可能遇到的"瓶颈"移到半年后。而对"集中识字"试验的失败，解释是："速成识字它的对象仅仅是不识字的汉族人。"①

　　在今天，认知心理学研究已经有了很大的发展，重新审视五十年前的经验教训，应有新的收获与进展。

　　不识字的汉族人通常被称为"文盲"，速成识字法适用于文盲而不适合外国学习者。稍加比较，不难得到答案。前者较之后者具有两个有利条件：一是语言，文盲在快速识字过程中只需解决认读（字词对应）与书写两大任务，而外国学习者需同时承担汉字（认读＋书写）和汉语（词汇＋语法）的双重任务；二是大环境，文盲虽不能识字、写字，但长期生活在使用汉字的大环境中，耳濡目染，对汉字字形有所感知。

　　综上所述，以下要素在汉字学习中是不可或缺的：一是语言的基础，不能想象可以脱离语言学一大堆汉字（即使再有系统性）；二是对字形的感知。

　　除此而外，对汉字作为符号体系的认识同样重要，汉字的学习应该包括书写和认知两个方面，而认知并不简单地等于认读。认读只需明确字形与语词的对应关系，不仅不能涵盖对具体汉字

---

① 李培元、任远《汉字教学简述——对外汉语教学发展史之一章》，载《第一届国际汉语教学讨论会论文选》，北京语言学院出版社，1986年。

形音义认知的全部内容乃至对整个符号体系的了解，而且从认读活动的实质来说，汉字仍是附属于词汇的，只有进入认知的层次，才能真正了解汉字符号体系。

值得注意的是，长期以来对汉字教学的总体设计，往往将书写与认读两大任务捆绑在一起。然而，在实际操作过程中，两者的难易标准以及对字形的要求是不一样的。

认读常常只需在辨别并确认字形后明确字词对应关系，因此对字形的加工有时需要精细（如有形似字干扰的情况下），有时却可以相对粗疏甚至忽略细节。因此从便于字形识别的角度首先要求字的形体特征鲜明（包括轮廓以及与其他字形之间的区别性特征）。"化简为用，增繁为别"就是文字学家对汉字发展演变过程中字形识别与书写对汉字字形的不同要求所做的总结。"增繁为别"的典型例子就是形声化——以增加意符或音符（而不仅仅是笔画）的代价换取字词对应关系的明确。

对于习用汉字的人来说，书写时往往追求便捷，这也是"化简为用"的由来。但对初学者而言，书写时要求将字形完整无误地再现于笔下，这无疑要求在对字形的辨别与确认基础上完成细节的精加工。加上初学汉字的留学生（尤其是母语文字属字母文字）往往难以掌握书写方块字时所要求的空间分割技巧，甚至连笔形的书写都很难达到规范的要求，自然而然地将注意力主要集中于书写，这应该也是汉字教学中一向以书写教学及纠正书写错误为主要内容的客观原因。

综上所述，妥善处理语文关系形成良性循环可以做以下两方面的尝试并探讨：一是在规划汉字教学总体设计时，是否可以将书写与认读的任务划分开来并与语言教学的任务合理匹配；二是将认读过程上升为汉字认知途径，将明确字词对应关系发展为字、语素和词三者关系的全面了解。苏黎世大学汉语教学（包括语和文两方面）已经获得的成功经验证明了上述两项尝试的可行性，以及汉字与汉语教学形成良性互动对汉字学习的深远影响。

更需引起我们重视的是，一部分学习者（主要是母语文字属于字母文字者）曾提出只学口语不学汉字的要求。虽然具体情况需具体对待，但毕竟反映了以下两方面的问题：一是要在学习时同时完成语和文两大任务实属不易，二是学生并不了解学习汉字对学习汉语的积极作用。而上述两点都是值得我们深刻反省的，尤其是后一点。

三、结语

引导学生了解汉字符号体系的基本面貌并在此基础上掌握和运用一定数量的汉字，是对外汉字教学的目标。然而，怎样才能真正认识汉字符号体系？汉字作为一种符号体系，既有自身的系统性，也有对汉语依存的一面；作为文字符号的一种，它同样具有语言文字约定俗成的本质特征。汉字发展过程中的各种变化，无不包含着上述两种因素的共同作用。汉字符号形体特征鲜明，它记录语词到达语义的途径与其他文字有共同之处，也有自己的个性。在认识汉字符号体系时，上述三项不可或缺。对形声优势本质的认识过程，是对汉字符号形体所能承载的信息与到达词义的路径两者关系的逐步理解；对汉字认知自上而下还是自下而上的讨论，其实质是对影响汉字认知诸因素——尤其是汉字约定俗成本质特征的了解和思考；对汉字读音情况以声旁字与形声字的关系为线索所做的分组展示,是引导外国学习者认知汉字读音乃至宏观把握汉字符号体系的重要途径。而汉字教学总体设计则必须统观包括认知在内的各项学习任务才能有新的突破。

第三节　汉字的特点与对外汉字教学[①]

　　汉字已经成为世界性的交际工具,引起越来越多外国人的关注和学习。在对外汉字教学中,普遍感觉汉字难学,因为汉字笔画多、字数多,不容易写,不容易记。这果真是汉字难学的根本原因吗?我们认为还值得研究,最好联系汉字的特点来认识这个问题。汉字特点需要跟别的语种的文字进行比较才能认识,此事物与彼事物相比,比较结果所显示的差异就是特点。比较需要注意两点:一是比较对象,即拿谁跟谁比。比较的对象不同,所得的结果会有所不同。二是比较角度,即谁的什么比谁的什么。比较的角度不同,所得的结果也会不同。下面我们针对英文来谈汉字的特点,然后根据汉字特点分析汉字难学的原因,以便采取有针对性的措施来提高汉字学习效果。

---

　　① 本节摘自李运富《汉字的特点与对外汉字教学》,原载《世界汉语教学》2014 年第 3 期。

一、汉字特点的比较对象

"比较对象"不能简单地理解为汉字跟英文比,而要具体确定汉字的什么成分跟英文的什么成分比。考察前人时贤对汉字特点的研究,他们也是注重比较的,但比较的对象并不完全相同。主要有以下几种情况:

(一)拿汉字的单字跟英文的字母比

苏培成认为:"要确定某种具体文字的性质,就要看这种文字的基本单位记录的是什么样的语言单位。""汉字的基本单位是一个个单字,拼音文字的基本单位是一个个字母,而不是一个个的单词。汉字的单字是形音义的统一体,记录的是汉语的语素;英文的字母只有形和音,没有义,记录的是英语里的音素(音位)。"[1] 显然,苏培成先生是通过汉字单字与英文字母的比较,来分析两种文字的不同特点。

王伯熙主张通过比较不同文字的"独立符号",给文字定性。他说:"所谓'独立符号',是指在记录一定的语言单位时不能再分析的符号。如记录词的方块汉字'明'就是一个独立符号,它不能再分析了;若再分析成'日''月',音、义全变,所记录的就不是原来的语言单位了。""英文中的 b 是记录音素的独立符号。""各种文字的独立符号所记录的语言单位不同,其符号系统的性质也就有了区别。因此,可根据文字独立符号所记录的语言单位给文字分类定性。"[2] 可见王伯熙先生进行比较的"独

---

[1] 苏培成《二十世纪的现代汉字研究》,书海出版社,2001年。
[2] 王伯熙《文字的分类和汉字的性质》,《中国语文》1984年第2期。

立符号"也是汉字单字和英文字母。

拿汉字单字和拼音文字的字母进行比较，是中外很多学者通用的方法。现在的问题是，英文的"字母"能不能算作文字，能不能跟汉字的单字进行对等比较。根据"文字是记录语言的符号系统"这一基本定义，只有具备记录语言成分或单位的功能的符号才能称其为文字。语言有"音""义"两个重要因素，语言中最小的语音单位是音素，最小的意义单位是义素。毫无疑问，英文字母不能表示意义，但一般认为，英文字母记录的就是英语的音素，所以英文字母就是记录英语的文字。其实，英文的单个字母与英语的音素之间并不存在一一对应关系，很多时候单个字母并不标记语言中的音素，如字母 r 在单词 right 中可独自表示一个辅音音素，而在单词 work、dirty、sister 中则要与 o、i、e 分别组合成 or、ir、er，才各自表示一个元音音素；在单词 tree、drop 中，又分别与 t、d 组合成 tr、dr 才表示一个辅音音素。可见，英文字母并不就是音素，不是每个字母都有固定的音值，代表着固定的音素，所以我们学英语还需要国际音标的帮助。英文字母既不能表示意义，有的还不能直接记录音素，那就说明英文字母不能直接记录英语，所以英文"字母"只是生成"字"的"母"，本身并不是文字。

既然"字母"不是文字，那就不能代表英语的文字来跟汉字对等比较，汉字的特点也难以在这种不同类的比较中显示出来。

（二）拿汉字的构件跟英文的字母比

裘锡圭认为，区分不同性质文字的根据是字符（指构成字的构件）特点而不是文字本身。他说："语言有语音和语义两个方面，作为语言的符号的文字，也必然既有音又有义。就这一点来说，各种成熟的文字体系之间并没有区别。只有根据各种文字体系的字符的特点，才能把它们区分为不同的类型。"英文被定性为"表音文字"，是因为"英文的字符，即二十六个字母，是表音的，不是表意的"。①汉字的字符包括意符、音符和记号三种，因此被定性为意符音符记号文字或意符音符文字。

裘先生把"二十六个字母"看成"英文的字符"（构件）而不看成英文的"字"，是有独到眼光的，但还不太准确。因为汉字的字符包括意符、音符和记号三种是从功能的角度就构成汉字的直接构件说的，而英文的字母本身没有固定的标音或表意功能，它要转化为构件（一个字母）或拼合为构件（多个字母）后才具有构字功能，才能跟汉字的"字符"（构件）对应。就是说，英文的"字母"不但不是"字"，也不是"字符"（构件）。所以裘先生拿汉字的构件与拼音文字的字母进行比较以探讨汉字特点并给汉字定性，也是不合适的。

（三）拿汉字的单字跟英文的单词形式比

高名凯、石安石认为："无论哪种文字，都是以不同的形体去记录语言中的各个成分（即记录它的发音和意义）的，因而任何文字都具有字形、字音和字义三个方面。……目前大多数文字一般用一个字去记录语言中的一个词，俄罗斯文字、英吉利文字、法兰西文字等就是这样的。因此，这种文字中的每个字，都有一定的字形、字音和字义，从记录的音节数目来看，它既可能只有一个音节，也可能有几个音节。……而我国的汉字则是另一种情

---

① 裘锡圭《文字学概要》，商务印书馆，1988年。

况,一个字原则上只记录一个音节。"①

看懂这段话,就会知道高、石二位先生是把拼音文字中记录一个词的单位看作"字"的,这样记录着一个单词的"字"可能只用一个字母组成,也可能用多个字母组成,英语文献中分词连写而形成的一个个自然单位就是一个个"字"。我们非常赞同高、石二位先生的观点,因为只有这样的"字"才真正记录了英语,所谓英文是"线型文字"也正是针对分词连写的多个字母横向排列而成的"字"说的,如果"字母"就是"字",那么说每个"字母"都是"线型文字"就难以成立或者不符合人们心里的实际所指了。

既然英文的"字母"不是字,那就不能笼统地说英文的26个字母比汉字的数量少,因为它们缺乏可比性。既然英文的"字"就是记录英语词的单位,那就不能说汉字的字数太多,因为汉字在每个时期的通用字种不过6000左右,常用字种只有3000左右,历代积累到一起的不同字种也应该在40 000之内②,而跟英语单词相应的英文的"字"却是海量的,甚至是无穷尽的。由此看来,单字数量众多不一定是汉字的主要特点,如果说汉字确实难学的话,其原因也可能并不在此。人们之所以会有这样的印象,实在是因为没有找准比较的对象。只有把汉字的单字跟记录英语单词的书写形式对应起来比较,才能看清楚汉字的特点。

---

① 高名凯、石安石《语言学概论》,中华书局,1999年。

② 目前收录字形最多的是《中华字海》(冷玉龙、韦一心主编,中国友谊出版公司,2000年),有80 000多,但绝大多数是同一个字种的不同写法,不能算独立的有计量和比较价值的"字",如"户""戸""戶"应该算作1个字而不是3个字。

二、汉字特点的比较角度

确定了汉字特点的比较对象，就知道不能拿汉字的单字跟英文的字母比，也不能拿汉字的构件跟英文的字母比，而应该拿分格书写的汉字单位跟分词连写的英文单位比。但汉字的单字跟英语的单字并不是按字种一一对应的，例如汉字"书"可以跟英文 book 对应，而英文的单字 work 就没有合适的汉字单字对应，只能用"工作"两个单字来做意义上的对译，这就不是文字的比较了。所以要比较汉字与英文的不同，绝非字种的对比，而是在明确各自"字"的单位后进行"字"的属性的比较，这就是比较角度的问题了。

文字究竟有哪些属性，见解会不一致。就汉字而言，通常认为具有"形、音、义"三个要素。但实际上文字的"音义"是语言赋予的，文字在记录语言的时候一般有音有义，但也存在有音无义或有义无音的情况，所以"音义"不是文字必须同时具备的，而且它们同属于文字的功用层面，不宜分开跟"形"鼎足三立。另一方面，文字应该都有"理据"的属性，只是不同文字的理据方式不同而已。形体是外在可视的，理据是说明形体成因的，功用是形体的存在价值。因此，形体、理据、功用这三者是所有文字都具备的属性。彼此都有的属性才能站在同一角度进行有效的比较。

既然所有文字都具备形体、理据、功用三个方面的属性，那么，比较它们异同以显示各自特点的时候是选择一个角度进行比较，还是应该多个角度同时比较呢？这要根据研究的目的而定。如果只想说明某一方面的差异，当然可以选择某一个角度；而当我们说汉字具有什么特点的时候，实际上是针对所有汉字的所有属性而言。因此，拿汉字跟别的文字进行比较来谈各自特点的话，

第三节 汉字的特点与对外汉字教学

也应该同时关照到各个方面,至少不应该拿某一方面的差异来代替汉字的总体特点。某个方面的差异只能说明某个方面各自的特点,如果以偏概全,把从某个角度观察得到的特点当作汉字的总体特点,就难免引起混乱和争议。因为对同一事物的观察角度可以多种多样,而不同角度的观察结果却往往是不一样的,所谓"横看成岭侧成峰,远近高低各不同"。如果各人选择汉字的不同属性,从不同的角度去跟别的文字比较差异,然后说这就是汉字的特点,而且认为自己观察到的是唯一正确的结论,凡不符合的说法都是错误的,那么,关于汉字特点的种种表述和争议就必然地产生了。

例如上举裘锡圭先生认为"只有根据各种文字体系的字符的特点,才能把它们区分为不同的类型"。所以从构形理据的角度,根据英文字符的表音特点而把英文定性为"表音文字",根据中文字符包括意符、音符和记号三种的特点而把汉字定性为意符音符记号文字或意符音符文字。但是,如果我们换一个角度来看汉字的特点和性质,可能就会得出另外的结论。例如潘钧就从汉字功用的角度来看汉字的特点,认为汉字所记录的语言单位跟英文不同,英文记录的语言单位是音素,汉字记录的语言单位是语素,所以记录语素是汉字的根本特点,"语素文字"是汉字唯一的本质属性。[1] 裘先生眼里"只有"中文字符(结构角度)的特点,潘先生心中汉字记录语素(功用角度)的特点才是"唯一"的。他们站在不同的角度得出不同的结论,分开来说,限定在各自的视域,当作汉字某一方面的特点,其实都是对的,但各自当作汉字的总体特点,造成两个"只有""唯一",彼此是非,实际上

---

[1] 潘钧《现代汉字问题研究》,云南大学出版社,2004年。

就是矛盾的。

所以讨论汉字的总体特点,应该兼顾汉字的形体、理据和功用三个方面,从三个角度比较不同文字之间的异同,然后综合表述彼此的特点。如果只谈某一方面的特点,那就限定于某一方面,不能否认其他方面的特点可以同时共存。

三、汉字的三维特点

根据上面的认识,我们拿汉字的单字跟英文的单字,从形体、理据、功用三个不同角度进行比较,希望得出汉字的三维特点。

(一)形体单位和形体外观不同

文字都是有形体的,不同文字的形体具有不同的特征,这是首先能感知的。文字的形体可以分为三个层次,一是书写元素,二是构形单位,三是全字。英文的书写元素是线条,构形单位是字母,由一个或多个字母构成全字。现代汉字的书写元素是笔画(小篆以前也是线条),构形单位是字根(也可叫基础部件),由一个或多个字根构成全字。

作为书写元素,汉字的笔画与英文的线条区分不是太严格,比如横竖折与直线斜线折线等基本一致,何况汉字的古文字体和手写字体本来也都是线条,而且无论是线条还是笔画都可以写出各种各样的形态,没有对立区分的实际意义,所以在书写元素的层面,汉字的特点并不突出。如果就每个字的书写元素数量而言,汉字的未必比英文的多。如汉语"大学"一词由两个字记录,平均每个字 5.5 笔,英语 university 用一个字记录,小写共 15 笔,大写共 18 笔。所以说汉字笔画繁难是经不起推敲的。

作为构形单位，英文的字母大致相当于汉字的字根，都是具有组构全字和区别异字作用的基本形体。但英文的字母是既定的符号，数量固定（大小写各 26 个），无论组构什么字形，都采用横向线型加合的方式，字母与字母界线分明，而且自身不会发生变化，所以字母的异同、数量和排列位置一目了然，全字与全字的形体容易辨别。汉字的字根（基础部件）则是全字拆分的结果，由于拆分原则不同，汉字字根的数量不太统一，总体看比英文多且复杂，如王永民"五笔字型"分 130 多个字根，①而《信息处理用 GB13000.1 字符集汉字部件规范》则有 393 组共 560 个基础部件。②而且，汉字字根的形体会不断变化，黏合离析没有定规，多个字根的组合布局由于方块二维的限制，也存在随意调整和变异的可能，所以一个全字中究竟有几个字根，全字与全字之间究竟有什么差异，往往不易分辨。

作为全字，英文单字的外形呈线型，汉字单字的外形呈方块，这种差异在由多个构形单位合成的字上显示得更清晰，如 book、workshop 等是英文的线型字，"影""萧""国"等是汉字的方块字。所以相对于英文的按线型排列字母的外观而言，把字根组合成"方块"的外形就是汉字形体方面的特点。

（二）理据单位和理据关联不同

用什么样的形体表示什么样的语言单位，是有理据关联的。李运富指出，理据单位通常称为构件，指在构造字位表达语位时

---

① 王永民《五笔字型用户手册》，中国科学技术出版社，1997 年。
② 王宁等《信息处理用 GB13000.1 字符集汉字部件规范》，国家语委发布文件，1997 年。

具有某种功能的形体。①汉字的构件有的起象形作用，有的起标识作用，有的起表意作用，有的起示音作用，由于字形或语言发生变化而失去了原来所具有的功能的构件，我们把它归为代号构件。汉字的"构件"有时与"字根（部件）"重合，但总体上二者并不等同。"构件"就构字理据而言，强调的是形体跟语言单位的关系；"字根（部件）"就形体组合而言，强调的是形体的样貌及其在全字中的位置。例如"谢"可以从构形上分析为"讠+身+寸"三个字根，而从理据上只能分析为"讠（言）+射"两个构件。任何文字都有理据，只是不同的文字其理据单位和理据关联可能不同。汉字的理据单位及关联方式多种多样，有一个构件的独体字，如象形的"伞"，标识的"凹"，代号的"目"；有两个以上构件组成的合体字，如"瓜"是象形构件与象形构件的组合，"上"是标识构件与标识构件的组合，"刃"是象形构件与标识构件的组合，"解"是表意构件与表意构件的组合，"勥"是示音构件与示音构件的组合，"请"是表意构件与示音构件的组合，简体字"对"已变成代号构件与代号构件的组合，"牵"已变成表意构件、象形构件与代号构件的组合，等等。

英文单字的理据单位也是构件，但英文的构件功能没有汉字构件复杂，它几乎每个构件都要标示所记词语的某个音素；对于复合词的复合构字来说，其中的直接构件在示音的同时还兼表意，即与词语的意义相关。如：work 可以切分出三个构件 w + or + k，三个构件都是纯表音的；workshop 可以切分出两个直接构件 work（w + or + k）、shop（sh + o + p），这两个构件的功能是既表音又

---

① 李运富《汉字构形原理与中小学汉字教学》，长春出版社，2001年。

表意的，但其下位构件则是记录音素的纯表音单位，可见，表音是英文构件的主要功能。英文构件都能标记音素，用来构字的关联模式基本统一，都可以看作是对词语音素的拼合。即使构件兼义，也大都是加合式的，而且往往被拼音现象所掩盖，所以人们只注意英文构件的拼音功能而把英文称为拼音文字。通过对照可以发现，英文的理据属性比汉字的理据属性要简单得多，反过来说，构件功能多样、理据模式复杂，正是汉字理据方面的特点。

（三）记录语言的职能及对应关系不同

成熟的文字都是用来记录语言的，但记录语言时，文字单位跟语言单位的对应关系可能不同。英文的单字记录的是英语的单词，字与词完全对应，是真正的"表词文字"，所以使用英文的国家只有英文词典没有英文字典，有的虽称字典而实际上仍是词典，英文的字典与词典无法分开。汉字的单字记录的则是汉语的语素或音节，字跟词不完全对应，只有当单语素作为词使用时，记录语素才等于记录词。现代汉语如此，古代汉语也有字词不对应的地方，例如"不律谓之笔"，"不律"是两个字，分别记录两个不同的音节，合起来才记录一个词{不律}[1]；"寡人之于国也"，"寡人"也是两个字，分别记录两个不同的语素（同时也是音节），合起来才记录一个词{寡人}；而"信"是一个字，却既可以本用记录诚信义的本词{信}，也可以兼用记录信息义的派生词{信}，还可以借用记录伸展义的他词{伸}。正因为汉字的字与汉语的词不对应，所以使用汉语汉字的国家编了字典还要编词典。由此可见，记录职能不确定，字词难以完全对应，

---

[1] 本节用 { } 标示语言中的词或语素，以区别作为记录符号的字，下同。

这是汉字在功用方面具有的特点。

综上所述，可以说英文是用具有表音功能或者表音的同时兼具表意功能的构件拼合单字以记录英语单词的线型符号系统，而汉字是用表意构件（含象形、表意、标示构件）兼及示音和记号构件组构单字以记录汉语语素和音节的平面方块型符号系统。线型外观、拼音理据和字词对应是英文的主要特点，而方块型外观、多功能的复杂理据、记录职能不确定则是汉字的主要特点。通常人们把英文称为"表音文字"，把汉字叫作"表意文字"，只是突出某一方面，其实不太准确。当然，为了指称方便，我们也可以分别从形体上把汉字叫作"方块型文字"，以区别于英文等"线型文字"；从理据上把汉字叫作"表意主构文字"，以区别于英文等"表音主构文字"；从功用上把汉字叫作"语素音节文字"，以区别于英文等"表词文字"。但必须注意，单方面称述的时候，只体现单方面的特点，不能代替汉字的整体特点。

四、从汉字的特点看对外汉字教学

"特点"并不等于"优点"或"缺点"，汉字与英文各有特点，也各有利弊。比较分析各自的特点和利弊，才能真正找到汉字难学的原因，从而采取有效措施，突出教学重点，克服教学难点。

（一）形体方面的教学

就形体属性而言，英文的书写元素是线条，包括直线、斜线、弧线、曲线和短线（点）。古代汉字也有这些线条（如小篆），隶书以后才逐渐形成笔画系统，但笔画系统实际上限于软笔（毛笔）和特定字体（隶楷宋），就现代的硬笔手写体而言，跟线条

第三节 汉字的特点与对外汉字教学 59

没有多大的区别。而且,作为书写元素,无论是线条还是笔画,除了印刷体,在一般的实用文字中是千变万化的。不仅线条与笔画没有截然的界限,就是同为线条或者同为笔画,也可以写出各种各样的形态而并没有功能区别价值。所以书写元素在实用文字中具有随意性,不必过于拘谨。就汉字的书写而言,古人从不讲究统一笔序,各人自便即可,笔形也随心所欲,粗细长短正斜曲直,多一笔少一笔,只要不跟别的字混同,也不严重影响美观,通常是不予计较的。例如刻写甲骨文,经常会先把字中的所有横线刻完,再刻所有的竖线,圆形的"日"也不必刻成圆形(难度大)而刻成方形。所以同一字往往可以有多种写法。其实汉字书写只是汉字形体呈现的一种方式,而汉字的呈现方式本来是可以多种多样的,现代信息技术的输入输出,已经更加降低了逐笔书写的重要性。由此我们发现现代汉字教学的一个误区,过于强调书写的笔形和笔序,以致花大量时间和精力在笔画和笔序的教学上,结果得不偿失。例如"万"字,在一横后是先写一撇还是先写横折钩,其实都无所谓,只要不写成"方"或"刀"就行。尤其对留学生而言,书写习惯大都已经形成,要他们严格按照汉字的所谓"笔画"和"笔序"来书写字形,事实上做不到,所以才会出现留学生字形"出错"比例偏大的现象。如果我们不强求一笔一画的循规蹈矩,而让他们根据自己的习惯随意书写,只要最终的字形能够辨认,不影响表达功用,那许多的字形之"错"就不再是错,留学生们会学得更轻松。当然如果站在书法艺术的立场,讲究一些笔形笔序还是必要的,可书法艺术的笔序跟汉字教学的规范笔序仍然不是同一的。

真正在字形上具有认知价值的是字母或字根,因为不同字位

（单字）的差异不表现在笔画线条层面，而在于字母或字根不同，包括字母（字根）的种差、数量差和位置差。汉字的字根（基础部件）不如英文的字母简单规范，除了数量众多外，字根与笔画有时重合，甲字根可能包含着乙字根，字根与字根需要组合成方块，因而每个字占用的空间小，字与字的识别要以字根的辨析为基础。这些是前面陈述过的汉字字形不同于英文的特点。抓住这些特点，我们认为对外汉字教学在形体方面不必重视笔画和笔序，而应重视字根的辨析，特别是字根的空间分布，这样才能有效识别不同的字根及由字根组合的不同字形。

由此可见，汉字形体的识别是汉字教学的难点之一。从这个难点出发，如果形体差异决定字根和字位的不同，就需要认真辨析，仔细讲解；否则可以忽略或者不必花费大量精力。汉字中有许多形体相近的字，它们的差异不在笔画线条的对立，而是组字字根的对立，需要在字根的层面进行辨认。如"土—士""未—末"，差别不在笔画横，而在各自两横的相对长短；"巳—已—己"，差别不在竖弯钩，而在竖弯钩的相对位置；"人—入"，差别不在撇或捺，而在捺跟撇的相接点；"由—甲—申"，差别不在笔画竖，而在中竖出不出头和往哪个方向出头。"王—玉""大—犬""戊—戌—戍"，虽存在笔画有无或笔画种类的不同，但认知价值不体现在这些笔画本身，而在包括"无"某笔画的所有组字字根的对立，所以需要识记的也不是这些笔画本身而是相关的字根。除字根的形体外，字根的组合布局也是字形识别要注意的地方。汉字的方块外形，使得几个字根组合的时候重方位而不重时序。所以针对留学生原有的字母先后时序感，应该有意强化他们对汉字字根组合的"方块"观念，通过字根在方块中的方位关系掌握字形。

例如上下、上中下、左右、左中右、全包围、半包围、斜角对称、偏居一角等基本布局关系，应该让学生熟练掌握，因为这是跟英文不同的地方，也是留学生最容易出错的地方。有时候字根相同而只是组合布局不同，就可能成为不同的字，如"吟—含""呆—杏—束—困"等，这种现象对于留学生而言，是难以掌握的。在教学中强调汉字形体组合的方位意识，可以有效避免留学生出现把"陈"写作"郲"、把"多"写作"夕夕"之类的错误。

（二）理据方面的教学

就理据属性而言，虽然英文拼记合成词的构件可以表意，但总体上所有构件都是表音的，而且都是横向加合式的，所以比较简单。汉字的构件功能多样，理据方式五花八门，而且还讲究方位关联，比如"呆—杏"，两字的构件形体基本相同而只是上下置向变化，结果成为构件功能和理据关联都不相同的字；特别是还有一些同形构件干扰，如"果""東"可能被看作是"日"跟"木"在上部和中部的相交，也可能被看作是跟"胃""番""里"中的"田"同形。这种复杂的同形不同理的构件分析，对只有前后或先后音素拼合和意义加合观念的留学生来说，掌握起来确实比较困难。所以在留学生刚刚接触汉字的初级阶段，可以不必多讲汉字的构造理据。

到了中高级阶段，随着留学生对中国历史文化知识了解的增多，对汉字构造的理解能力和接受能力也会增强，这时适当讲解一些汉字的理据关联和结构规律，是很有好处的。而且来中国学习汉语汉字的留学生大都是成年人，理解能力本来就强，如果说在书写方面他们处于劣势，那么对汉字结构理据的学习，可能正是他们的兴趣和优势所在，所以加强汉字构造理据的教学，可能取得事半功倍的效果。一可以让学生知道汉字的形体是怎么构成的，为什么能够用来记录某个词语。如"解"字由"角""刀""牛"三个构件组成，每个构件都是表意的，所以关联起来表示用刀分解牛角，从而记录分解、解剖的{解}。二可以让学生了解所记词语的本义，进而通过关联推衍掌握引申义。如上举"解"字的理据分析说明它所记录的语素{解}的本义是分解、解剖，由此引申沟通，学生能够更好地掌握{解}的解开、解散、解释、解放、解除、解冻、解决、理解、和解、溶解等意义和用法。三可以通过理据分析发现字与字之间的音义关系，从而类聚群分成批地掌握汉字。如通过分析"掌"字的上部其实是"尚"的变形而起表音的作用，就可以联系"党""堂""棠""裳""赏"等字，知道它们的上部也是"尚"做声符。四可以通过理据分析，让学生了解汉字是发展演变的，有些构件的形体和功能需要从演变的途径来理解。如本义指城镇的"邑"字在做意符时演变为"阝"，通常位于字的右部，俗称"右挂耳"，表示城镇、地名、姓氏等义（邯郸郴郑邻）；而本义为山的"阜"字做意符时也演变为"阝"，但通常位于字的左边，俗称"左挂耳"，表示山岭、土坡、峰崖等义（陵障阻陂险）。五可以通过理据的分析，帮助学生辨析形近而用法易混的字。如"即"与"既"形音皆近，常常混用，实际上"即"的构造理据是一个人靠近食器准备用餐，故"若即若离""即刻""即将"等词语当用"即"字，而"既"的构造理据为一个人吃完饭掉头正要离开食器，故"既然""既已""既成事实"等词语当用"既"字。六可以借助理据分析开阔学生眼界，进一步了解和印证某些形体构造时代和形体演变过程中的历史文化现象。如以"贝"为表意构件的字，大都与钱财货物相关（资、贸、贫、贱、赐），这说明中国古代曾经以"贝"作为通货,由此可以了解中国的货币历史。这六个方面都与汉字理据的分析相关,把其中的原理运用于汉字教学就是"字理教学"。① 对留学生进行字理教学,让他们尝到分析汉字理据的甜头,会大大增强他们学习汉字的积极性,甚至激起他们主动自觉地探究汉字构造和发展的原理奥秘的兴趣。

但对留学生讲解汉字的构造理据需要注意下面几点:第一,汉字的初创都是有理据的,但经过数千年演变后,现代汉字的理据很多已经消失。即使可以追溯的,由于文化背景不同,有的理据现代的留学生也未必能够理解。所以我们应该把讲解汉字构件的功能和汉字构造的理据看作教学手段而不是教学目的。既然是手段,就应该选择运用,即只讲那些理据清晰的、留学生容易接受的,而不要试图给每个字都讲出一个"理"来。对于无理可讲或有理难讲的字,应该采用其他教学方法让学生掌握。第二,辨析汉字形体的时候不一定非得借助构造理据,但讲解汉字构造理据的时候必须从形体出发,要依据正确的形体才能讲解正确的理据。如有人把"福"字的理据讲解为"一口人有田种有衣穿就幸福",显然违背了字形,因为"福"字左边的表意构件是"礻(示)"而不是"衤(衣)"。不同时代汉字的形体不同,理据也可能不同。所以当现代汉字理据不明的时候,可以适当追溯它们的原始字形,以了解其原始理据和演变过程。如"隹"在现代不独用,但常作为构件出现,其功能则可追溯原始字形来确定:"隹"原为鸟的象形符号,表示短尾巴鸟,读音为 zhuī。所以在现代汉字中可做

---

① 李运富《字理与字理教学》,《吉首大学学报》(社会科学版)2005年第2期。

意符，表示鸟类，如"雀、雌、雄、雉、雁、隼"等；也可以做声符，提示 -ui（uei）的读音，如"崔、椎、谁、睢、锥、骓"等。但追溯古文字形体应该适当适量，不可滥用，不可为了讲理据而把现代汉字教学变成古文字学课。通常只有原本为独体象形字或形形合体字而现代不再象形的字或构件，比较适合通过追溯原形的方式来讲解理据。第三，无论讲解原始理据还是形体变化后的现代理据，形义的联系都必须合情合理，要有历史的根据或者文字系统的支持，不能随心所欲地胡乱拆解和发挥联想。如有人把"球"讲成"一个姓王的在打球，投了四个篮板球（指"求"下面的四点），罚了一个点球（指"求"右上的一点）"；把"恕"讲成"如果你得罪了领导，就去找他心上的女人开口求情，一定会宽恕你的"。这样的讲解属于胡说八道，不是符合文字规律和形义系统的汉字构造理据。第四，汉字理据教学的目的在于通过形体结构的分析，了解单字与语词之间的固有关系，所以着眼点应该放在讲解各个构件对于表达语词的作用上，而不要陷入汉字结构的分类和归类的泥坑里。某个字是属于"六书"的象形字还是指事字、会意字还是形声字，很多时候难以肯定，肯定了也没有实际意义，何况"六书"本身并不是一个汉字分类系统。[①]

（三）功用方面的教学

就功用属性而言，英文的字记录的是词，字词高度一致，学字就是学词，掌握了词就等于掌握了字，所以有了一定词语积累的学生并不存在学字的困难。而汉字的功用却要复杂得多，尽管

[①] 李运富《"六书"性质及价值的重新认识》，《世界汉语教学》2012年第1期。

形体构造时对应的是某个特定的语词，但实际使用中，除了本用（记录形义相关的本词）外，还有兼用（记录音义相关的派生词）和借用（记录同音而形义无关的他词），加上所记某些语言单位的性质变化，造成汉字不仅可以记录词，也可以记录语素，还可以记录纯音节。而且一个字可以记录多个不同的语素或词或音节，如"干"可以记录"干湿"的{干$_1$}、"干预"的{干$_2$}、"干事"的{干$_3$}、"树干"的{干$_4$}等。反之，由于异体字、分化字、通假字的存在，一个语素或词也可以用多个字记录，如表示裤子意义的{裤}可以用"裤""袴""绔"分别记录（现代汉字已经规范用"裤"），表示第三人称代词的{ta}可以用"他""她""它"分别记录，表示美国前总统的人名需要用"奥""巴""马"三个字来记录等。汉字的功用如此不确定，单字与语言单位没有固定对应关系，一字多用、多字同用成为汉语用字的普遍现象，这是汉字的最大特点。明代方以智在《通雅》中早已指出："字之纷也，即缘通与借耳。若事属一字，字各一义，如远西因事乃合音，因音而成字，不重不共，不尤愈乎。"可见汉字确实要比英文繁难，但最大的难点不在笔画多字数多，也不在字形繁结构复杂，而在汉字功用的不确定，在汉字单位与汉语单位具有多重多向的对应关系。所以对外汉字教学的重点应该是汉字的功用。

其实，学习汉字的最终目的也是为了功用，所以汉字功用理应成为汉字教学的重点，这是我们所要特意强调的。字形写得好不好看，结构理据讲不讲得出来，可能并不影响你的语文生活，但如果不知道文献中的某个字的实际功用，不知道某个语言单位应该用哪个字来记录或表达，那就既读不懂别人的文章，也写不出自己的语言。所以无论是对外还是对内，无论是初级阶段还是高级阶段，汉字教学都应该把功用的讲解和练习作为主要任务。遗憾的是，汉字教学的现状好像并非如此。大量的时间花在字形笔序上，花在结构归类上，花在形义关系的随意联想上，花在汉字文化的牵强附会上，而对汉字的实际功能、词语的规范用字、字词的对应关系等功用层面的内容却讲得很少，所以学生认识了字却读不懂文章，写得出字却写不好文章。至于哪些是错别字、哪些是字的异写和合理的通假借用，学生们一般也都说不出所以然。这种现象在对外汉字教学中尤其值得注意，因为留学生们文献阅读量少，不太了解汉字的使用习惯，而且常常认为学好汉字就能读懂文献，就能写好文章，结果往往抄写了很多遍《新华字典》，能认识两三千字了，还是不能达到顺利读书写文章的目的，一读书就懵，一用字就错，有人因此垂头丧气不知所措，严重影响继续学习汉字、汉语的兴趣和信心。

要使留学生走出能识字写字却不能解字用字的困境，就必须加强汉字功用方面的教学。首先，得让留学生知道，汉字不等于汉语，单字不等于单词。在现代汉语中，单字通常记录的是一个音节一个语素，而单词大多是多音节和多语素的，所以往往要用多个单字才能记录一个语词。这样，光认识一个一个的字，并不一定能够理解包含多个字的词语的意思。例如认识了"浪"也认识"漫"，但不一定懂得{浪漫}的意思。所以，最好的办法是在认字的时候结合组词来进行，或者利用《现代汉语词典》来学字，效果可能会比较好些。对于汉语水平还不太高的留学生来说，离开词语和语境的集中识字不是明智的选择。

其次，要让留学生知道，汉字的使用，并不是简单的一字一用，而是普遍存在一字多用和多字同用的复杂现象。特别是汉字的借用，突破了汉字的形义关联，是造成汉字职能纷乱的重要原因。汉字的借用分两种情况：一种是某个词语没有专门为它构造本字，只能借用别的同音字来记录。这种没有本字的借用往往会成为该词语的固定用字，无法用别的字取代，掌握起来相对比较容易。如记录连词｛然而｝的两个字都是借用，"然"的本用记录燃烧的｛燃｝，后来燃烧义另造本字"燃"，"然"就成了连词｛然｝的固定用字；"而"的本用记录胡须义的｛而｝，后来这个词语消亡，"而"也成了连词｛而｝的固定用字。又如花钱的｛花｝借用花朵的"花"，男子汉的｛汉｝借用汉水的"汉"，本用和借用同时存在，但借用也是固定的，无法用别的字取代的。另一种是某个词语有为自己构造的本字，但在某些时候也借用另一个同音的字记录。这种有本字的借用大都发生在古代，部分用法相沿成习流传到了现代，如"内容翔实"本字应为"详"，"流言蜚语"本字应为"飞"，"发聋振聩"本字应为"震"，"幡然悔悟"本字应为"翻"，"危言耸听"本字应为"悚"，等。这些相沿成习的借用虽然有本字可以更换，但通常不算写"别字"，不需要改正。现代的网络语言也有许多同音（音近）借用字是有本字的，如"斑竹（版主）""鸭梨（压力）""神马（什么）""油墨（幽默）""大虾（大侠）""人参公鸡（人身攻击）"等，这些同音（音近）字的借用大都属于有意为之，以求达到新鲜别致、凸显个性、增强情趣等用字效果，所以通常也不算写"别字"，也无须改正。那么，什么情况下算是写了不当的"别字"呢？我们认为，凡是没有约定俗成、没有特别意图而无意识写用的、可能引起误解的同音（音近）字，就算写"别字"，就是不规范的，需要改正的。讲清楚合理的借用和不规范的别字之间的区别，有助于留学生减少错别字。

五、结语

　　对外汉字教学，要受生源、语种、文化背景、教育规律、心理规律、教学条件等多方面因素的影响，实践性强，方法灵活，很难有一种突见奇效的灵丹妙药。但作为教师，储备一定的汉字知识，自觉用汉字理论做指导，效果可能会事半功倍。通过与外文的比较，凸显汉字的特点，针对汉字的特点采取相应措施，以突破汉字教学的重点难点，是值得尝试的一种策略。跟英文比较，汉字的形体呈方块布局，每个字占用的空间一样，而且字根分合灵活多变，视觉上不容易辨别，所以教学中应把重点放在形近字组的辨析上，不必过多计较个体字的书写过程。汉字的理据比英文丰富，表现为构件功能多样，组合模式多样，而且同形构件多，构件功能不易确定，因而教学重点应该是如何拆分构件，如何建立构件及构件的组合跟语言音义的联系，以正确把握形义切合的字词本义，至于该字归属"六书"或其他多少"书"的哪种结构类型无关紧要。汉字的功用比英文复杂，一字多用或多字同用是其主要特点，那么教学的重心应该放在讲解字词的对应关系上，让学生明白字的单音节和词的多音节不相一致的情况，明白一字可以记录多词和多字可以记录一词的情况，从而建立字不等于词，汉字不等于汉语的基本观念，从而养成自觉把汉字跟汉语结合起来学习的意识。总之，汉字的特点决定了汉字的学习确实比英文要难，而最大的难点在于如何使用汉字，因此汉字教学的重中之重应该放在汉字的功用上。汉字的形体虽难，可以通过字组比较和借助汉字的理据来辨析；汉字的理据虽难，可以通过系统归纳和借助历史文化来突破；只有汉字的使用，情况非常复杂，规律性差，可以凭借的条件少，很多时候形义脱节，字词不对应，单字的使用职能基本上靠人为规范。所以汉字教学应该抓住这个难点和重点。至于说汉字数量多、笔画多，因而难读、难认、难写、难记，还不利于信息处理，等等，实际上是建立在拿汉字的单字跟英文的字母进行比较的基础之上的，单字（记录语言的单位）跟字母（建构字形的单位）不处在同一级别，缺乏可比性，因而由此得出的种种结论是靠不住的。如果明确汉字与英文的比较对象都是单字，那英文有多少词就有多少字，比汉字数量多得多，平均每个字的笔画或线条数也比汉字多得多。这是一个认识误区，纠正这种错误的认识，合理选择形体、理据、功用三个比较角度，我们才能全面认识汉字的真正特点，也才能发现汉字学习的真正难点，并且找准汉字教学的真正重点。

第四节　汉字理据的认识、利用与维护①

许多汉语学习者觉得汉字难学，许多对外汉语教育工作者觉得难教。其实，难和不难是相对的，是可以互相转化的，常言所谓"难者不会，会者不难"。汉字之所以在有些人那里难学难

---

① 本节摘自李大遂《汉字理据的认识、利用与维护》，原载《华文教学与研究》2011 年第 2 期。

教，主要原因在于他们对汉字的理据及其所形成的形音义系统性认识、利用不够。段玉裁在《说文解字注》"理"字下注语说："玉虽至坚，而治之得其鳃理以成器不难，谓之理。凡天下一事一物，必推其情至于无憾而后即安，是之谓天理，是之谓善治。"[①]意思是说，玉石虽然异常坚硬，但制作时找到玉石的文理，就不难把它剖析雕琢成器，这就叫作理。处理天下的事物亦如同玉石的剖析雕琢，必须按照事物自身的特点和规律去处理，才能处理得当，这是自然必由之法则，这样处理事物才算得法。我们的汉字的教学如同治玉，汉字虽然繁难，但若教学得法也可以减轻难度，提高效率。所谓得法，就是清楚地认识汉字的理据以及由此形成的形音义的系统性，然后利用汉字的理据和系统性去进行教学。这里探讨汉字理据的认识、利用与维护问题，希望有助于解决汉字难学这一瓶颈问题。

一、汉字理据及其由来

　　汉字是理性的文字，其构形、表意、表音都是有依据的，至少在造字初期是这样。汉字的理据，就是汉字构形、读音、辨义的依据或道理。汉字的理据分为构形理据、读音理据、意义理据。字形的理据是显性的，字音、字义的理据是隐性的。

　　汉字的理据是怎么来的呢？是以仓颉为首的无数造字者赋予的，是经许慎《说文解字》一书的归纳揭示而凸显的。从系统论来说，汉字是一个庞大的人造系统，造字者造字都是有理据的，

[①] 段玉裁《说文解字注》，上海古籍出版社，1981年。

说汉字无一字无来历并不为过。只不过有个别字的理据失传了，少数字记载下来的理据可能与本来的理据有误差，少数字的理据发生了变异。具体来说，每个汉字具有什么样的理据，取决于造字者采用的造字方法。造字法不同，造出来的字理据就不同。

汉字六种造字方法及其演进的大体顺序是：象形→指事→会意→假借→转注→形声。其中，假借是"不造字的造字法"，实际上没有造出新的字形，在被借来表示假借义时没有理据。① 所以，只有象形、指事、会意、转注、形声五类文字是有理据的。我们就依照这个顺序，谈谈这五类汉字的理据。

在汉字的早期阶段，主要是象形、指事、会意三种方法所造的字，这三类字没有表音成分，其理据主要体现在形义方面，即只有构形理据和意义理据。象形字是据物构形表意，如"木（木）""鱼（鱼）"。指事字用两个符号构形表意或在象形字基础上添加指事符号构形表意，如"二（二）""刃（刃）"。会意字是把两个或两个以上物象放在一起构形表意，如"林（林）""休（休）"。汉字发展到转注②、形声阶段，开始出现表音成分，即转注字（会意兼形声或形声兼会意字）、形声字有了读音理据。

---

① 一般来说，某个汉字在表示其本义和引申义时，其形、义是有理据的，大部分也有读音理据。而在表示假借义时无形、义理据。如繁体"無"的本义是"舞动、舞蹈"（这一意义后作"舞"），原来是象形字，甲骨文写作 ，摹画的是人持牛尾之类舞具跳舞的样子，既有构形理据，也有意义理据。小篆写作 ，已经开始专门表示假借义"没有"。在表示"没有"的假借义时，形、义理据均已缺失。小篆又写作" "，增加了表音偏旁"亡（wáng/wú）"，成为形声字，增加了读音理据。隶变楷化后作"無"，形、音、义理据均已缺失。现在采用古字，"無"简化为"无"，"无"也是没有理据的字。

② 关于转注造字法，请参阅李大遂《转注之名的探讨》，《北京师范大学学报》1990年增刊。

转注字半边表意半边表意兼表音，如转注字"㜮（婚）"的偏旁"女（女）"表意，"昏（昏）"表意兼表音。形声字半边表意半边表音，如形声字"洋（洋）"的偏旁"氵（水）"表意，"羊（羊）"表音。由于转注、形声两类合体字都有表音成分，就使汉字的理据性从形、义两方面扩展到形、音、义三方面。

  在小篆（包括小篆）以前的古文字时期，以形表意是汉字理据的主要特点。在小篆以后的近现代汉字时期，以偏旁表示合体字读音、意义是汉字理据的主要特点。在隶变的冲击下，汉字从根本上消除了象形性，汉字的性质发生了根本的改变，汉字体系由表意文字转变为意音文字。在隶变楷化后的近现代汉字中，以象形、指事方法造出来的独体字，因象形性消失，其构形理据也大体消失，往往要采取溯源方法才能发现它们的构形理据。一个没有学习过汉字的人，很难根据字形判断出"日"表示的是太阳，"月"表示的是月亮。以会意、转注、形声方法造出来的合体字，虽失去象形性，却仍能通过构字偏旁表意，如会意字"明"的偏旁"日""月"都表意；转注字"洲"的偏旁"氵（水）"表意，"州"表意兼表音；形声字"湖"的偏旁"氵（水）"表意，"胡"表音。

  繁体字有理据，大部分简化字也有理据，简化字的理据是历史上造简化字的人赋予的。例如，《说文解字·心部》："懼，恐也，从心，瞿声。"显然，造"懼"字的人让"忄（心）"表意，让"瞿"表音。那么，造简体字"惧"的人，应该是有感于"懼"的表音偏旁"瞿"繁难罕用且表音不准，于是另造"惧"字，让"忄（心）"表意，让"具"表音。归纳历史上的汉字简化方法，大体有行草书楷化、采用古字、更换偏旁、局部删改、同音近或异音代替、另造新字和简化偏旁类推等七种。其中更换偏旁、另造新字（指抛开原字字形而造新字）和简化偏旁类推三类是理据性最强的。其他除同音、音近或异音代替简化字外，行草书楷化、采用古字、局部删改三类简化字也有大约一半尚有一定理据。

从上面的论述中可以了解到：汉字是理性的文字，汉字的理据体现在形、音、义三个方面。而且还应注意，"汉字形音义三要素中，又有表里之分。形为表，音、义为里，其中义为终极之里"①。又由于就文字性质说，古代汉字属于表意文字体系，主要特点是以形表意；而近现代汉字是意音文字，主要特点是以偏旁表音表意。因此，就今天的汉字而言，汉字的理据主要指汉字读音、意义的理据。

二、汉字理据的存续状况

汉字已经有五六千年的历史，古代汉字构形理据比较强，近现代汉字构形理据比较弱。现代汉字读音、意义的理据已因语音演变、字义发展，理据性不像造字之初那么直接，规律性那么强。那么，现今汉字的理据还有多少？我们对外汉语教学用字的理据有多少？这是我们在讨论利用理据问题之前要大概清楚的。

笔者对对外汉语教学用《汉字等级大纲》中的2906字，② 做

---

① 李大遂《关系对外汉字教学全局的几个问题》，《暨南大学华文学院学报》2008年第2期。

② 1992年原版和2001年修订本《汉语水平词汇与汉字等级大纲》都标注收录2905字。但两个版本《汉字等级大纲·按级别排列的汉字等级大纲·丁级字附录》都有"埔"无"浦"，《汉字等级大纲·按音序排列的汉字等级大纲·附录》都有"浦"无"埔"，只能视为"浦""埔"兼收。故《汉语水平词汇与汉字等级大纲·汉字等级大纲》实际收常用字2906个。

了文字学意义上的分类考察,考察结果见表1:

表1 《汉字等级大纲》所收常用汉字文字学分类统计表(2906字)

	独体	会意	转注、形声	义半	音半	合体符号	各级字总数
甲级字	137	110	441	72	6	34	800
乙级字	50	98	557	44	11	44	804
丙级字	27	52	473	34	5	10	601
丁级字	37	45	570	33	6	10	701("浦""埔"兼收)
各类字合计	251	305	2041	183	28	98	2906
占大纲字数的比例	8.64%	10.50%	70.23%	6.30%	0.96%	3.37%	100%

从这个表可以看出,HSK《汉字等级大纲》共收汉语常用字2906个。其中独体字251个,占大纲总字数的8.64%。通过这个表的数据进一步计算,可以得出如下数据:合体字2655个,占大纲总字数的91.36%。在合体字中,有理据合体字(会意+转注+形声+义系半符号字+音系半符号字)2557个,占大纲总字数的87.99%,无理据合体符号字98个,占大纲总字数的3.37%。在有理据合体字中,含有表音偏旁的合体字(转注字+形声字+音系半符号字)2069个,占大纲总数字的71.20%;含有表意偏旁的合体字(会意+转注+形声+义系半符号字)2529个,占《大纲》字总数的87.03%。

如果把考察的汉字扩大到《汉字等级大纲》和《现代汉语常用字表》所收全部常用汉字,有理据字的比率还会提高,考察结果见表2:

表2　HSK《汉字等级大纲》和《现代汉语常用字表》
所收常用汉字文字学分类统计表

	独体	会意	转注、形声	义半	音半	合体符号	各级字总数
甲级字	137	110	441	72	6	34	800
乙级字	50	98	557	44	11	44	804
丙级字	27	52	473	34	5	10	601
丁级字	37	45	570	33	6	10	701（"浦""埔"兼收）
大纲外常用字	15	25	560	25	2	3	630
各类字合计	266	330	2601	208	30	101	3536
占两大纲字数的比例	7.52%	9.33%	73.56%	5.88%	0.85%	2.86%	100%

如果通过这个表的数据进一步计算，可以得出如下数据：HSK《汉字等级大纲》和《现代汉语常用字表》共收3536个汉语常用字中，独体字266个，占常用字总字数的7.52%；合体字3270个，占常用字总字数的92.48%。其中有理据合体字（会意字+转注字+形声字+义系半符号字+音系半符号字）3169个，占常用字总字数的89.62%；无理据合体符号字101个，占常用字总字数的2.86%。在有理据合体字中，含有表音偏旁的合体字（转注字+形声字+音系半符号字）2631个，占常用字总字数的74.41%；含有表意偏旁的合体字（会意字+转注字+形声字+义系半符号字）3139个，占常用字总字数的88.77%。

可见，至今大约90%的常用汉字是有理据可讲的，凡有表意偏旁的合体字，字义都与表意偏旁有不同程度的联系；凡有表音偏旁的合体字，字音都与表音偏旁有不同程度的联系。这可给我们利用理据推展汉字教学以足够的信心。

这里有两点需要说明：其一，虽然我们主张在教学中要力所能及地利用汉字的构形理据说解汉字，但在统计有理据字在常用字中所占比例时，暂未将独体字包括在内。原因是，古代汉字以形表意，构形理据明显，可得而说。隶变以后，汉字完全脱去了象形的外衣，彻底符号化了。特别是现代汉字，如不采用字形溯源方法，借助古文字，难以发现其形义相关的理据，而且可以较容易进行字形溯源的独体字也不是太多。如果把可以借助古文字显示其形义相关理据的独体字也计算在内，有理据常用字的比例约近95%。其二，我们这里没有考虑表音率（度）和表意率（度）的问题，而是注意有理据字在常用汉字中的比例。原因是目前还没有完全令人满意的表音率（度）和表意率（度）考察计算方法，而且对指导汉字理据教学意义不大。不管表音率（度）和表意率（度）高低，我们在推展合体汉字教学的时候，都要利用表音偏旁的读音信息和表意偏旁的意义信息。有一点就利用一点，利用一点教学的困难就小一点。表音率（度）或表意率（度）高的话，我们会得心应手；低的话，也许更显得珍贵。

三、汉字理据在教学上的利用

　　学习者觉得汉字难学，归结到一点，就是汉字的形音义难记。如何加强学习者记忆？怎样缩短学习者汉字记忆的时间？心理学实验表明，理解记忆的效果要比机械记忆的效果大约高25倍。[①]所以，最根本的办法是让学生在理解的基础上进行记忆。所谓理

---

　　① 艾宾浩斯《记忆》，曹日昌译，科学出版社，1965年。

第四节 汉字理据的认识、利用与维护

解,就是学习者对所学知识知其然,亦知其所以然。对于汉字教学来说,"知其然"指学习者知道一个汉字的写法、读音、意义,是汉字教学的目的;"知其所以然"指学习者知道一个字之所以这样写、这样读、这样用的依据,是科学理解记忆汉字的基础和前提。所谓利用理据推展汉字教学,就是简明扼要地把汉字构形、读音、意义的理据揭示给学习者,从而加快学习者对汉字形音义的理解记忆。利用理据是汉字教学的一般规律。

一方面,利用理据可提高单字教学的效率,减轻汉字学习难度。利用构形理据,主要指展示古文字形体,以提高象形字、指事字、会意字教学效率。例如,我们在讲独体象形字"山""水""人""口"的时候,展示出它们的古文字形体凸、⺌、⺈、𠙵(甲骨文),学习者很容易记住这几个字的字形和字义。在讲指事字"本""末""朱""寸"的时候,写出它们的古文字形体朩、𣎳、朱、ヨ(金文),学习者自然会对这几个字的形义记忆深刻。在讲会意字"冠""寇""步"的时候,写出它们的古文字形体冠、寇、歨(小篆),讲清构字偏旁的意义以后,再讲会意字字义,学习者一定可以较好地把握这几个字的字义,一定不会把"冠""寇"二字混淆,也不会在写"步"的时候写成"步"。

利用意义理据进行汉字教学,就是指明某个合体字的表意偏旁,说明它表示什么意义,与所学合体字字义有什么联系。这可以使会意字、转注字、形声字以及义系半符号字的学习记忆变得轻松容易。例如,讲"胞""抱""饱""泡""孢""炮""袍""疱""雹"等转注字的时候,即可以利用"月(肉)""扌(手)""饣(食)""氵(水)""子""火""衤(衣)""疒""雨"这些表意偏旁,也可以利用这些字共有的表意兼表音偏旁"包",来教学习者较

为轻松形象地记忆这些字的意义。在讲"盯""盲""泪""相""省""冒""看""盼""眨""眉""眠""眶""睁""眯""眼""督""睛""睹""睦""睡""睬""瞒""瞎""瞥""瞧""瞩""瞪""瞻""眈""眷""瞄""瞭""瞬""瞳"这些常用字时,通过字理的揭示,"目"就可以成为学习者掌握这些字字义的得力"把手"。即使像"素""雷""鸡"这样的字,字形的一半"耂""田""又"已经成为纯构形符号,但另一半"糸""雨""鸟"也还与字义有密切的联系,可以有效提示字义的类属。会意字就不用说了。

利用读音理据进行汉字教学,就是指明某个合体字的表音偏旁,说明它读什么音,与所学合体字字音有什么联系。转注字、形声字都含有携带读音信息的偏旁,是学习者学习记忆字音的"把手"。例如,"芭""把""吧""爬""爸""疤""笆""耙""靶"等字都有表音偏旁"巴","芭""疤""笆"读音与"巴"完全同音,"把""吧""爸""耙""靶"与"巴"声韵相同,"爬"与"巴"韵同声近。此外,有一些在一般人看来不能表音的偏旁,如"途"的偏旁"余",实际上也携带着宝贵的读音信息,不过比较隐蔽。因为现代汉语韵母 u、ü 过去属同一个韵(鱼韵),后来才分为两个韵,所以以"余"为表音偏旁的通用合体字 11 个,读音分为两个系统。"塗""荼""途""涂""酴"音 tu,"徐""叙"音 xú,"狳""馀"音 yú,"斜"音 xie,除"斜"以外,韵母不是 u 就是 ü。可见,略懂一点儿音韵学知识,许多偏旁的隐性读音信息,拐个弯就能发掘出来利用。因声母分化而形成的含有隐性读音信息的偏旁更多。因篇幅所限,这里就不展开了。拙文《略论汉字表音偏旁及其教学》[①]有较详细论述，可供参考。

另一方面，利用理据可以迅速提高学习者系统掌握汉字的能力。汉字的理性，不仅体现在每个汉字都有自己的理据，更体现在具有同一表音偏旁的字读音相同、相近或相关；具有同一表意偏旁的字字义相同、相近或相关。这就是我们所说的汉字的系统性。对学习者来说，只能根据教师讲授的理据学习掌握单个汉字是汉字学习的低级阶段，有系统地学习掌握汉字是汉字学习的高级阶段；对汉语教师来说，对单个汉字进行理据说解，是汉字理据教学的初级形式；引导学习者以点带面，以偏旁为纲系联形系、音系、义系字族，促进学习者有系统地掌握汉字，是汉字理据教学的高级形式。一旦学习者掌握了汉字的系统性，汉字学习就能触类旁通，势如破竹，有些字甚至可以无师自通。

北京大学对外汉语教育学院的中高级汉字课，利用汉字理据，以偏旁为纲有计划、分层次集中识字，使学生在提高利用理据学习汉字能力的同时，大幅度提高了人均综合识字量。据统计，在一个学期之内，[②]人均识字量提高600字左右。其中，中级汉字课短期生最多者提高了1067字，长期生最多者提高了1076字；高级汉字课短期生最多者提高了1152字，长期生最多者提高了1356字。

[①] 李大遂《略论汉字表音偏旁及其教学》，载《中国对外汉语教学学会北京分会第二届学术年会论文集》，北京语言文化大学出版社，2001年；又载孙德金主编《对外汉字教学研究》，商务印书馆，2006年。

[②] 短期生48学时，长期生60学时。

更重要的是，学生通过汉字课学会利用汉字理据学习汉字，减轻了学习的难度，提高了利用偏旁形音义信息学习汉字的能力。因此，我们更应当注意汉字理据在促进学习者有系统地学习汉字方面的作用。李大遂《汉字的系统性与汉字认知》[1]对此有较详细论述，这里不赘述。

至于如何利用理据推展汉字教学，我个人以为至少有以下几点应该注意：

其一，理据说解求真务实，要有根有据，不随意说解。教师所传之道、所授之业，以信实为要。所以，汉字理据的说解，不能想当然，不能为追求所谓"趣味"而戏说，也不能强为之说，不能搞"我的地盘我做主"。不清楚的，要查说解汉字理据的字典；有疑难的，最好多查几本字典，然后择善而从。

其二，因材施教，循序渐进。理据的说解，要根据学习者水平，把握好理据分析的度，宁浅毋深，宁简毋繁，画龙点睛，点到为止。一般来说，初级阶段要选构形理据性强的字、表意偏旁表意直观的字或表音偏旁表音较准确的字适当讲解。随着学生识字量和接受能力的提高，理据的说解可以逐渐深入，甚至可以引导学习者利用偏旁的隐性音义信息学习记忆合体汉字的读音和意义。

其三，单字理据教学与音系字族字、义系字族字教学适当结合，逐步引导学习者从对单字理据的感性认识上升为对汉字形、音、义系统性的理性认识。

其四，对于因简化等原因理据缺失的字，在必要而可能的情

---

[1] 李大遂《汉字的系统性与汉字认知》，《暨南大学华文学院学报》2006年第1期。

况下,可以考虑采取灵活态度,赋予新的理据。

四、汉字理据的维护

为什么要讨论这个问题?因为随着社会的发展,语音的演变,特别是假借的泛滥,字体演变,形体简化,已经造成汉字理据的严重缺失,给汉语母语教学和对外汉语教学造成了相当大的困难。更值得重视和警惕的是,现在这种理据缺失还在加剧。当前汉字理据缺失加剧的主要表现是:部件分析法使相当大一部分偏旁的表意功能或表音功能化为乌有,俗文字学说解泛滥使汉字理据说解沦为儿戏。

在我们的对外汉语教学专著、教材和论文中,部件分析法被广泛使用着,大家绝不生疏。不过,许多同行们采用部件分析法,往往只注意到部件分析法在字形分析上的简单方便,却忽视这种分析法给汉字教学带来的负面影响。部件分析法本来是为汉字编码服务,是不考虑理据的,是纯形体结构切分,切分出来的部件,是最小的笔画组合。因此,大约半数的部件不成字。[①] 不成字的部件就是无义符号,没有意义的符号学习记忆就难。部件切分琐细又造成汉字部件组合类型的复杂。据傅永和先生研究,部件组合成汉字的类型多达 85 类。[②] 汉字结构变得更复杂,必然增加学习难度。最令人痛惜的,是学习者养成部件分析的习惯和意识以后,大部分偏旁所携带的音义信息就很难被利用了。

---

① 苏培成《现代汉字学纲要》,北京大学出版社,1994 年。
② 傅永和《汉字的结构》,《语文建设》1991 年第 9 期。

2009年国家发布了《现代常用字部件及部件名称规范》（中华人民共和国教育部、国家语言文字工作委员会，语文出版社，2009年），自2009年7月1日起试行。该规范指出："本规范适用于汉字教育、辞书编纂等方面的汉字部件分析和解说。"又指出："本规范中部件拆分的原则是：根据字理、从形出发、尊重系统、面向应用。"我们注意到，这个规范为保留一些字的理据做了不小的努力，使一百多个偏旁免于进一步切分，如"真""具"等。但即使这个对字理颇为在意的部件分析法，对汉字理据的损害也是显而易见的。笔者对照《现代常用字部件及部件名称规范·现代常用字部件表》和《常用汉字义系字族表》[①]、《常用汉字音系字族表》[②]以及本节表2做了一个考察，考察的结果是：

现代汉语常用字的表意偏旁约有430个（含表意兼表音偏旁），含有表意偏旁的常用合体字总数是3150个。若按《现代常用字部件及部件名称规范·现代常用字部件表》的标准分析的话，被进一步切分的合体表意偏旁154个，占表意偏旁总数的35.81%；含有这154个合体表意偏旁的现代汉语常用字261个，占含有表意偏旁常用合体字总数的8.29%，占3536个常用汉字的7.38%。

现代汉语常用字有表音偏旁约1008个，含有表音偏旁的常用合体字总数是2631个。若按《现代常用字部件表》的标准分析的话，被进一步切分的合体表音偏旁约678个，占表音偏旁总数的67.26%；含有这678个合体表音偏旁的现代汉语常用字

[①] 李大遂《常用汉字义系字族表》，载《第七届国际汉语教学讨论会论文选》，北京大学出版社，2004年。

[②] 李大遂《系统学汉字》（中级本），华语教学出版社，2005年。

1643 个，占含有表音偏旁常用合体字总数的 62.45%，占 3536 个常用汉字的 46.46%。

若按《信息处理用 GB13000.1 字符集汉字部件规范·汉字基础部件表》（中华人民共和国教育部、国家语言文字工作委员会，语文出版社，1998 年）的标准分析的话，被进一步切分的合体表音偏旁 786 个，占表音偏旁总数的 77.98%；含有这 786 个合体表音偏旁的现代汉语常用字 1989 个，占含有表音偏旁常用合体字总数的 75.48%，占 3536 个常用汉字的 56.17%。

汉字的理据，主要体现在偏旁表示音义的功能上，汉字形、音、义系统是以偏旁为纲建立起来的，因而偏旁是汉字体系最重要的结构单位。采用部件分析法以后，这么多的表意偏旁、表音偏旁，因被进一步切分而不能发挥其表意、表音作用，这么多的含有表意偏旁、表音偏旁的合体字失去读音意义理据，偏旁与众多合体字的关系不复有纲举目张的清晰，能不令人心痛？

俗文字学带来的问题也是不可轻视的。追溯俗文字学历史，俗文字学大概可以分为两种类型：学术型、应用型。宋代王安石《字说》（已逸），可算是学术型俗文字学代表作。对于学术型俗文字学，我并不是完全否定的。《字说》虽有穿凿之讥，被冠之以"俗"，其实不俗。因其基本上属于学术探讨范畴，有其正确可贵之处。宋人叶大庆曾说："近世王文公，其说经亦多解字，如曰：人为之为伪，位者人之所立，讼者言之于公，与夫五人为伍，十人为什，歃血自明为盟，两户相合而为门，——无所穿凿，至理自明，亦何议哉！有如'中心为忠''如心为恕'，朱晦庵亦或取之。惟是不可解者，亦必从而为之说，遂有勉强之患，所以不免众人之讥也。"[1] 用叶大庆对《字说》的评价来评价学术型俗文字学恰到好处。

现代安子介《解开汉字之谜》[2] 属于应用型俗文字学代表作。这一派人士传统文字学学术积淀有限，但颇富热心。因急于解汉字教学之难，往往不知某字字理，或明知原有字理却骋个人之巧思，别为新说。结果是教人学会一个字却乱了很多字的理据。比如，《解开汉字之谜》将"饿"解释成"'我'没有'食'物"，不仅会使学习者失去记忆读音的理据，还会诱导学习者比照这种说解法去学习记忆别的字。那么把"峨"说成"我的山"或"我上山""我有山"都可以吧？"娥"被解释为"我的女人""我的女儿""我是女人"或"我有女人"的可能都会有吧？依此类推，自然也可以对"俄""鹅""哦""蛾""莪""铗"等字做出五花八门的解释。再比如，有人将"裕"解释为"丰衣足食"，从现代汉字角度看倒是很新颖。但汉字简化前"谷"没有"谷子"意思，在"容""豁"两字中表意（表"山谷"），读 gǔ；在"浴""峪""欲""裕""鹆"等字中表音，读 yù。这位教师把"裕"说解为会意字，学生可能记住了字义，却丢掉了记忆读音的理据，也不能触类旁通记忆其他以"谷（yù）"为表音偏旁的音系字族字和以"谷（gǔ）"为表意偏旁的义系字族字。

应用型俗文字学致命的弊病就是无中生有，随意说解。这一派的初衷是追求趣味和轻松，泛滥的后果是汉字说解失去原则，失去理性，最终难免贻误学习者。在国内小学语文教学和对外汉

---

[1] 叶大庆《〈考古质疑〉校证》，广东高等教育出版社，1989年。
[2] 安子介《解开汉字之谜》，香港瑞福有限公司，1990年。

语教学领域，主张用俗文字学方法说解汉字者不乏其人。因其说解有违常识，在学术上经不住推敲，为严肃学者所不取。

此外，还有一类浅薄肆说型俗文字学，也有所谓著作堂而皇之地出版。其实称不上是什么"学"，亦不止于"俗"。这一类人士出书海说的动机似不在切磋学术，不在应用利人，而在其他。

历史形成的问题难以挽回，对于当前汉字理据遭遇进一步缺失的问题，我们还是可以有所作为的。所谓"往者不可谏，来者犹可追"。我们要维护汉字的理据，就要坚持充分体现汉字理据的偏旁分析法，要对削弱汉字理据、污染汉字理据的做法说"不"！为什么？

第一，从上文可知，如果算上必须经过溯源才能显示理据的独体字，我们今天使用的汉字，有大约10%已完全失去理据。理据缺失，是汉字教学困难的原因之一。若不注意维护尚存的理据，会造成更大面积的理据缺失。理据是汉字形音义系统性形成的基础，理据性强则汉字的系统性就强，就有利于学习者找到汉字的规律，触类旁通，提高汉字教学的效率。倘若任凭理据缺失，将造成汉字系统性进一步削弱，导致汉字教学困难进一步加剧。第二，我们中国人喜欢汉字，那么多外国朋友喜欢汉字，是因为汉字有魅力。魅力何在？在于它有形体之美，在于它有达情表意之精妙，更在于它有理据可得而说。因为有理据，所以它是睿智的、有血有肉的、充满历史沧桑而又灵动鲜活的文字。如果不很好地维护现有的理据，汉字的魅力将因此大减。第三，汉字理据是先人留给我们的文化遗产，是人类文化史研究的宝贵资源。对于这份宝贵的遗产要有敬畏之心，要倍加珍视。保护这个资源不受破坏，不受污染，在人类文化传承方面具有深远的意义。此外，汉字理据是科学,科学是严肃的,是不容戏说的。

总之,汉字是理性的文字,我们要对汉字的理据有清晰的认识,要利用汉字理据推展汉字教学,要自觉维护汉字的理据。

第五节　面向全球的汉字学[①]

唐兰早在20世纪60年代就提出:"文字学是我国独有的一门科学,它应该发展成为世界性的在社会科学部门中的一门独立的科学,中国文字学应该有进一步的提高。"[②]唐先生所说的中国文字,主要是指汉字。经过几代学者的不断努力,汉字研究确实取得长足的进步,例如古文字研究取得的辉煌成就,汉字理论不断有新的突破,等等,但是,汉字学离"科学""世界性"的"独立学科"的目标依然甚远。随着经济的快速发展,中国的影响越来越大,国际上学习汉语的热情也呈上升趋势。汉语非母语的外国人学习汉语,是从课本教材学起,入门就需要借助汉字。目前的情形是汉语热,汉字也在热。汉字研究不仅是学术需求,也是学习汉语和汉字的实用需求。20世纪初,我们为了和西方交流的便利,想抛开汉字,走拼音化道路;21世纪,当外国人想学习汉语的时候,汉字被世人重新审视。我们需要客观地认识汉字,发挥其长处,克服其不足。汉字不应该成为交流的障碍,而应该成

---

① 本节摘自李守奎《面向全球的汉字学——关于汉字研究融入国际学术体系的思考》,原载《吉林大学社会科学学报》2012年第2期。

② 唐兰《谈谈文字学》,《文字改革》1961年10期。

为文化多样化的一极；汉字学需要合理的学科定位。这需要我们不懈努力，充分客观地揭示汉字的内在规律和系统性，也需要我们把学术研究进一步规范，及早把汉字研究融入国际学术体系。

一、汉字系统的复杂性与汉字记录汉语的适应性

德国学者汉斯·约阿西姆·施杜里希在分析了古埃及象形文字之后说："这种极其复杂的文字系统使得埃及人成为人类文明史上最保守的民族之一。"他对汉字的基本特征也有一段通俗而客气的说法："书法家们用毛笔和墨水写出的书法作品对我们西方人来说有一种神秘装饰性效果。但是倘若要我们学习这种语言，那我们可能会被汉字复杂的结构和惊人的数量而吓倒。"[①] 这基本上代表了西方学者对表意字的看法。汉字是比古埃及文字使用时间更长、系统更复杂的表意文字。他们看到了表意字的繁难，又从繁难的文字还被长期沿袭使用推断出该民族的保守性。

汉字繁难，是不争的事实。国家语言文字工作委员会公布的《现代汉语常用字表》共计3500字，每个字都有其区别特征。现行人民教育出版社出版的小学语文教材，通过六年的小学教育，要求能够书写的汉字只有2500个左右。如此繁难的汉字却被一个不断发展壮大的民族沿用数千年，原因是该民族的保守性，这显然把问题简单化了。汉字被长期使用自有其合理性。这是由其所记录汉语的特点决定的。

[①] 汉斯·约阿西姆·施杜里希《世界语言简史》，吕淑君、官青译，山东画报出版社，2009年。

可以肯定地说，汉字是目前为止最适合记录汉语的文字体系。由于种种原因，汉语中同音词素和同音词特别多。索绪尔已经看到汉字适应汉语的一面，"在谈话中，如果有两个口说的词发音相同，他们有时就求助于书写的词来说明他们的思想"。共同的语言是一个民族的重要标志，然而汉语方言歧异，各大方言区之间彼此很难听懂。因为汉字不是表音文字，所以"汉语各种方言表示同一种观念的词都可以用相同的书写符号"。① 从历史上看，汉族是由各个时期多个民族逐渐融合而成的极具包容性的民族，民族融合，汉字所起到的凝聚力作用不容忽视。共同使用汉字，使得语言歧异的人们不仅有交流上的便利，而且彼此有文化的认同感。从这个意义上说，汉族与其说有共同的语言，不如说是有共同的文字。《汉字五千年》在描述了公元四世纪末期西方的古罗马分裂为东罗马和西罗马、中国分为南朝和北朝的历史状况之后，分析说，"但历史在这个节点上却给出了两种不同的答案：欧洲大陆是在字母的主导下酝酿着更大的分裂；而中国，混乱中却孕育着再次统一的希望，因为方方正正的汉字已经聚集着结束内乱的能量"。在提出"如果古代的中国人不用汉字，而是像古罗马那样，用拉丁字母来拼写中国大大小小的各种方言，其后果将会是什么"的问题之后，援引美国汉学家卫三畏的观点说"一旦废止汉字，而改用字母去拼写汉字，中国将不复存在"。② 这是繁难的汉字延绵不绝，被长期使用的重要原因。

---

① 费尔迪南·德·索绪尔《普通语言学教程》，商务印书馆，1999年。
② 汉字五千年编委会《汉字五千年》，新星出版社，2009年。

汉字使用人口众多，是最具代表性的表意文字，但为什么成为唐兰先生所说的"我国独有的一门"学问而没有能够成为世界性的学科呢？

二、中西方语言文字的学术传统与文字学的地位

西方没有发达的文字学，即使认识到文字的独特性，也没有给予其应有的学术地位。我们现在的学科分类几乎是西学的照搬，文字学同样也依附于语言学。

西方传统语言学认为："语言和文字是两种不同的符号系统，后者唯一存在的理由是表现前者。"① 这个观点被国内学术界广泛接受，语言学教材概括为"文字是记录语言的书写符号系统"②。这里有两个基本点：第一，文字与语言是两种不同的符号体系；第二，文字与语言有着密不可分的关系。这些认识是符合实际的。既然是两种不同的符号系统，为什么文字学不能独立为一个学科而成为语言学的依附？重要原因之一是在没有对汉字为代表的表意字进行深入研究的情况下，简单的西方拼音文字不足以成为一个独立的学科。但是汉字研究历史悠久，内容丰富，成果众多，怎么也没有学科的位置呢？对于文字学在学科系统中的地位设置，主要由人们对文字与语言关系的认识和学术传统决定。

对于文字和语言的关系，目前有三种倾向值得注意：

第一，把文字与语言混为一谈。在传统的"小学"中，虽然

---

① 费尔迪南·德·索绪尔《普通语言学教程》，商务印书馆，1999年。
② 叶蜚声、徐通锵《语言学纲要》，北京大学出版社，1997年。

也有"词"这个概念，但只是指部分虚词，不是现代语言学意义上的字、词对立，可以说是把字与语言中的词混为一谈。在普遍接受了西方的语言与文字观念之后，有的学者又从汉字记录汉语的实际情况出发进行了必要的反思和深入的探索，提出了种种新的见解，例如"字本位"汉语理论。尽管这是汉字与汉语关系认识的螺旋式上升，但如果"字本位"中的"字"与汉字中的"字"是完全不同质的所指，就应该避免使用相同的表达形式，如果二者有联系，就不可避免地混淆语言与文字的关系。

第二，割裂文字与语言的关系。有的学者认为，文字是不依赖语言而独立存在的"一种直接表意的独立的符号系统"[1]。这种说法的目的是为了摆脱对语言学的依赖，求得独立的地位，但未免矫枉过正。做个比喻：录音机是记录声音的工具。我们可以说录音机和声音是完全不同的东西，但不能否认录音机为了记录声音而存在。尽管文字本身就是符号系统，表意字也能表达一定的"意"，但记录语言是文字最主要的功能，一旦文字所记录的语言失传了，即使文字这个物质外壳存在，也是死字。文字符号自身的表意功能非常有限。[2] 文字符号直接表意这种说法对于广义文字中早期的表意图画来说有一些合理性，但对于严格意义上的文字来说就没有任何说服力。文字学讨论的一般是指狭义的文字，狭义文字是记录语言的符号。[3]

---

[1] 张朋朋《评索绪尔对语言和文字之间关系的论述》，《汉字文化》1994年第4期。

[2] 李守奎、李轶《表意字的表达功能与古文字考释》，《吉林大学社会科学学报》2005年第2期。

[3] 裘锡圭《文字学概要》，商务印书馆，1988年。

第三，忽视文字的独立性。正因为文字与语言之间的关系密切，所以，文字的独立性很容易被忽视，这是目前学术界的通病。表音文字的字母非常简单，即使文字的发音与所记录的实际语音发生矛盾，也可以在语音学和词汇学的范围内调整解决，所以西方的学术系统中，有发达的语音学和词汇学，却没有独立的文字学。任何学术体系都是为了更加清晰准确地认识和表述对某类事物或现象的理解与认识。从西方语言文字实际出发，忽视文字学也有一定合理性。

汉语言文字正好相反，自古至今都有非常发达的文字学，却没有发达的词汇学。我们的学术传统是以字统词，词汇学、语义学的内容大都被文字学包容了。汉字是延续五千年不间断使用的文字，其复杂性与丰富性在全世界无可比拟。但由于我们套用西方的学科分类，并没有给文字学一个独立的地位。国家技术监督局1992年发布、1993年实施的《中华人民共和国国家标准·学科分类与代码》中，涉及文字或汉字的有六个三级学科，分别依附于语言学和考古学：（1）文字学。一级学科语言学中包括普通语言学、比较语言学等十个二级学科。其中普通语言学中包括语音学、语法学、语义学、词汇学、语用学、方言学、修辞学、文字学、词源学、普通语言学其他学科等十个三级学科。在这里文字学隶属语言学。（2）汉字规范。汉语研究是语言学的二级学科之一，其中包括普通话、汉语方言、汉语语音、汉语音韵、汉语语法、汉语词汇、汉语训诂、汉语修辞、汉字规范、汉语史、汉语研究及其他学科等十一个三级学科。这是这个学科体系中唯一可见明确提到"汉字"的学科。（3）古文字。考古学中的专门考古中有金石学、铭刻学、甲骨学、古钱学四个三级学科。这四个学科都涉及古文字,但古文字都是这些学科中的一个方面。学科体系中没有古文字学,相关研究隶属考古学。

这个学科体系的不合理性很明显。第一,文字学是语言学的二级学科,混淆了语言与文字的关系。文字不是语言,怎么能成为语言的下属学科?第二,汉语研究中只有汉字规范,异常丰富的汉字研究被严重弱化,汉字学根本就不存在。第三,古今汉字研究被割裂。现代汉字研究中的汉字规范归属汉语研究,古文字研究属于专门考古。学科体系分类对学科建设和学术研究影响巨大,其中的不合理性亟须修正。从1996年开始修订,至今没有结果,可见问题之多,工程之大。

只有理清文字与语言的关系,文字学才可能成为一个独立的学科,汉字学才能摆正位置。

第一,文字与语言是两套完全不同的符号系统。文字学应当成为与语言学相并列的独立学科,汉字学是其二级学科。第二,记录语言是文字的最重要功能。能够记录语言的符号才是严格意义上的文字。第三,从历史上看,文字与语言的关系日益密切,应该用发展的观点看待文字与语言的关系。如果采用广义文字的概念,把表意的图画也当作文字,这种"文字"最初不是为了"记录"语言而设计,只能起提示语言的作用。文字逐渐与语言密切结合,表音文字是与语言结合最密切的文字。单纯从任何一个阶段来分析文字与语言的关系都会得出片面的结论。第四,文字对语言有巨大的反作用,造成文字与语言的分离。文字记录语言,也可以脱离语言的发展,并不为了记录现实的语言而存在,书面语可以独立存在和发展。汉语很长时间的言文脱节就是文字对语言反作用的具体表现。第五,记录语言不是文字的唯一功能。例如表意汉字自来就追求形式上的美，逐渐演变成书法艺术。书法中的汉字书写，目的不是为了记录汉语而是为了艺术表现。书法作品的功能主要是鉴赏与装饰。

总之，我们要摆正文字和语言的关系，在学科设置上不能为了迁就西方的学术体系而不顾及汉语和汉字的实际，削足适履。

三、汉字的独特性与汉字学的孤立位置

文字学成为中国独有学问的另外一个重要原因是由汉字的独特性决定的。

索绪尔从文字与语言关系的角度出发将文字分为表意和表音两种体系。他解释表意体系说："一个词只用一种符号表示，而这个符号却与词赖以构成的声音无关。这个符号和整个词发生关系，因此也就间接地和它所表达的观念发生关系。这种体系的典范例子就是汉字。"[①] 索绪尔对汉字做过怎样的研究不得而知，对表意体系的描述非常简单。从索绪尔开始，西方语言学家就认识到与表音文字相对立的表意文字的存在，但究竟什么是表意字，表意字中的"意"与语言中的"义"是什么关系？表意字体系文字的内部构成、表意字的构形等问题，西方学者缺少深入的研究，中国学者则众说纷纭。汉字的独特性没有得到充分的揭示与广泛的理解，这种独特性不仅没有成为文字类型中的典型代表受到重视，反而被孤立，排斥在学术体系之外。

汉字的独特性首先表现在文字与所记录的语音之间的游离

---

① 费尔迪南·德·索绪尔《普通语言学教程》，商务印书馆，1999年。

性。表意字不是通过记录语音的方式记录语言，而是通过字形描绘语义记录语言，语音随着词义附着在文字上。这个特点使得汉字具有超语言的功能，不仅不同方言区的汉族人可以分别用各自的语音系统去读汉字，其他民族也可借用汉字记录本民族的语言，同义换读为本民族的语音，例如日语"川"读为"かわ"。其次，记录语言方式的复杂性也是汉字的重要特点。任何文字都记录一定语言单位的音和义，这是文字的共性。但文字记录语言的方式不同，从理论上说，文字符号与语言之间有三种联系方式：（1）表意。表意字与表意字体系是两个概念，表意字是单指表意字体系中文字通过表现部分语义的形式记录语言单位的音和义。表意字中的"意"与所记录的语言单位的"义"大多数情况下是不对等的，"意"是"义"的部分语义特征。（2）表音。文字通过记录语音记录语言单位的音和义。表音字最初是借音字，假借表意字作为记音符号，数量不定，有较大的任意性，是表意字体系中的一部分。后来发展为根据语音系统设计的纯粹的表音符号，构成表音文字体系。（3）记号。文字作为记号记录语言单位的语音和语义，文字符号和语言单位之间是纯粹的约定关系。从理论上说，用这种方式创造文字的可能性也不能排除，但事实上，人文创造都追寻理据性。我们今天所说的记号字，很可能都是理据丧失而形成的。不论是表意字还是表音字，都是就文字符号的理据而言，当理据丧失，表意字不再表意，表音字不再表音，文字就成为记号，文字符号与语言符号之间就只剩下约定关系。从本质上讲，文字就是一套彼此区别的视觉符号。记号字有悖于人类的记忆习惯，但合乎文字的本质。现代汉字很多都已经记号化了。如表1：

表1　文字记录语言的方式

文字	联系途径	语言单位	文字类型
ㄓ①	语义	胃（词）	表意字
胃	语音	谓	表音字
胃	语言符号	胃	记号字

表意字"胃"的上部是胃的象形，像胃囊中装着食糜；下部是"肉"，表明其义类，与"肠""肝"等相同。《老子》"何谓宠辱？"中的"何谓"，郭店简《老子》（乙本）作"可胃"②，"胃"借作"言谓"之"谓"，与"肠胃"之"胃"在意义上没有任何联系，是个借音字，借音字是表音字中的一类。在现代汉字中，"胃"字上部是田地之田，下部是日月之月，字形与所记录语言单位完全是约定关系，是个记号。

这三种基本方式构成的文字可以作为构字部件，彼此组合，构成下位类型合成的文字：

表2　构字部件的组合方式

组合方式	下位类型	例字
意符和意符	会意字	尖
意符和音符	意音字	谓
音符和音符	双音符字	魏
意符和别符	指示字	刃
意符和饰符	美术字	丕（不）③

---

① 董莲池《新金文编》，作家出版社，2011年。
② 荆门市博物馆《郭店楚墓竹简》，文物出版社，1998年。
③ 董莲池《新金文编》，作家出版社，2011年。

世界上存在纯粹的表音字体系却不存在纯粹的表意字体系。表音体系中的表音字是按照语言系统中的音节或音素设计表音符号作为文字，记录语言的方式相对简单，即使是历史悠久的表音字系统，也可能只有表音字和少量的记号字两种类型。表意字源自图画，是自然累积和逐渐规范的结果。单纯的表意字不能准确记录语言，必须有一定量的表音字才能使表意字体系成为可能。王凤阳先生有一个形象的比喻：假借字是"象形文字的产婆"[①]。表意字体系是综合运用文字记录语言各种方式的文字系统。汉字是历史悠久的典型的表意字，从目前可见最早的成熟文字系统甲骨文开始就是表意字、表音字、记号字以及会意字、意音字等各种类型俱全的文字系统。比起表音体系来，表意体系确实复杂得多。

世界上古老的自源表意字，如古埃及文字、玛雅文字等都久已消亡，只有汉字，一直延续至今。汉字很独特。尽管汉字使用的人口很多，但是由于近代史上中国的衰败和孱弱，汉字的独特性也成了保守和愚昧的象征，汉字研究的目标指向汉字改革。汉字的独特性没有被重视而深入研究，而是被蔑视，被孤立。这也是汉字研究长期游离于国际学术体系之外的重要原因。

四、汉字研究与国际学术体系脱轨的若干问题

汉字研究游离于国际学术体系之外，原因是多方面的。汉字研究中的两种倾向最值得警惕：一方面受西方语言文字观念和西方人对汉字认识的影响，忽略文字的独立价值，更忽略了汉字的

---

① 王凤阳《汉字学》，吉林文史出版社，1989 年。

价值；另一方面是自我膨胀的心态下，过分强调汉字的特点，把所有的特点都当成优点。这都是没有足够的自信心，不能正视汉字所致，前者是失去自信后的放弃，后者是没有自信的故意夸饰。目前在汉语热背景下汉字研究很火，研究成果很多，但也存在一些问题，需要认真面对。

第一，传统汉字学的保守性。传统的汉字学是以构形研究为核心的六书学。六书理论是汉代学者在对汉字本体充分研究基础上归纳出来的汉字理论，包含着汉字记录语言的方式和汉字构形两个方面，基本上揭示出了汉字的本质特点和内部结构。在两千多年前，可以说是凿破混沌，使汉字研究步入正轨。以六书学为理论基础研究汉字的典范之作是《说文解字》。自东汉以来，直到西方语言理论传入之前，汉字理论一直是六书理论一统天下。这一方面说明这种从实际出发的汉字理论的价值和生命力，另一方面也说明汉字研究的止步不前。六书理论存在着概念不清、层次不明、归类混乱等缺点，与现代学科理论的要求有一定的距离。一种理论，两千多年不断累增却缺少拓展与深入，变成了臃肿与烦琐，这样的学术自然很难被普遍认同。如何继承与发展优秀传统，是汉字学学科独立和融入国际学术体系必须面对的问题。

第二，盲目随从西方理论。近现代的中国积弱不振，有识之士纷纷寻找富国强兵和开发民智的办法，变革的浪潮也波及语言文字学界。汉字研究确实需要外力的冲击，需要更广泛视野下学科体系的建立，但有的学者看到表音文字的便利，全盘接受西方的学术体系和观点，有的甚至走得更远，不顾及中国国情，不考虑汉语的实际，把汉字妖魔化，汉字学边缘化。直到今天，汉字学都没有成为"国家标准"认同的学科。一个连自己都不能认同的学科，怎么能有其国际地位？

第三，过分强调汉字的优点。文字记录语言，是所有文字的本质特点，表意字也不例外。至于什么是"记录"，学术上可以讨论。学术研究不能把非本质的特点当作本质的特点。汉字繁难，系统复杂，数量众多，使用多变，这都是客观的事实。如果记录一种语音差异很小的语言，表音字最便捷有效。汉字适应记录汉语，是由汉语的特点和中国国情决定的，其优点不能盲目扩大，脱离现实的自夸只能被排斥而不是被接纳。

第四，研究对象被割裂和研究方法不兼容。汉字学的研究对象理所当然是自古至今的所有汉字，但是汉字研究被分裂为以释读古代文字为主要目的的"古文字学"和以理论探讨为核心的"文字学"或"汉字学"。古文字学研究对象是自小篆以往的古老汉字，方法是考据，主要目的是解读出土文献，其学科归属不明，成为考古学、历史学、文献学、语言学各学科之间的边缘交叉学科。这个学科要求熟悉考古及传世的各种材料、熟悉相关的典籍文献、熟悉传统小学的考据方法，是很艰深的学问。中国学者所说的"文字学"或者"中国文字学"，实际上多指"汉字学"，一般都隶属于汉语言文字学，这是狭义的汉字学，我们也可以称之为理论汉字学。汉字理论理应是对汉字整体做出深入研究之后所归纳出的汉字规律。理论学界的问题主要是对文字本体研究的深度和广度不够，尤其是相当一部分学者古文字研究能力和修养不够，影响了理论的准确性和实用性。生搬硬套外国语言文字理论、严重受政治政策影响、缺少学术的自主独立性也是汉字理论学界存在的问题。像唐兰、裘锡圭这样能够融通古文字学与汉字理论的学者很有限。当今的学术日益专门化，"古文字学"与"汉字学"

之间的裂痕有扩大的趋势。古文字学界有的学者认为文字理论不解决实际问题，是事后诸葛亮；文字理论学界有些学者认为繁难的古文字考释无关宏旨，缺少"理论体系"。汉字研究如果"内讧"对汉字学的发展会非常不利。

第五，汉字学研究缺少必要的学术规范。一个学科，应当有确定的研究范围和对象、普遍认同的统一术语，然后才能形成一个便于学术讨论的平台。现在的局面是旧的不倒，新的难立，各执一词，众说纷纭。从什么是"文字"开始，所有的概念都有歧义。这与现代学科的要求相悖逆。学术允许观点不同，也允许不同的理论存在，但如果对一类现象的研究连基本共同点都没有，当然难以成为被普遍认同的学科。

第六，学术性与通俗性没有能够很好结合。汉字研究成果两极分化，专业学术研究，专业性很强，其交流只能在很小的专业圈进行，一般读者望而生畏；通俗读物，配图配画，大胆阐释，往往夸大汉字的表意特点，肆意曲说，哗众取宠，为严肃的学者所不齿，却能够广泛流传。

第七，汉字研究中的政策过度作为。现代国家都有其语文政策，语言文字研究受国家政策制约和影响是自然的。但是学术研究应当有其相对的独立性，只有独立的研究，才能成为制定正确政策的依据。从汉字研究只有一个三级学科"汉字规范"，就可见汉字研究受政策制约之一斑。就汉字规范而言，汉字现在已经定型，进一步的规范和没有意义的规范的强制执行，只能使繁难的汉字更加难学。汉字规范必须分类进行。对于书法等艺术体，根本就没有必要规范，规范几乎就等于对艺术的扼杀。对于手写俗体，就像语言模糊和变异一样，也应允许汉字书写有一定程度的模糊和变异。而各种公开出版物上的印刷体应严格规范，其他场合的用字和字体都以此为轴波动。这样不仅能使汉字更便捷适用，也更加丰富多彩。

五、汉字研究融入国际学术轨道的建议

第一，理顺学术体系，给汉字学以应有的学术地位。套用语言的定义方式：文字是以字体为物质外壳，以构形为结构规律，以记录语言为主要功能的视觉符号系统。文字学是与语言学并列的学科。

对于汉字来说，字体包括篆书、隶书、楷书等书体，各种书体中又包括规范体、俗体、美术体等多种变体。任何时代都有规范体和俗体等多种字体的相互补充。规范体用于比较正式的场合，写得规整端庄。俗体，就是实际应用过程中的手写体，简易草率，变体很多。商代的甲骨文和金文就是俗体和规范体的关系。追求字形的美观是汉字演变的动力之一，字符中的饰符从记录语言和文字区别的角度来说是羡余，是赘加，但之所以不避繁缛，多数是为了美化。中国人很早就视汉字为美并不断创造着美，因而汉字也就有了很强的装饰功能。春秋、战国时期的错金鸟虫书，其主要功能是装饰，是典型的美术字。书法艺术是对汉字美的追求与提升。现代汉字字体主要是印刷体、手写体和艺术体的差别，我们应当允许各种字体在一定范围内的存在。

汉字构形是汉字研究的核心，传统六书中象形、指示、会意、形声都是讲汉字构形的。在此基础上，有从古文字考释实践中归

纳出来的《古文字构形学》①，有继承传统和借鉴西方语言文字理论的《汉字构形学讲座》②等广有影响的研究成果，汉字构形研究的轮廓已经具备。汉字构形研究直接关系到偏旁部首的分合与字书编纂、汉字的系统性与系统教学、构字部件与智能输入等多方面的汉字应用。

认清文字与语言的关系和文字记录语言的方式是认识文字的本质和给文字定位的关键。这些问题的讨论不应该成为一个空洞的思辨和哗众取宠的标新立异，应该是全面占有材料，深入本体研究基础上的理论归纳。裘锡圭《文字学概要》在这方面做得就相当出色。

第二，健全汉字学学科体系。文字学是一级学科，与语言学并列，包括世界上各种文字的研究。世界上有多少种文字，如何分类，二级学科如何设立等问题都是世界性的课题，需要更大范围的合作。汉字学理所当然是文字学的下属学科，这个学科内容非常丰富，③其下属的三级学科需要合理设置，起码应该包括四个方面：（1）古文字学，包括商周文字研究（主要是甲骨文和金文研究）、战国文字研究、秦汉篆书研究等。（2）隶楷文字研究，主要包括隶书研究、楷书研究、俗字研究等。（3）现代汉字研究，主要包括现代汉字构形、汉字规范等。（4）汉字演变，贯通古今的汉字研究。

以上都是汉字本体的研究。至于汉字教学、汉字美学与书法艺术、汉字文化、汉字学术史等以汉字为中心的边缘学科也可以

---

① 刘钊《古文字构形学》，福建人民出版社，2006年。
② 王宁《汉字构形学讲座》，上海教育出版社，2002年。
③ 黄德宽《从转型到构建：世纪之交的汉字研究与汉语文字学》，《语言文字研究》2005年第3期。

纳入汉字学的研究范围。

第三，从汉字的实际出发，充分揭示汉字的独特性。一个学科的影响力和生命力与这个学科的经典性研究成果密切相关。汉字的研究成果自古及今都很丰富。许慎的《说文解字》、段玉裁的《说文解字注》、唐兰的《中国文字学》和《古文字学导论》、裘锡圭的《文字学概要》等都堪称经典。汉字学需要对汉字本体进行更加深入、充分的研究，只有在此基础上的汉字理论才可能符合实际，汉字学需要不断有新的经典之作推出。

第四，充分借鉴国外的语言文字理论，但不能盲从。现代汉字学是在我国传统文字学和西方语言文字理论基础上建立起来的，可以清晰地看到汉字理论中西方学者的影响。但是西方的语言文字理论是从西方的语言文字实际中归纳出来的，有些具有普遍性，有些并不符合汉语言文字的实际。

第五，要充分考虑汉字学的学术价值和实用价值。学术研究在一定意义上说可以超功利，尤其是基础研究，不能急功近利，但是作为一个学科，我们必须考虑学科的价值。学科价值包括两个方面，一个是在学科系统中的价值，一个是在现实中的实用价值。例如古文字研究的价值主要是学术价值，文字的释读是文本理解的前提，只有文字考定，文本解读，出土文献才能成为历史学、语言学等各个学科的有价值资料。现代汉字研究的主要是指导汉字使用者了解汉字、掌握汉字、正确使用汉字的应用价值。学术价值与实用价值二者不可偏废，二者须互相依托。

第六，杜绝汉字解释的任意性。文字记录语言，脱离语言讨论表意字的意义，就流于没有依据的任意猜想，这是背离科学的伪学术。表意字的表意性不能被夸大。首先，在表意字系统中，表意字的数量很有限；其次，表意字通过文字构形所表达的字义，一定是与所记录的语义相关联的意义。一般情况下，我们是因为知道表意字所记录的词义才能了解表意字的字义。目前针对外国人学习汉字的通俗读物存在很多非常率意的解释，这从根源上说是理论上对表意字多有误解，从方法上来说是对汉字本体研究不够深入。

　　第七，谨防政策的过度作为。文字演变有其内在的演变规律，政策的引导与规范十分必要。但如果过度作为，容易引起不必要的混乱。以汉字简化为例，汉字简化符合汉字的发展规律，尽管如此，也不是没有弊端。简化字大多是俗体字，升格为规范体，依靠的是语言文字政策。简化字已经普遍使用，形成新的规范，即使有弊端，也可以在系统内调整。恢复繁体字的讨论没有任何意义，学术上没有理论依据，现实中只能引起不必要的混乱。

　　第八，普及汉字学的研究成果。汉字是大家都在使用的文字，汉字学不能仅仅是束之高阁的"学问"，汉字学应当有学术性和可读性相结合、深入浅出的研究成果。汉字学普及知识不应当陷入智者不为、愚者不能的境地。大家使用的文字由大家来关注，这个学科才更具生命力。

　　汉字学融入国际学术体系，首先依靠其自身的丰富性、独特的学术价值和应用价值，其次是祛除虚妄，尽量与国际接轨。汉字学学科的准确定位与发展，不仅需要学者的携手努力，也需要"国家标准"权力部门的确认。只有我们做到足够好，才能使其成为唐兰先生所说的"世界性的在社会科学部门中的一门独立的科学"。

第二章

汉字的形音义用研究

第一节 笔素与汉字的难度序[①]

汉字的形序是以字形特征为依据的字序,一定程度上也是字形复杂程度[②]的序列,现有最精密的形序是 GB13000.1[③] 笔画序。

尽管有不同看法,"从 60 年代以来,许多实验研究表明笔画数效应是存在的"[④]。晚近的研究也多显示笔画数效应的存在。笔画作为汉字难度的一个重要指标,有较为充分的依据,笔画作为汉字形序的首要因素也因此得到了广泛的认同和运用。

然而,汉字的笔画是一个生成的系统,从 0 折笔画到 1 折、2 折、3 折、4 折笔画,意味着笔画复杂程度的差别——甚至是巨大差别。依据笔画数,"乙"必然会排在"二十八人"等的前面,"九几乃"必然会排在"三川上下"等的前面,而后者显然更简单。朱晓平和顾泓彬认为:"笔画数并不是汉字特征的一个理想

[①] 本节摘自王汉卫、刘静、王士雷《笔素与汉字的难度序》,原载《语言教学与研究》2013 年第 2 期。

[②] 复杂程度,也可说难度。"复杂程度"着眼于客体,"难度"着眼于主体,本节不严格区别这两个概念,视表述需要灵活选用。

[③] GB13000.1 字符集汉字字序(笔画序)规范课题组 2000《GB13000.1 字符集汉字字序(笔画序)规范》,上海教育出版社。

[④] 彭聃龄、王春茂《汉字加工的基本单元:来自笔画数效应和部件数效应的证据》,《心理学报》1997 年第 1 期。

指标，因为它忽视了不同笔画间复杂程度的差异。"① 但直到目前，更为"理想"的指标是什么，已有的研究尚未给出明确答案。

突破笔画的局限，寻找另外一个或多个有助于反映汉字复杂程度的指标，并进一步给汉字编排出更为细腻的难度序，对汉字教学顺序的编排、汉字教材的编写甚至对汉字大纲的研制和呈现方式都有重要的参考价值。本节尝试以笔素为突破口，首先验证笔素对汉字认知的影响，并进一步以《汉语国际教育用音节汉字词汇等级划分》②（以下简称《等级划分》）的"3000字"为对象，讨论汉字的复杂程度，寻求更好的衡量指标。

一、笔素的界定

笔画不是汉字构形的最小单位，其中大多数笔画还可以依据折点继续向下分析，划分到最后可以得到汉字构形的最小元素——笔素。比如"㇆"是"横"和"竖"以折的方式连缀而成的，分解到"横、竖"已经无法再分，所以"横、竖"就是"㇆"的笔素。笔素是分解笔画而来，是比笔画更小、更单纯的单位。

笔素的理念在以往也有所体现。例如笔画序原则中有一条"折点少的笔形先于折点多的笔形"③，这就隐含了以笔素为单位考虑笔画的复杂程度问题。遗憾的是，以往并没有明确"笔素"这

---

① 朱晓平、顾泓彬《汉语字词识别研究的现状》，《心理科学》1992年第1期。
② 中华人民共和国教育部、国家语言文字工作委员会《汉语国际教育用音节汉字词汇等级划分》，北京语言大学出版社，2010年。
③ 汉字字序规范课题组《〈GB13000.1字符集汉字字序（笔画序）规范〉的研制》，《语文建设》1999年第5期。

个概念,更没有在排序实践中把它作为关键因素。

对现代常用汉字 32 种笔画[①]进行划分,最后得到 8 种笔素。如表 1。

表 1　8 种笔素及其笔形描写

笔素	笔形描写
横	单纯笔画的横,以及复合笔画中分析出来的横。
竖	单纯笔画的竖,以及复合笔画中分析出来的竖。
撇	单纯笔画的撇,以及复合笔画中分析出来的撇。
点	单纯笔画的点,以及复合笔画中分析出来的点。
捺	单纯笔画的捺,以及复合笔画中分析出来的捺,例如"捺钩"的首段。
提	单纯笔画的提,以及复合笔画中分析出来的提,例如"竖提"的尾段。
钩	复合笔画中分析出来的各种方向的钩("竖提、撇提"的尾段归入提)。
弯	复合笔画中分析出来的左向的弧笔,即"弯钩"的首段。

需要进一步说明的是"弯"。传统上,"弯"在宋体字中存在于"弯钩、竖弯、竖弯钩、横折弯、横折弯钩、横撇弯钩",在楷体字中还有"横撇弯、卧钩"。首先,本研究的统计依据宋体;其次,在宋体字中,"竖弯、竖弯钩、横折弯、横折弯钩"中的弯笔特征已经变得很不明显,而更接近于"横"。因此,本研究分离出来的"弯"只是"弯钩、横撇弯钩"中左向的弧笔。

现有研究证明了笔画效应的存在,笔素效应是否存在还没有研究。如果笔素是影响汉字认知的重要因素,我们就有必要追求笔素序。

---

① 王汉卫《论对外汉语教学的笔画》,《世界汉语教学》2012 年第 2 期。

二、笔素对汉字认知影响的实验

（一）被试

某大学30名非语言学专业的研究生，男女各半，视力正常或矫正后正常。

（二）实验材料

我们对《等级划分》中"3000字"（以下简称"3000字"）进行笔素数值统计，从中筛选出40个实验字，并分为两个组：少笔素字组与多笔素字组，每组20个实验字。我们对两组实验字的笔画数、结构类型、字频、部件数进行了严格控制。经过替换调整，两组汉字两两相对，笔画数相同，而且字频和部件数这两个变量经配对样本t检验后也均无显著性差异（字频t=1.437；部件数t=1.506）。实验字如表2。

表2　实验材料

组别	实验字	平均笔画数	平均笔素数
笔素少	八丈土干仁仆什仪艾齐苹桩耻笨棒稚磋稻踩	8.1	8.3
笔素多	九弓马及乌幻屯奶孕危诞袍殿谎骗鄙蔼豫鹤撰	8.1	13.3

另造出20个假字，以引起被试的NO反应。在制造假字过程中，我们严格遵守改变、添加或删除字的一两个笔画或笔素的原则。这20个假字分别为：籴、湾、骇、忍、练、眉、踩、腐、俭、幻、甸、朱、冷、鸟、儿、尛、叉、五、布、代。在正式实验开始之前设有一个练习环节，以便被试熟悉实验流程，在该环节用的10个练习字（含5个假字）为：三、人、丰、王、厄、卡、鸟、月、圭、左。

（三）实验程序

实验时，被试坐在计算机前，双手的食指放在键盘上。首先，计算机呈现红色注视点"+"800毫秒，再呈现实验刺激1500毫秒，笔画或干扰刺激的大小为$2 \times 2 cm^2$。被试通过按压反应键来指出刺激是否是真字。如果刺激是真字就按下右手键 J，如果刺激是假字，就按下左手键 F。要求被试反应既快又正确。计算机记下从刺激呈现到按下反应键的反应时和反应正确率，计时误差为 ±1ms。被试开始正式实验前，先做 10 次练习；实验中途有一次休息。

（四）结果与分析

30 名被试对目标字的反应时与错误率的结果见表 3。

表 3　被试对目标字的平均反应时和平均错误率（n=30）

	少笔素组	多笔素组
反应时 / ms	649.19	703.57
错误率 / %	5	12

进行数据统计时，如果被试在 50ms 内就做出反应（抢答），或在 1500ms 内仍没有做出反应（延迟），都记作错误，视为无效数据并剔除。

对两组数据反应时以及错误率的配对样本 t 检验表明，被试对笔画数相同笔素数不同的汉字的反应时 t 值是 3.462，p 值是 0.003<0.05；错误率 t 值是 2.91，p 值是 0.009<0.05。就是说，在笔画数相同、笔素数不同的情况下，反应时及错误率均存在非常显著的差异。该研究表明了笔素效应的存在，即笔素是影响汉字认知的重要因素。

三、笔素序

以笔素为序的结果跟笔画序有什么不同？如何认识和评价笔素序？回答这些问题的第一步就是要进行笔素序的排序实践。根据上文对笔素的界定，我们对"3000字"进行了笔素拆分和统计，并按笔素数给"3000字"排序和分类。结果如表4。

表4　按笔素的"3000字"分类

笔素数	1	2	3	4	5	6	7	8	9	10	11	12	13	14	15
字数	1	7	17	48	67	119	145	207	240	312	322	282	255	255	185
笔素数	16	17	18	19	20	21	22	23	24	25	26	27	29	–	–
字数	168	119	85	62	36	23	17	9	9	6	2	1	1	–	–

作为对比，表5展示的是按笔画数的分类。

表5　按笔画的"3000字"分类

笔画数	1	2	3	4	5	6	7	8	9	10	11	12	13	14	15
字数	2	18	50	113	148	239	302	369	358	329	285	266	186	116	89
笔画数	16	17	18	19	20	21	22	23	–	–	–	–	–	–	–
字数	55	33	9	14	11	4	3	1	–	–	–	–	–	–	–

对比笔素和笔画的分类数据可以得到下面几点认识：第一，按照笔素，可以把"3000字"分为29类；按照笔画，只能分成23类。第二，按照笔画，第8画的字数已界峰值（369字），前8画总计1241字。按照笔素，前8个笔素的字只有611个，峰值出现在第11素（322字）。第三，笔素类的最大值、均值和标准差都低于笔画类。对笔素类和笔画类的分组数据进行卡方检验，双尾系数是.000，差异非常显著。

表 6 是笔素序和笔画序"3000 字"前四组的对比（下位排序都暂按 GB13000.1 笔画序规则）。

表 6　笔素序和笔画序前四组字对比

组别	笔素序	笔画序
1	一	一乙
2	二十厂卜八人入	二十丁厂七卜人入八儿乛了几九刀力乃又
3	丁又三干工土士下大丈上千川个广丫义	三干于亏工土士才下寸大丈与万上小口山巾千乞川亿个夕久勺凡丸及广亡门丫义之尸己已弓子卫也女飞习叉马乡
4	乙七儿乛了刀力于才寸口山小夕久么亡之女叉尸丰王开井天夫木不犬太止少午牛升仁什仆斤爪介父从六文火斗	丰王开井天夫元无云专丐扎艺木五支厅不犬太区历厉友尤厄匹车巨牙屯戈比互切瓦止少日日中贝冈内水见午牛手气毛升长仁什片仆化仇币仍仅斤爪反介父从今凶分乏公仓月氏勿欠风丹勾乌勾凤六文方火为斗忆计订户认讥心尺引丑巴孔队办以允予邓劝双书幻

可以看到，前 4 素的字只有 73 个，这 73 字全在前 4 画的 183 字之内，是对 183 字的分化和筛选。筛选意味着重组，包含两方面的实际含义：一方面，除这 73 个字外，其余 110 个字都被迫降级；另一方面，即使留下来的字在前四组的范围内也要重新定位。

总之，笔素序是以笔素为计量单位对汉字复杂程度的重新测量和排序，使字序更好地表现为由简单到复杂的序列。

四、笔素笔画序

尽管笔素是汉字最小的构形单位，但它仍然不是一个标准的单位——每一个笔素都存在大量的变体，笔素和笔素之间也有不小的差异。笔素内部,以"横"为例,事实上有无数长短不同的"横";笔素之间,例如"横"和"点"相比,一般情况下"横"显然比"点"长、大得多,4个"点"似乎不算什么,4个"横"则显得很复杂了。

进一步提高测量精度的出路有两条:其一是根据笔素的形态差异给笔素赋值;其二是在笔素和笔画的关系上做出反映。关于前者,很难找到一个明确的、科学的标准,本节暂时也没有答案。幸运的是我们可以在第二种方法上有所作为。

笔素分为两种:一种笔素本身即笔画,姑且叫笔画型笔素;一种笔素是从笔画中分析出来的,姑且叫分析型笔素。在笔素数相等的情况下,多个笔画型笔素分别重新起笔,实际运笔距离大于笔素之和,而多个分析型笔素尾首相连,实际运笔距离即笔素之和,从而降低了字形难度。笔素序只管计数笔素数,忽略了两种不同性质的笔素带来的差异,结果必然会导致一些字被放在不恰当的位置。例如"乙、七、才、夫"都是4个笔素,但复杂程度显然不同。

笔画优先或笔素优先都难免顾此失彼,这种情况促使我们反思:为什么一定要笔画优先或笔素优先呢?把笔画和笔素综合起来,不是正好可以平衡二者各自的价值和局限吗?例如"乙"和"七",笔素都是4,"乙"的笔画数是1,"七"的笔画数是2;笔素笔画相加,"乙"是5,"七"是6。这样"乙"就会得到前置,而"七"就只能靠后站了。笔素笔画的合序既照顾到了笔画差异,也照顾到了笔素差异,理论上是一把更好的尺子。

按照这样的方法,把每个字的笔画数和笔素数相加,按从小到大排列,就得到了笔素笔画序(以下简称"综合序")。表7是"3000

字"综合序的分类数据。

表7 "3000字"综合序分类

笔素笔画数	2	4	5	6	7	8	9	10	11	12	13	14	15	16	17	18
字数	1	7	3	21	16	37	36	61	59	84	80	104	123	138	166	165
笔素笔画数	19	20	21	22	23	24	25	26	27	28	29	30	31	32	33	34
字数	191	160	160	160	146	133	148	115	126	91	77	82	61	48	48	32
笔素笔画数	35	36	37	38	39	40	41	42	43	44	45	46	48	49	50	—
字数	22	25	12	12	15	1	9	6	4	5	3	3	1	2	1	—

表7的数据显示，综合序把"3000字"分成了47类，分类能力得到了大大加强，由简单到复杂的渐进过程变得更加平缓。图1是笔画序、笔素序与综合序的分类能力对比。

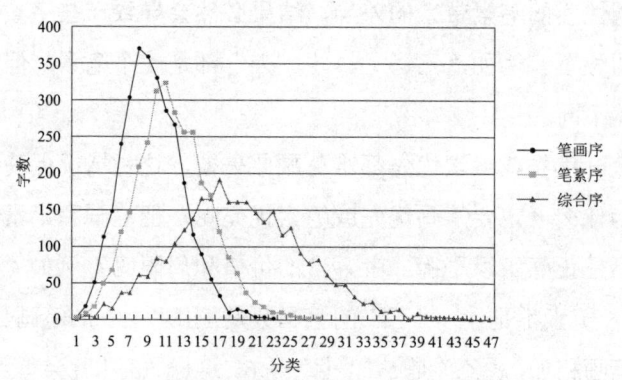

图1 笔画序／笔素序／综合序的分类能力对比

仍然取前4组字，综合序跟笔素序对比如下（下位排序都暂按GB13000.1笔画序规则）。

表8 综合序、笔素序前4组对比

组	综合序	笔素序
1	一	一
2	二十厂卜八人入	二十厂卜八人入
3	乙丁又	丁又三干工土士下大丈上千川个广丫义
4	七儿刁了刀力三干工土士下大丈上千川个广丫义	乙七儿刁了刀力于才寸口山小夕久么亡之女叉尸丰王开井天夫木不犬太止少午牛升仁什仆斤爪介父从六文火斗

按照综合序，"乙"从笔素序的第4组脱颖而出，晋身到第3组，而原本在第3组的字大多被推后到了第4组，原本在第4组的字，大多数也都被降级了。

综合序不仅使组内字进一步减少，而且组内字的复杂程度也更趋一致了。

五、难度序的规则体系

上文的讨论得到了两个不同于笔画数的难度指标：笔素数以及笔素笔画合数。难度序应该是一个贯彻难度诉求的立体的指标体系，我们需要进一步探究它的下位排序问题。尽管GB13000.1笔画序并不是以难度序为诉求的字序，在一定程度上对难度也有反映，下文的讨论从回顾GB13000.1笔画序的指标体系开始。

（一）GB13000.1笔画序指标体系的回顾和新难度指标的添加

表9 GB13000.1笔画序指标体系的回顾和评价

层次	规则	规则内容	以难度为诉求的评价
1	笔画数	按笔画多少排序	反映难度
2	笔顺	按横竖撇点折排序	基本不反映难度

(续表)

层次	规则	规则内容	以难度为诉求的评价
3	主附笔形	主笔形横、竖、点先于其附属笔形提、竖钩、捺	基本不反映难度
		折点少的笔形先于折点多的笔形	反映难度
4	笔画组合关系	按组合关系排序,主要内容是相离先于相接,相接先于相交	反映难度
5	结构方式	按结构方式排序,主要内容是左右结构先于上下结构,上下结构先于包围结构	反映难度

在这个指标体系中,笔画数规则不必赘言,下文讨论另外几条规则。

在 GB13000.1 笔画序中,笔顺可实现的排序率高达 90.6%,但笔顺规则并不适用于难度序——既然笔画是笔画序的单位,便不可能再依据横、竖、撇、点、折深化难度序。从笔素的角度着眼,折笔比横、竖等复杂,这在本文已经表现为笔素数规则。同样,主附笔形规则也表现为笔素数规则。

笔画组合关系规则能够表现难度。比较而言,相离比相接和相交简单,儿童习字最容易犯的错误之一就是"分家",这也正说明相接和相交是有意识控制的结果,而离散的笔画或结构更加清晰、简单。相交比相接笔形更伸展,因此整字也显得更复杂。

另外,在笔素数和笔画数都相同的情况下,笔素的种类越少,整字就越单纯简洁。按笔素种排序可以确保笔素越单纯的字排序越靠前,例如"三"和"川",按照笔素种,就可以保证"三"居"川"前。

基于下面两方面的原因,本研究暂不考虑结构层面的信息。

第一,结构后于笔画,排序上也必须是后于笔画信息的指标。

排序实践显示，笔画层面的信息功能强大，根据这些指标已经可以得到相当高的排序率（具体见表 10 数据），极大地弱化了结构信息的价值。

第二，现有关于结构方式对认知的影响还有比较大的分歧。有些研究支持左右结构优先，[①]也有的则倾向于上下结构更易于习得，[②]而且结构效应跟母语／二语的变量也有关系。

综合上文的讨论，难度规则体系暂得到 6 条难度指标，它们是：笔素数、笔画数、笔素笔画数、笔素种、交叉点、衔接点。

（二）难度序规则的优先顺序

这 6 条规则显然不可能做相加处理，这就涉及规则的排序问题。

笔画信息可以分为两类：一类是原材料的数量信息，包括笔素数、笔画数、笔素笔画数、笔素种；一类是原材料的组合方式信息，包括交叉点、衔接点。"数量"和"方式"相比，"数量"是更核心的信息，所以"数量"优先。

进一步，根据前文的数据和讨论，笔素笔画数比笔素数效果好，笔素数比笔画数效果好，所以确定笔素笔画数先于笔素数，笔素数先于笔画数，笔素种则是原材料数量层面的补充信息，排在"数量"信息的最后。尽管就分类能力来说，笔画序弱于笔素序、笔素序弱于综合序，它们事实上不是相互否定的序列，而是凸显

[①] 张积家、盛红岩《整体与部分的关系对汉字的知觉分离影响的研究》，《心理学报》1999 年第 4 期；徐彩华《外国留学生汉字分解水平的发展》，《世界汉语教学》2007 年第 1 期。

[②] 刘丽萍《笔画数与结构方式对留学生汉字学习的影响》，《语言教学与研究》2008 年第 1 期。

不同的序列，所以笔画先决、笔素先决、笔素笔画双先决的序列都不可或缺。

至于笔画组合关系的两条指标，按照交叉点，可以保证没有交叉点的在前、有交叉点的在后，交叉点少的在前、交叉点多的在后。再按照衔接点，可以保证笔画完全相离的在前、笔画相衔接的在后，衔接点少的在前、衔接点多的在后。这样就实现了相离先于相接、相接先于相交的顺序。总结上文，难度序规则确定如下：

序列一：笔素笔画双先决的难度序

笔素数加笔画数→笔素数→笔画数→笔素种→交叉点→衔接点

序列二：笔素先决的难度序

笔素数→笔素数加笔画数→笔画数→笔素种→交叉点→衔接点

序列三：笔画先决的难度序

笔画数→笔素数加笔画数→笔素数→笔素种→交叉点→衔接点

六、难度序的效果

（一）难度序的基本分类数据

表10　难度序的"3000字"分组数据

组别	1字	2字	3字	4字	5字	6字	总计
组数	1891	355	91	17	8	3	2365
字数	1891	710	273	68	40	18	3000

数据显示，笔素先决的难度序把"3000字"分成了2365个小类，总排序率达78.83%。其中1字1组的占63.03%，同码最

多的也才 6 字一组。

不同于以给汉字定序为目标的 GB13000.1 笔画序，难度序不追求、也不应该追求 100% 排序率。比如 3000 人按身高或体重排队，以适用于"人"的测量工具来说，总有一些人的身高或体重是相同的。同样的道理，以人的认知能力、以人的"视界"来看，也总有一些字难度是相同的。例如：土士、己已、区凶、为办、主玉、由甲、归仙、庄压、厌庆，它们每一对的排序编码完全相同，事实上也如此相像，硬要区分它们的难度似乎有些多余。

（二）以形似字为"试金石"的验证

理论上，形似字应该有相同或相似的难度，难度序应该是对形似字的挖掘和呈现，能不能把更多的形似字排在一起是检验难度序是否合理的试金石。当然，难度序也不可能把所有的形似字都排在一起，因为形似与否还跟其他一些因素有关（这是另外一个话题）。

下文抽取"3000 字"按照 GB13000.1 笔画序前 4 组的全部 183 字为例，以相同的字数和字种跟笔画先决的难度序（下文简称"新笔画序"）进行对比，据此观察它们聚集形似字的能力有什么不同。

表 11　新笔画序跟 GB13000.1 笔画序的效果对比

组别	新笔画序	笔画序
1	一乙	一乙
2	二八人入厂卜十丁又了七儿刁刀力几九乃	二十丁厂七卜八人入儿刁了几九刀力乃又
3	三川上工土士干个广丫下义千大丈山口么久夕尸于女小之寸才叉乡卫子巾门万习勺飞与亏己已亿乞及凡丸马弓也	三干于亏工土士于下寸大丈与万上小口山巾千乞川亿个夕久么勺凡丸及广亡门丫义之尸己已弓子卫也女飞习叉马乡

(续表)

组别	新笔画序	笔画序
4	止王丰六少仁介从火仆斤爪父斗什午天夫升牛开井不太犬文木曰日五丑中片歹反友车公以贝乏云厅欠户尺区凶仅手支今长戈巨互心气元勿月计化历币无牙双专毛分方水为办尤冈风内氏丹认匀丐巴艺屯见忆订比予匹切仇扎书勾允凤劝队引仍厄瓦孔仓幻冗邓乌讥	丰王开井天夫元无云专丐扎艺不木五支厅犬太区历歹方尤厄匹车巨牙屯戈比互切瓦止少曰日中贝冈内水见午牛手气毛升长仁什片仆化仇币仍勿斤爪反介父从今凶分乏公仓月氏勿欠风匀丹乌幻凤六文方火为斗忆计订户认冗讥心尺引丑巴孔队办以允予邓劝双书幻

有些形似字,按 GB13000.1 笔画序可以被凸显出来,例如:午牛、元无、不木,而有些形似字,按照新笔画序(难度序)的方法才可以被挖掘出来,例如:三川、与丐、亿乞、马弓、五丑、反友、区凶、为办。总体来说,新笔画序有更好的表现,分析如下:

183 字中有比较明显形似特征的字一共有 60 个,归纳为 25 组,它们是:八人入、刁刀力、几九、三川、上工土士干于千、大丈、与丐、己已、亿乞、凡丸、马弓、王丰、午牛、天夫、开井、不木、太犬、曰日、五丑、反友、贝内风冈凤、户尺、区凶、元无、为办。

在新笔画序中,落单的形似字有 10 个,它们是:千、于、午、牛、不、木、贝、元、无、凤,占形似字总数的 16.67%。在 GB13000.1 笔画序中,落单形似字有 23 个,它们是:刁、三、上、千、丐、与、乞、川、亿、弓、马、五、区、友、反、凶、风、凤、为、户、尺、丑、办,占形似字总数的 38.33%。换句话说,新笔画序使高达 83.33% 的形似字得到了聚集,而原笔画序仅达到 61.67%。

另外,新笔画序组内字序也呈现出由简单到复杂的序列,这也是 GB13000.1 所没有的。

七、结论和余论

（一）结论

本节可以归结为下面几点：（1）笔素是汉字难度序考量的一个重要指标。（2）笔素加笔画的综合序是最好的难度序列。（3）相较于传统的笔画序，难度序能使形似字得到更好的挖掘和麇集。（4）三种先决的难度序，以及 GB13000.1 笔画序各有其价值，互为补充而不是互相否定。

（二）余论：应用字序的开发是汉语二语汉字研究的核心问题之一

目前的字序主要有音序、形序、频序三种，结合教学、特别是汉语二语教学的需要，亟待开发的应用字序起码还有以下三种：

难度序——能够体现字形复杂程度的字序，包括单一指标的序，以及综合指标的序。难度序也是形序，但更多考虑了学习者的需要。

用度序——用度序即频序，目前并不缺少频序，但不够多样化。仅有平衡语料库还不够，应针对不同程度、不同年龄的学习者建设专门的不平衡语料库，以获得更有针对性的用度。

学度序——综合考量难度序和用度序，得到的是能给教学提供最直接、最有参考价值的字序，即学度序。

难度序是相对稳定的，用度序是变动的，因此学度序也是变动的，用度序和学度序都应该定期更新。

目前能够在个人电脑上直接实现的自动排序只有音序和笔画序，难度序等自动排序程序都亟待开发。本节做了一些基础工作，抛砖引玉，愿能引起同行对这个问题的关注。

第二节 汉字的笔画系统①

就我们掌握的文献,关于笔画的讨论主要集中在笔画的定类、定名和定序上,例如傅永和、姜光辉、张威、文宪、马显彬、陈子骄、王攀等人的研究。②费锦昌有少量文字涉及笔画系统的简化问题,③而专门就此论题展开讨论的文献尚未看到。

理论上,汉字的简化不应该局限于单字笔画数的简化,也应该包含笔画种(即笔画系统)的简化。那么,简化字笔画系统是怎样的?跟繁体字相比有什么变化?存在哪些问题?是否有"瘦身"的可能和必要?对这些问题的深入认识关涉到如何认识和评价现行简化字,对汉字的进一步规范、简化、传承与传播也都有着至关重要的意义。

笔画是汉字构形的基础,笔画的面貌极大地影响着汉字系统的面貌,也影响着汉字初学者的感受,跟汉语的国内外教学息息相关。因此,笔画系统的简化是一个值得关注的问题。本节尝试

---

① 本节摘自王汉卫、苏印霞《现代汉字笔画系统的简化、排序及命名》,原载《语言文字应用》2015年第1期。

② 傅永和《汉字的笔画》,《语文建设》1992年第1期;姜光辉《汉字笔画系统管见》,《吉林师范学院学报》1996年第7期;张威《论汉字笔画的分类标准与命名方式》,《甘肃教育学院学报》1998年第1期;文宪《汉字笔画名称的统一与规范》,《四川教育学院学报》1999年第7期;马显彬《试论笔画名称的规范化》,《语文建设》1999年第1期;马显彬《试论笔画定序的规范化》,《龙岩师专学报》2000年第2期;陈子骄《对外汉语教学视角下的汉字笔画》,《大连教育学院学报》2011年第1期;王攀《试论汉字笔画的分类、命名、排序等基本问题》,载《学行堂语言文字论丛》(第二辑),四川大学出版社,2012年。

③ 费锦昌《现代汉字笔画规范刍议》,《世界汉语教学》1997年第6期。

讨论笔画系统的简化以及在简化基础上的排序和命名问题。

一、现行笔画系统的问题

（一）现行笔画系统的基本面貌

根据王汉卫和苏印霞对《汉语国际教育用音节汉字词汇等级划分·汉字表》（教育部、国家语委，北京语言大学出版社，2011年）的统计，现代常用字共包含32种笔画，^① 见表1：

表1　现代汉字32种笔画及其使用次数和频率

排序	笔画	使用次数	使用频率	排序	笔画	使用次数	使用频率	排序	笔画	使用次数	使用频率	排序	笔画	使用次数	使用频率
1	一	7687	27.11	9	亅	550	1.94	17	乚	82	0.29	25	乁	22	0.08
2	丨	4813	16.97	10	𠃍	441	1.56	18	乀	78	0.28	26	乚	21	0.07
3	丿	4661	16.44	11	𠃌	349	1.23	19	㇌	77	0.27	27	㇉	20	0.07
4	丶	3936	13.88	12	𠄌	316	1.11	20	𠃋	63	0.22	28	𠃑	14	0.05
5	㇆	1852	6.53	13	𠃊	314	1.11	21	𠄎	62	0.22	29	𠄐	4	0.01
6	乀	939	3.31	14	𠃊	212	0.75	22	𠃍	47	0.17	30	𠃏	1	0.00
7	丿	798	2.81	15	𠃊	161	0.57	23	）	41	0.14	31	𠃐	1	0.00
8	亅	678	2.39	16	𠃑	89	0.31	24	乚	28	0.10	32	𠃒	1	0.00

这32种笔画构成了宋体"常用字"的笔画系统。张静贤（1987）统计了《印刷通用汉字字形表》的6196字，所得笔画31种，除了没有把"乚"单列出来，其余笔画跟表1完全一致。^② 这说明，即便在印刷通用字范围内，汉字的笔画也还是这样一个系统。

---

① 王汉卫、苏印霞《论对外汉语教学的笔画》，《世界汉语教学》2012年第2期。
② 张静贤《现代汉字笔形论》，载《第二届国际汉语教学讨论会论文选》，北京语言学院出版社，1987年。

（二）笔画系统的问题

从系统性的高度看，现行笔画系统有不少值得关注的问题，主要有以下三个方面：

1. 笔画载荷严重不均。

从表 2 可见，使用频率在 10% 以上的 4 个笔画种，就占全部笔画使用频率的 74.4%，而使用频率在 0.1% 以下的 8 个（5+3）笔画，载荷贡献仅为 0.29%。载荷不均最严重的就是个案笔画，即一个笔画仅服务于一个字或极有限的个别字。"乙、㇉、㇋、㇌"都是这样的个案笔画，"乙、㇉、㇋"只分别出现在"凹、凸、鼎"中，"㇌"只出现在"专"以及由"专"做偏旁的"传、转、砖、抟"中。笔画是汉字的基础构形成分，应该有较强的构字能力才好。

表 2　32 个笔画的载荷分组

按载荷的分组	具体笔画种	数量	占笔画总数	总使用频率
10% 以上	一丨丿丶	4	12.50%	74.4%
1%—9.99%	𠃌乙丿㇆一乚㇇	9	28.13%	21.99%
0.1%—0.99%	乚𠃊㇋㇏乚丿乙㇉丿	11	34.38%	3.32%
0.01%—0.09%	乙𠃍㇌㇈	5	15.63%	0.28%
0.01% 以下	乙㇉㇋	3	9.38%	0.01%
总计		32	100.00%	100%

英语里面有这样的句子：The quick brown fox jumps over a lazy dog.（那只敏捷的棕色狐狸从一条懒狗身上跳过）9 个单词共 33 个字母，包含了全部 26 个字母，字母数跟字母种之比是 1.27:1。按照这个比例计算，32 个笔画的最小载体是 41 画（32×1.27），5 个字左右——这似乎是我们无法完成的任务。进一步了解 26 个字母的载荷分布，再对比汉字笔画的载荷分布，

就会知道这样的结果并不偶然。

表 3　26 个字母的载荷分组（数据整理自百度百科）

按载荷的分组	具体字母	数量	占字母总数	总使用频率
10% 以上	E	1	3.85%	12.25%
1%—9.99%	TAOINRSHDCLMPUFGWBV	20	76.92%	86.82%
0.1%—0.99%	KXJ	3	11.54%	0.76%
0.01%—0.09%	QZ	2	7.69%	0.17%
总计		26	100%	100%

表 3 显示，26 个字母中使用频率在 1%—9.99% 占大多数，这些字母占总频率的 86.82%，使用频率特别高或特别低的字母都是个别情况。

尽管笔画跟字母的属性有很大差异，但仅从文字的构形基础上讲，笔画与字母相当。对比拉丁字母的使用频率，应该使我们对笔画频率的严重失衡有更加清醒的认识。

2. 存在一些形似且不区别意义的笔画。

一横一竖是"十"，一撇一捺是"人"，不同的笔画及其组合表达了不同的意义，这就是笔画的价值。如果一个笔画在任何时候都可以替换为另一个笔画而不会影响意义的表达，那么，这两个笔画之间就仅仅存在审美差异。高度形似而不区别意义的笔画有以下一些：

（1）乚、乛。这两个笔画的差异之小甚至常常不被学术界在意，例如有的"笔画表"笔形是"乚"，例字却是"么、系"等。[①]语言文字规范《GB13000.1 字符集汉字折笔规范》也将这两个折

[①] 胡裕树主编《现代汉语》（重订本），上海教育出版社，1995 年。

笔合并，称为"撇折横"（简称"撇折"）。

（2）乚、㇄。"㇄"也可以写作"乚"，过去乃至现在的一些字体就是这样的，例如"四、西、酉"，也就是说"㇄"可以不存在，而且它的使用频率也只有0.10%，只用在非常少量的一些字中。

（3）乁、乁、乁。这一组笔画中，"乁"使用频率最高，但也仅有0.17%，"乁"的使用频率只有0.08%，"乁"仅为0.07%。这三个笔画的差异也完全是审美层面的，可自由替换而不会引起表意上的问题。"乁""乁"的差别常常被忽略，甚至汉字研究者也不例外，例如曾性初等"横折弯钩"的例字是"凤"，[①] 文宪（1999）"横折弯钩"的例字是"九、飞、乙"（同时包含了横折弯钩和横捺钩）。[②] 在宋体字内部，"乁""乁"也不乏"混搭"的情况，例如"九、丸"是横折弯钩，"九"的再生字（仇、杂、染）仍然是横折弯钩，而"丸"的再生字（执、势、热、熟）却变成了横捺钩。至于"乁"，完全可以写成"乁"，过去乃至现在的一些字体正是如此，例如"殳、没"。

高度形似而又不区别意义，然而还得教学，不但增加了教学难度，也一定程度上造成时间和精力的浪费。

3. 跟繁体字相比，简化字笔画系统反而复杂化。

理论上，汉字的简化应该包括两部分内容：笔画系统的简化；单字笔画数量的简化。单字笔画的众寡固然是影响汉字这幅"画"的重要因素，但更为基础的因素还是笔画系统的面貌——假如只

[①] 曾性初、张履祥、陈绍宽《汉字的各种笔画的使用频率的估计》，《心理学报》1965年第3期。

[②] 文宪《汉字笔画名称的统一与规范》，《四川教育学院学报》1999年第7期。

有"横、竖"两种笔画,再怎么"画"也不会是"一幅画";而假如笔画系统足够复杂,不管单字笔画如何简化,汉字仍然会很难。可见,笔画系统的简化应该是汉字简化工作的重要组成部分,是更为基础的部分。遗憾的是,这样重要的一个工作似乎被以往的简化实践忽略了,简化字的笔画系统不但没有得到简化,反而增加了"乚、㇄"这两个以前没有的笔画。作为新增笔画,"乚"的使用频率较高(0.27%),而"㇄"是个案笔画。

上述笔画系统的问题必然会影响到笔画乃至汉字的习得。王惠萍等的研究表明,"频率高的笔画容易识别,频率低的笔画不易识别。这表明,和字、词、部件识别一样,笔画识别也具有频率效应"[1]。事实上,影响不限于"识别",各种类型的笔画错误中,"笔画形错"占的比例最高,占全部笔画层面错误的一半左右。由于笔画是汉字构形上的基本元素,可以合乎逻辑地认为,笔画认识不清、掌握不好,必然会导致更多其他方面的汉字错误。[2]

二、笔画系统的简化

以上数据和论述可总结为一句话:汉字的笔画系统有必要简化和优化。简化是指笔画种数量上的绝对减少,优化是指笔画种之间的对比、协调、去芜存菁。笔画系统的简化问题可以从两个角度来讨论和认识:汉字改革的角度,教学策略的角度。

---

[1] 王惠萍、张积家、张厚粲《汉字整体和笔画频率对笔画认知的影响》,《心理学报》2003 年第 1 期。

[2] 王汉卫、苏印霞《论对外汉语教学的笔画》,《世界汉语教学》2012 年第 2 期。

（一）从汉字改革的角度看笔画系统的简化

不同于字母，笔画不承担表音的作用，而仅仅具有构形的作用。笔画的这个特点决定了笔画具有比字母更加灵活的可塑性，26个字母谈简化似乎是天方夜谭，而32个笔画求简则只需要满足一个条件：简化后不会（或基本不会）引起汉字的再认读。明确了这一点，笔画系统的简化规则也就可以明确如下：（1）原则上不新增笔画种，特别是不新增罕用笔画种。（2）原有的个案笔画或罕用笔画应该尽可能借简化的契机予以消除。（3）形似且不区别意义的成对、成组笔画应该考虑合并。

根据这三条规则，前面所言笔画"问题"可以得到以下的解决方案：（1）新增的"乁、𠃋"。"乁"使用频率较高，可以保留。"𠃋"属罕用笔画，可以考虑恢复"专"的繁体，或另做简化考虑。取消"𠃋"，在通用字范围内仅造成5个字的重新认读（专、传、转、砖、抟），但因为具有类推性，也可以看作只是"专"一个字的重新认读。（2）原有的个案笔画"乚、㇆、𠃌"。"乚、㇆、𠃌"可以想办法消除，消除后在"通用字"范围内仅涉及"凹、凸、鼎"3个字的重新认读。（3）三组形似笔画"ㄥ、乚""丨、丨""乁、乁"。这三组形似笔画在印刷体层面和专家学者的层面都有混同，这非但不奇怪，甚至是必然的——既然仅仅是审美层面的差异，就一定不具有强制性约束。所以，这三组笔画可以采取合并处理，具体建议为："ㄥ、ㄥ"合并为"ㄥ"，"丨、丨"合并为"丨"，"乁、乁、乁"合并为"乁"。

由粗而细、尖笔收尾是毛笔书写特征的遗留，硬笔而追求粗细变化并非易事，而且在字号小、空间小的情况下，这种差别会变得极为微弱，把"ㄥ"写成"ㄥ"，并根据空间调整横向笔画的长度,这非但不会引起意义区别上的问题,甚至都不会被注意到。由于"⺄"的使用频率远高于"⺃",在汉字字形尚未做进一步微调的情况下,下文暂时将"⺄、⺃"的合并笔形表述为"⺄"。

如同具有完句功能的句法成分,"钩"就是一个具有"完成笔画"功能的笔形成分。正因为如此,"乚"以及"⺄"都有不完整的感觉,所以迄今为止的有些字体中,"钩"仍然会在"乚、⺄"的收笔处顽强地冒出来。有鉴于此,本节主张把"乚""⺄"合并到"亅""⺄"——带上"钩"才具完整性。

相对于"⺄"的大弧线"⺄"更容易书写,而且"⺄"的使用频率也高出很多,所以把"⺄"也合并到"⺄"。

总之,上面三组形似笔画的合并符合汉字线条由圆而方、由弧而折的大趋势,也符合汉字书写工具从软笔向硬笔的变化,还最大程度上保持了规则的一致性,让"钩"的"完笔"功能得到充分发挥。这些都降低了汉字笔画的难度,紧扣了简化的要义。

需要补充说明的是,字源上,不同的笔形有时跟不同的意义密切相关,例如"⺄"通常跟"飞、风、凤、凰"类的字相关,而"⺄"则跟"飞"类字不相关。但事实上,字义并不会凝固在笔画的微观形状上,同样是"飞",如果说"飞"隐含了"⺄",那么也必须承认"飛"中的折笔更接近"⺄"。[①]实际情况是,字音、字义是凝固在整体字形上的,并随着整字的字形一起在历史的长河中发展流变。

经过合并和简化后,笔画系统的成员从原来的32个减少到24个,锐减了1/4。或者更准确地说,经过简化,折笔从原来的

---

① 这两个篆字字形来自"汉字叔叔"的网页,是《六书通》里的篆字。

26 个减少到 18 个，锐减了 1/3。这样大幅度的简化和调整，只不过引起个别字的重新认读，18 个折笔能够实现 26 个折笔的功能，这充分说明笔画简化的必要性和可行性。调整后的笔画如下表：

表 4　合并删减后的 24 种笔画（频率序）

排序	笔画	排序	笔画	排序	笔画	排序	笔画	排序	笔画	排序	笔画
1	一	5	ㄱ	9	亅	13	㇂	17	乙	21	㇅
2	丨	6	丶	10	丿	14	乚	18	㇈	22	㇆
3	丿	7	㇀	11	㇏	15	ㄴ	19	㇊	23	㇋
4	丶	8	㇕	12	ㄴ	16	ㄣ	20	㇉	24	㇌

上述讨论是从文字改革的角度看笔画系统的简化。理论上，汉字或早或晚总会迎来新的调整，未雨绸缪，可以为将来的简化实践做一些必要的铺垫。

（二）从教学的角度看笔画系统的简化

即便在现行笔画系统尚未做出调整的情况下，简化教学笔画系统对汉字教学也有着直接的、积极的意义。

打开《现代汉语》或是给外国人的汉语教材或是网络，都可以找到各种版本的"汉字笔画表"，外延虽有不同，但大都是描写的结果。把描写的结果直接作为笔画教学的内容并不恰当，混淆了"描写笔画"和"教学笔画"这两个概念，[①] 导致了笔画教学内容杂芜、主次不分。从教学的艺术而言，个案笔画最好等遇到包含该笔画的那个字再说，罕用而且不具有区别意义作用的笔画也可以推迟教学、淡化教学，审美差异不应该是基础教学的内容。

---

① 王汉卫、苏印霞《论对外汉语教学的笔画》，《世界汉语教学》2012 年第 2 期。

我们认为，基础笔画系统的教学内容既不应该是全部描写笔画，也不应该简单操作至单纯笔画加复合规则，而应该是一个折中的、可以作为标准的、可供模仿的笔画总体。这个笔画总体应该体现出简洁、明晰、实用、够用、重点突出的特点——这就是表4所列的24个笔画。当然，其内部还可以继续分析出基础层次，[①]外部也可以增加后续的教学内容，例如形似笔画的辨析等。

三、简化后笔画的排序

表4的笔画排序以使用频率为序，是常见的排序方式；把复合笔画按起笔笔形归属于单纯笔画类别之下的排序也很常见；也有学者提出"笔素定序法"，[②]即按照笔画的难度定序。

上述几种定序方法主线索或频率或难度或起笔笔形，兼顾了但并没有充分体现笔画系统的内在规律，排序结果总显得有些凌乱。事实上，笔画体系有着美妙的内在规律，这正是汉字笔画的美妙之处，也是笔画跟拉丁字母完全不同的地方，笔画的排序应该以体现这个"规律"为首要考量，兼顾频率和难度。汉字笔画的规律如下：

零折笔画："一、丨"这两个笔画可以说是一对，只不过是90°的旋转；"丿、\"也可以看作是一对，一个向左下斜出，一个向右下斜出；"、、⁄"也是一对，都是短小笔画，一个向

[①] 王汉卫、苏印霞《论对外汉语教学的笔画》，《世界汉语教学》2012年第2期。

[②] 马显彬《试论笔画名称的规范化》，《语文建设》1999年第1期；马显彬《试论笔画定序的规范化》，《龙岩师专学报》2000年第2期。

下顿，一个向上提。

一折笔画："㇇、㇄"是一对，也不过是相互180°的旋转；"亅、㇂"是一对，一个左钩，一个右钩；"）、乀"是一对，一个左弯钩，一个右弯钩；"𠃌、⺄"是一对，一长一短；"㇏、㇁"也是一对，都是撇起笔，再连接提或点。

多折笔画："㇆、㇊"是一对，横折左钩，横折右钩；"𠃋、㇉"是一对，这两个笔画乍看起来没有相似性，其实只不过是"镜像关系"再加90°的逆时针旋转：㇉→镜像→㇆→逆时针旋转90°→㇊，"㇉"跟"𠃋、㇉"比较接近，这三个笔画可以看作一组；"ㄋ、ㄢ"高度形似，可以看作是一对，"ㄋ"跟"ㄢ"也比较接近，也可以看作一对，所以"ㄋ、ㄢ、ㄢ"三个笔画也可以看作是一组。

这样，我们就把24个笔画整理为零折、一折、多折三大类、11对（组）的关系。该序列宏观上体现了汉字笔画由简单到复杂的生成关系，微观上展示了汉字笔画成对（组）的生成关系，每一对（组）内部都具有高度的内敛性和对比性，笔画间的异同得到了充分的揭示。经过一番整理后我们发现，汉字笔画的系统性程度之高实在令人赞叹。纵观笔画的特点，基本可以概括为6个字：相似、相反、相成——以"相似"或"相反"的方式"生成"了汉字的构形基础。24个笔画的排序暂定如下：

一、丨、丿、丶、㇀、㇇、㇄、亅、㇂、）、乀；𠃌、⺄、㇏、㇁、㇆、㇊、𠃋、㇉、ㄋ、ㄢ、ㄢ。

四、简化后笔画的命名

费锦昌（1997）认为，"汉字笔画的命名，可以说这些年来从没有认认真真地做过研究和统一工作……目前语言文字工作主管部门推行的是一套描写式的称说法……这样称说比较直观、形象,但也有不尽人意的地方。一是不统一……二是复杂折笔的名称太长,太拗口……简直像绕口令,非把小学生和外国学生绕糊涂不可"①。费文所言的情况,至今没有什么改变。"描写式的称说法"尽管不尽如人意,但好像别无选择,少量针对笔画命名的研究,也还是在"描写式"上做文章,例如张威、马显彬、文宪、陈子骄、王攀等人的研究。②

复合笔画没有方便的名称,直接影响了教学的方便性,必然对笔画的习得产生负面影响。笔画的简化、整理是命名的基础,只有完成了命名——容易上口、容易记忆的命名——笔画简化整理的主要工作才算基本完成。

单纯笔画由一个笔素构成,"点、横、竖、撇、捺、提"的描写式命名跟简洁上口的要求并不冲突,而复合笔画是由两个或以上的笔素构成,③只要"描写式"与"复合笔画"这两个因素结合到一起,就无法实现"容易上口"的目标,最少也得双音节。因此,我们的主张是:单纯笔画命名不变,复合笔画的命名须摆脱描写式命名的思路。

---

① 费锦昌《现代汉字笔画规范刍议》,《世界汉语教学》1997年第6期。
② 张威《论汉字笔画的分类标准与命名方式》,《甘肃教育学院学报》1998年第1期;马显彬《试论笔画名称的规范化》,《语文建设》1999年第1期;文宪《汉字笔画名称的统一与规范》,《四川教育学院学报》1999年第7期;陈子骄《对外汉语教学视角下的汉字笔画分类》,《大连教育学院学报》2011年第1期;王攀《试论汉字笔画的分类、命名、排序等基本问题》,载《学行堂语言文字论丛》(第二辑),四川大学出版社,2012年。
③ 王汉卫、刘静、王士雷《笔素与汉字的难度序》,《语言教学与研究》2013年第3期。

相同的笔素，不同的组合方式，产生的结果自然不同。例如，"一"和"丨"尾首相连是"⏋"，腰部交叉是"十"；"一"和"丿"尾首相连是"⁊"，首首相连是"厂"。我们恐怕找不到足够的理由说："笔素尾首相连的笔画只能以描写的方式命名。"事实上，汉字家族中本来就存在由一个复合笔画构成的字，除了常见的"乙"，还有"亅（jué）、乚（háo）"等，尽管少，这些字的存在也已经表明复合笔画可以有单音节的命名。结合教学和信息处理，给每一个笔画以单音节的命名会显得十分重要，这样无疑会给笔画的教学、输入和电脑显示带来极大的方便，电脑输入和显示的方便又会对笔画的教学产生积极的影响。

以单音节的方式给复合笔画命名，有两条思路：一是像"乙、亅、乚"一样，给每个复合笔画规定一个"任意的"读音（也许yǐ、jué、háo的读音不是任意的，但起码超出一般人的理解）；另一条思路是给每一个复合笔画找到一个代表字，以代表字的读音作为该复合笔画的读音。我们选择后者，这样显然更方便教学。

"代表字"不同于"例字"。例字一般比较随意，只要是含有目标笔画的常用字即可，目前的各种笔画表的例字就是这样，例如"丿"的例字用"家、猪"，"乀"的例字用"我、成"。代表字的选取不能这样随意，需要设定尽可能周全的限制条件，以满足典型、常用、通俗、准确、上口、容易记忆等要求。在反复实践的基础上，本节为"代表字"的选取制定原则如下：（1）代表字只能含有一种复合笔画，即目标复合笔画。（2）尽可能是常用独体字。（3）目标笔画尽可能是首笔。（4）尽可能照顾整体韵律。根据这些原则，我们暂时确定了笔画名称，按照下面的停顿方式朗读：横竖、撇捺、点提，山口、小长、犭弋，又买、纟女、习讠，七与九、阝乃及。

五、结论

以往的汉字简化更多关注的是单字笔画的减少，而笔画系统的整理似乎被忽略了。从上文的分析来看，笔画系统的简化既有必要进行，也较容易进行。所谓有必要，一方面是因为有极大的简化空间；一方面是因为简化后汉字的学习难度会进一步降低，极有利于笔画、汉字乃至汉语的学习。所谓较容易，是因为它既容易在技术上实现，又基本上回避了重新认读的麻烦，应该不会引起汉字用户的强烈反对。

汉语正在加速走向世界，汉语不难汉字难，汉字这幅"画"令字母文字的人望而生畏。"画"的克星是"笔画"，眼中有了"笔画"，"画"就消失了。笔画及笔画教学值得我们充分重视。

在现行笔画系统暂时保持不变的情况下，基础阶段教学笔画系统的简化可以先行启动。教学笔画系统简化后，再辅以能够反映其内部规律的排序方式、命名及适当的练习，笔画教学也许会收到良好的效果。

第三节　声旁在汉字教学中的作用[①]

一、形声字和形声字认知

（一）现代汉语形声字的情况

在对外汉语教学中，汉字教学一直是个难点。如何降低学习汉字的难度、提高学习的效率一直是人们关心的问题，其中利用形声字的构字规律是一个重要的方面。

根据康加深的统计，在 7000 个现代通用汉字中，属于形声结构的有 5631 个，约占通用字总数的 80.5%。[②] 根据潘钧的统计，在《现代汉语频率词典》中使用频率最高的 1000 个汉字中，形声字占 58.3%。[③] 这说明形声字仍然是现代常用字的主体。在教学中人们也常常利用形声字的音义理据，即把形声字分解成形旁和声旁，通过分别讲解二者与本字音义之间的关系，来提高识记形声字的效率。但是，在教学中人们往往更重视形旁在学习汉字中的作用，而忽视声旁的作用。

产生这种现象的原因，可能是受传统观念的影响——对形旁和声旁的心理预期不同。人们往往对形旁表示粗疏的意义类别的现实习以为常，却不太愿意接受声旁表示相同或相近的读音

[①]　本节摘自张熙昌《论形声字声旁在汉字教学中的作用》，原载《语言教学与研究》2007 年第 2 期。

[②]　康加深《现代汉语形声字形符研究》，载陈原主编《现代汉语用字信息分析》，上海教育出版社，1993 年。

[③]　潘钧《现代汉字问题研究》，云南大学出版社，2004 年。

的现实。

据康加深的研究，在7000个现代通用汉字中，"近90%的形声结构的形符是表意或基本表意的，但是绝大多数的形符在形声结构中的作用都是比较粗疏的，总体的表意度不足44%"，"绝大多数形声结构中的声符还是有表音作用的，其中一半以上的声符可以准确或基本准确地表音（指声韵调全同和声韵同的）。不起表音作用或基本上不起表音作用（指声韵调全不同和仅调同）的不足形声结构总数的20%"。声符的总体表音度为66%，大大超过形符的总体表意度（43.79%）。①

人们可能会说，掌握了"先"的读音，并不能准确掌握"洗、选"的读音；知道了"丁"的读音，并不能准确获得"打"的读音。但是另一方面，知道了"氵"是水的意思，是否就能准确地推测出每个含有"氵"的汉字的意义呢？在7000通用字中含有"氵"的形声字有378个之多，推测出字义的难度是可想而知的。可见，形符表示的是粗疏的意义类别，而不是具体的字义；同样，声符表示的也不一定是准确的字音。因此，我们有必要重新审视"重形符，轻声符"的传统观念，进一步认清声符的本质，使声符在汉字教学中发挥应有的作用。

（二）关于留学生的声旁意识

关于声符在教学中的作用，学者的关注点主要在对留学生声旁意识的研究上。

1. 留学生对形旁和声旁的认识的不均衡性。

---

① 康加深《现代汉语形声字形符研究》，载陈原主编《现代汉语用字信息分析》，上海教育出版社，1993年。

石定果和万业馨的调查表明：（1）留学生对形声字声旁的判断准确率明显低于对形旁的判断；（2）利用声旁记音的人数低于用形旁推测字义的人数；（3）对同一声旁的形声字读音不同的现象，留学生并未意识到是难点。[①]

以上（1）（2）表明，留学生对形旁的认识和对声旁的认识是不均衡的：对形旁的了解多于对声旁的了解，对形旁作用的重视程度高于对声旁作用的重视程度。（3）表明留学生在认读和记忆某些汉字时可能根本就没有意识到声旁的存在。造成这种不均衡的原因有四：

第一，留学生将汉字与拼音文字相比，很容易得到汉字表意的印象，因此比较注意汉字的表意特征。声旁不是字母，形体与读音的联系相对较弱，且由于演变，声旁表音的准确性也不高。

第二，同一形旁的一组形声字中，形旁表示共性，即模糊的类概念，不需要准确记忆和严格区分，相对容易掌握。而声旁表示个性，所以必须准确。

第三，与形旁相比，声旁的数量多，记忆的负担大。根据统计，《现代汉语通用字表》中的5631个形声结构，仅使用了246个形旁，[②]却使用了1325个声旁，[③]形旁、声旁的数量比超过1:5。

第四，部首检字法提高了形旁的地位。从东汉许慎的《说文解字》开始，部首检字法就成了最常用的检字法。留学生翻检字典，

[①] 石定果、万业馨《有关汉字教学的调查报告》，载《汉字与汉字教学研究论文集》，北京大学出版社，1999年。

[②] 康加深《现代汉语形声字形符研究》，载陈原主编《现代汉语用字信息分析》，上海教育出版社，1993年。

[③] 李燕、康加深《现代汉语形声字声符研究》，载陈原主编《现代汉语用字信息分析》，上海教育出版社，1993年。

主要也是依据部首。而大多数部首是形旁，这无形中提高了形旁在留学生汉字认知中的地位。

2. 汉字认知中的语音规则效应。

有关汉字认知的研究显示，无论是汉字的正字法意识、语音规则性意识还是形旁意识都可以自上而下地对汉字的识别起作用。①

语音规则性效应，指的是形声字的声旁在整字的语音识别上具有重要的线索作用，规则形声字的语音识别成绩好于非形声字，特别是好于不规则形声字，说明规则的声旁对汉字读音识别有促进作用。如果学习者能利用语音规则性来认读汉字，就说明他们具有了汉字声旁意识。下面的研究对于我们了解语音规则效应有所启发。

（1）语音规则性意识对低频汉字的作用明显。心理学的研究表明，越是在对不熟悉的低频汉字的语音加工中，声旁的语音提示作用越明显；越是在对不熟悉的低频汉字的语义加工中，人们越懂得利用形旁来推理整字的意义。②这说明培养学习者的语音规则性意识和形旁意识实际上就是在培养他们自我学习的能力。

（2）语音规则性意识是逐步形成的。心理学对中国儿童加工汉字的研究表明，汉字的正字法意识、语音的规则性意识、形声字的形旁意识都是随着年龄的增长、识字量的增加、语文能力的提高而逐步形成的。③

（3）语音规则性意识对留学生同样起作用。江新指出，"外国留学生对形声字的读音规则性效应随汉语水平提高而增大"，

---

① 冯丽萍《汉字认知规律与汉字教学原则》，《汉字与汉字教学研究论文集》，北京大学出版社，1999 年。
② 同①。
③ 同①。

"对形声字声符表音作用的意识随汉语水平提高而增强"。[①] 陈慧和王魁京的研究也得出了近似的结论,"汉字声旁表音度的主效应显著,说明外国学生已经具备了一定的形声字意识"[②]。

以上研究说明,不论是中国人还是外国留学生,语音规则性意识都有随识字量和汉语水平的提高而增强的趋向,而且都呈现出对识别高频汉字作用不明显,而对识别低频汉字作用显著的共同特点。

这样,外国留学生在汉字学习方面就出现了一个矛盾:由于他们的识字量有限,他们面临着大量的、不熟悉的低频汉字,迫切希望借助语音规则性意识来帮助识别这些汉字的读音;另一方面,同样因为识字量有限,他们不可能在短时间内通过语言实践来自然地形成声旁意识。如何解决这种矛盾,正是本文试图探讨的问题。

二、对常用汉字声旁表音作用的考察范围和原则

(一)考察的目的、对象

本节拟通过考察 2500 常用字中形声字的声旁,试图详细说明汉字声旁的示音规律。

本节考察的对象是 1988 年 1 月 26 日国家语言文字工作委员会和国家教育委员会联合颁布的《现代汉语常用字表》。其中共收字 3500 个,包括一级常用字 2500 个,二级次常用字 1000 个。统计表明,一级常用的 2500 个字在 200 多万字的检索语料中覆

[①] 江新《外国学生形声字表音线索意识的实验研究》,《世界汉语教学》2001 年第 2 期。

[②] 陈慧、王魁京《外国学生识别形声字的实验研究》,《世界汉语教学》2001 年第 2 期。

盖率达 97.97%。2500 常用字跟对外汉语教学的汉字水平大纲的 2205 个汉字（甲乙丙级）比较接近。

（二）形声字范围的确定

确定常用字中形声字的范围，是分析声旁示音规律的前提。在判断一个字是否为形声字时，我们主要借鉴了康加深的判断方法，即字源分析与现行字形分析相结合的方式。①

1. 以《说文解字》为基本依据。《说文解字》中明确的形声字，如果在此后的演变中，形体没有发生影响结构方式的变化（如粘连、异化等），则确认为形声字，如"江"。如果在演变中，形声结构已被破坏，则不作为形声字，如"年"。简化字中，不影响结构方式的类推简化字，仍依据其在《说文解字》中对应的繁体字确认是否为形声字，如"恋"为形声字。对于影响结构方式的非类推简化字，则依据具体字形加以判断，如"汉"为非形声字。

2. 形声兼会意字。一个汉字在归属上既可以看作形声字也可以看作会意字，即传统文字学上称为形声兼会意字的情况，当作形声字来处理，如"奸、仙、贫"等。

3. 省略形式的声旁。如果一个形声字的声旁是其所对应的基本声旁的省略形式，则把基本声旁作为此形声字的声旁。如形声字"毫、豪"的上半部分是"高"的省简字形，那么"毫、豪"的声旁由"高"来充当。

4. 多音声旁和多音整字。对于多音的声旁或整字，二者各有对应者，各自的链接不能相混。如，"角"作为声旁，有 jiǎo 和

---

① 康加深《现代汉语形声字形符研究》，载陈原主编《现代汉语用字信息分析》，上海教育出版社，1993 年。

jué 两个读音，与"确（què）"的读音接近的是 jué 则确定 jué 是"确"声旁。又如，"扒"有 bā 和 pá 两个读音，跟声旁"八"最接近的整字的读音是 bā，选取 bā 作为整字的声旁。

5. 2500 常用字的字形、字音以 1996 年出版的《现代汉语词典》（修订本）为准，而其中未收录的成字声旁的读音以《汉语大字典》（徐中舒主编，四川辞书出版社，1986 年）中的读音为准。

（三）声旁的类推示音

所谓类推示音指的是声旁独立成字的读音和作为声旁的读音相差很大（声韵均不同），但声旁所构成的一组或一部分形声字的读音相同（声韵均同）或相近（声或韵同），说明这种声旁仍然具有示音作用。如"骨"独立成字读 gǔ，在"滑、猾"中作为声旁读 huá。

是否承认声旁有类推示音作用对判断声旁有无示音作用有直接的影响。李燕和康加深把声旁的直接示音方式看作是声旁示音的唯一方式，认为声旁与整字在声韵调都不同或者仅声调相同时，则声旁对整字的读音没有提示作用或基本没有提示作用。[①]例如"者"独立成字的读音是 zhě，而"赌"的读音是 dǔ，"都"的读音是 dū（不考虑 dōu 的读音），因此声旁"者"在"赌"中基本没有语音提示作用，在"都"中完全没有提示作用。

如果承认类推示音，则会得出不同的结论：由"者"构成的形声字"赌、都"的读音是 dǔ 和 dū，说明"者"对于"赌、都"的读音仍然具有一定的提示作用。我们认为，承认声旁的类推示

[①] 李燕、康加深《现代汉语形声字声符研究》，载陈原主编《现代汉语用字信息分析》，上海教育出版社，1993 年。

音作用有利于充分利用形声字规律进行汉字教学，因此在我们的考察中把这种类推示音的情况也作为形声字处理。但要显示声旁具有类推示音作用至少需要两个读音相同或者相近的形声字。

三、对常用汉字声旁表音作用的考察结果

依据上述原则，我们对常用汉字声旁表音作用进行了考察。

（一）形声字依然是常用汉字的主体

依据上述原则，共得到形声字 1644 个，占全部 2500 个常用汉字的 65.76%。这再次说明在现代常用字中，形声字依然占据着主体地位。

（二）形声字与声旁在读音上的联系

在 1644 个形声字中，整字与声旁在声韵调三个方面的具体联系状况如下：

1. 单项比较的结果：声母相同的 932 个，韵母相同的 1127 个，声调相同的 793 个，三项之和是 2852。这就是说，在 1644 个形声字中每个汉字的读音相似度约为 58%〔相似度 =1÷（2852÷1644）〕。

2. 每两项比较的结果：声母、韵母相同的 782 个，声母、声调相同的 562 个，韵母、声调相同的 593 个。上述三组形声字分别占形声字总数（1644 个）的 47.57%、34.18% 和 36.07%。

3. 声韵调三项都相同的形声字有 490 个，占全部形声字（1644）的 29.81%，占全部常用字（2500 个）的 19.60%（字表见本节附录）。

（三）部分形声字与声旁之间存在相关声韵母互相转化的现象

形声字和声旁在读音上的联系，一方面表现为二者的声韵调

全部或部分相同，另一方面则表现为二者在相关声母、韵母之间相互转化的现象。这些转化是在汉语语音发展过程中形成的，主要存在于以下几个方面：

1. 相关声母之间相互转化的现象。

包括两类。一类发音部位相同，发音方法稍异。如 b 和 p，前者是双唇不送气清塞音，后者是双唇送气清塞音，二者的发音部位相同，发音方法只有送气与不送气之分。如"跑、炮、泡"等均以"包"作为声旁，然而它们的声母却是 p 而不是 b。这样的声母包括 b/p/m、d/t/n/l、g/k/h、j/q/x、z/c/s 和 zh/ch/sh/r。

另一类发音方法相同，发音部位稍异。如 z 和 zh，前者是舌尖前不送气清塞擦音，后者是舌尖后不送气清塞擦音，二者的发音方法相同，发音部位则有舌尖前后之分。这样的声母包括 z/zh、c/ch 和 s/sh。如"创、疮"均以"仓"作为声旁，而它们的声母却是 ch 而不是 c。

在 1644 个形声字中，各组相关声母相互转化的数量共计 275 个，具体情况见表 1。

表 1

相关声母	发音部位相同，发音方法稍异									发音方法相同 发音部位稍异		
	b/p	d/t	g/k	g/h	k/h	j/q	j/x	q/x	z/c	c/s	zh/ch	sh/ch	sh/ch	z/zh	c/ch	s/sh
相关声母	b/p	d/t	g/k	g/h	k/h	j/q	j/x	q/x	z/c	z/s	c/s	zh/ch	sh/ch	z/zh	c/ch	s/sh
转化数量	34	17	23	30	10	48	17	5	19	1	1	20	20	12	6	6	6
例字	膀跑	肚梯	棍课	鸽汗	渴河	接起	借现	鹊险	增草	碎	词	震超	知识	睡常	脏捉	擦创	速诗

表1表明，发音部位相同，发音方法稍异的声母相互转化的情况比较多；发音方法相同，发音部位稍异的声母相互转化的情况则相对较少。在发音部位相同，发音方法稍异的声母中，各组声母相互转化的情况也是不均衡的，q/x、z/s、s/c 相互之间发生转化的情况不多，其他各组转化的情况则较多，其中 j/q 一组相互转化的情况最多。

2. 相关韵母之间相互转化的现象。

相关韵母指的是韵腹（或韵尾）相同而介音不同的韵母。比如，an/ian/uan/üan 就是一组相关的韵母。属于这种关系的韵母还包括以下几组：ao/iao, ang/iang/uang, ei/ui（uei）, ou/iu（iou）, ong/iong, en/un（uen）, a/ia/ua, e/ie/üe, o/uo, ai/uai 等。我们把这些只有介音不同的韵母视为同一系列，比如把 an/ian/uan/üan 称为 an 系列韵母。在 1644 个形声字中，各类相关韵母之间发生转化的数量共计 126 个，具体情况见表2。

表 2

系列韵母	an/ian/uan/üan	ao/iao	ang/iang/uang	ei/ui（uei）	ou/iu（iou）	ong/iong	en/un（uen）	a/ia/ua	e/ie/üe	o/uo	ai/uai
转化数量	50	22	25	3	8	5	5	1	7	0	0

通过表2我们很容易发现，an 系列韵母相互转化的情况最多，其次是 ang 系列韵母和 ao 系列韵母。其他各系列韵母转化的情况较少，特别是 a、o、ai 系列韵母转化的情况最少。

四、对教学的启示

（一）利用形声字教学应该成为汉字教学的重要手段之一

在 2500 常用字中，形声字有 1644 个，占常用字的 65.76%，其中声韵调都相同的有 490 个，占形声字的 29.81%，占常用字的 19.60%。因此我们应当给形声字教学以足够的重视，充分利用形声字自身所具有的音义理据，来降低学习难度，提高汉字学习效率。

（二）充分利用声旁与形声字存在的多种联系形式来为汉字教学服务

首先，应该充分利用那些表音效果好（声韵调都相同或者声韵相同）且构字能力强的声旁，来集中识记那些含有这些声旁的汉字。比如，"方"作为声旁，构成了"芳、放、坊、妨、防、房、仿、访、纺、肪"等 10 个形声字，它们的读音都是 fang，差别仅仅表现在声调上。我们可以利用"方"的提示字音的作用帮助识记这一系列形声字的读音和字形。

其次，可以把那些在声母（如 j/q、b/p）、韵母（如 an、ang 系列韵母）中包含转化关系的声旁加以归类，使学习者逐步意识到这类转化的现象。比如，形声字"拍、怕、帕"等声旁与整字之间是声母 b/p 相互转化的结果，而形声字"点、店、钻"等的声旁与整字之间是韵母 an/ian/uan 相互转化的结果。

再次，相应地介绍一些常见的具有类推示音功能的声旁，如由声旁"者"构成的"猪、暑、堵、赌、睹、都"等一系列形声字的声旁具有类推示音功能。这样的声旁还包括"我（e）、骨（hua）、庶（zhe）、卖（u）、享（un）、既（ai）、需（ru，nuo）、肃（xiao）、开（ing）"等。

留学生常常把类推示音当作同音或者近音示音来处理，以致造成误读，听写的时候出错率也相对较高。针对这种情况，教学中应该尽量把依靠类推示音的形声字集中在一起进行教学，以加强对类推音的记忆。

（三）培养留学生的声旁意识可以借助理论的引导

为了使留学生尽快形成声旁意识，采用的方法可以是多种多样的，但一般不外乎演绎法和归纳法两种。对一般人来说，用归纳法培养留学生的汉字意识比较容易理解。至于用演绎法来培养留学生的汉字意识，人们常常拿殷焕先的一段话来说明这种做法的不可行性，识字教学的对象"不是文字学家或高小文化水平的少年"，"'你先去把《说文解字》的9353字读了再来听我的识字教学'，天下哪有这种教学程序"。[①]

当然，对于基础阶段的留学生来说，我们不可能用汉语给他们讲解汉字的性质、特点和规律，但是我们可以把这些知识用学习者的母语介绍给他们，就像留学生在学习课文生词时常常需要借助外文解释一样。这种做法之所以可行，就是因为绝大部分的留学生既不是幼儿，也不是本族语的文盲，而是至少在本国已经接受过中高等教育的人，他们都能熟练地使用母语，而且具备了相当的分析、理解能力。这两点使对外国留学生的汉字教学不同于国内的幼儿或者成人文盲识字教育。留学生应当有能力借助母语来理解和掌握相关的汉字知识。

---

① 殷焕先《汉字的构形、发展和汉字的千字教学——汉字平议之一》，《语文现代化》1980年第4期。

我们用裘锡圭先生关于声旁作用的几句话作为全篇的结束语:"从绝对数量来看,跟声旁同音的形声字还是相当多的",而且"形声字和声旁的声母和韵母即使不同,在多数情况下总还是比较接近的","总之,我们一方面要注意防止'读字读半边'的错误,一方面仍然应该尽量利用声旁来帮助记忆字音"。①

附录 2500 常用字中整字与声旁读音完全相同的形声字字表

共计 490 个,按照声旁是否属于常用字、是否成字、是否为省略形式分为四种类型。

声旁在 2500 字中成字(322 个):

阿 a1 啊;巴 ba1 吧、疤;八 ba1 扒;般 ban1 搬;半 ban4 伴、拌;包 bao1 胞;保 bao3 堡;暴 bao4 爆;辟 bi4/pi4/pi1 臂、壁、避/僻/劈;必 bi4 秘;宾 bin1 滨;丙 bing3 柄;波 bo1 菠;卜 bu3 补;布 bu4 怖;才 cai2 材、财;采 cai3 彩、睬、踩;仓 cang1 苍、舱;产 chan3 铲;尝 chang2 偿;朝 chao2 潮;辰 chen2 晨;成 cheng2 诚、城、盛;呈 cheng2 程;垂 chui2 锤;从 cong2 丛;代 dai4 贷、袋;旦 dan4 担、但;当 dang4 挡、档;刀 dao1 叨;到 dao4 倒;弟 di4 递;丁 ding1 叮、盯、钉;董 dong3 懂;斗 dou3 抖;豆 dou4 逗;伐 fa2 阀;番 fan1 翻;反 fan3 返;方 fang1 芳、坊;分 fen1/fen4 芬、吩、纷/份;风 feng1 疯;度 du4 渡;段 duan4 缎、锻;朵 duo3 躲;逢 feng2 缝、缝;夫 fu1 肤;府 fu3 俯、腐;付 fu4 附;工 gong1 功、攻;共 gong4 供;弓 gong1 躬;勾 gou1/gou4 沟、钩/构、购;果 guo3 裹;复 fu4 腹、覆;干 gan1 杆、肝、竿;冈 gang1 刚、纲、钢、岗;高 gao1 膏;哥 ge1 歌;贯 guan4 惯;禾 he2 和;何 he2 荷;合 he2 盒;乎 hu1 呼;胡 hu2 糊、湖、蝴;户 hu4 护;化 hua4 华、华 hua2 哗;皇 huang2 煌;灰 hui1 恢;会 hui4 绘;昏 hun1 婚;火 huo3 伙;或 huo4 惑;几 ji1 饥、机、肌;及 ji2 级、极;加 jia1 茄、嘉;建 jian4 健、键;见 jian4 舰;交 jiao1 郊、胶;
---

① 裘锡圭《文字学概要》,商务印书馆,2002 年。

第三节　声旁在汉字教学中的作用　147

焦 jiao1 蕉；爵 jue2 嚼；介 jie4 界；京 jing1 惊；竟 jing4 境、镜；居 ju1 据；巨 ju4 拒、距；具 ju4 惧、俱；卷 juan4 圈、倦；康 kang1 糠；空 kong4 控；库 ku4 裤；拉 la1 啦；兰 lan2 拦、栏；郎 lang2 廊；老 lao3 姥；离 li2 璃；里 li3 理；力 li4 历；厉 li4 励；立 li4 粒；两 liang3 俩；连 lian2 莲；廉 lian2 镰；良 liang2 粮；列 lie4 烈、裂；林 lin2 淋；留 liu2 榴；考 kao3 烤；录 lu4 碌、绿；龙 long2 聋、笼；路 lu4 露；虑 lü4 滤；罗 luo2 萝、锣、箩；马 ma3 吗、码、蚂；芒 mang2 茫；冒 mao4 帽；门 men2 们；迷 mi2 谜；免 mian3 勉；苗 miao2 描；末 mo4 抹、沫；乃 nai3 奶；尼 ni2 呢、泥；莫 mo4 漠；农 nong2 浓；区 qu1/ou1 驱 / 欧；旁 pang2 膀；朋 peng2 棚；皮 pi2 疲；扁 pian1 偏、篇；平 ping2 评、苹；苹 ping2 萍；普 pu3 谱；奇 qi2 骑；其 qi2 棋、旗；气 qi4 汽；千 qian1 迁；乔 qiao2 侨、桥；切 qie4 窃；青 qing1 清、蜻；求 qiu2 球；然 ran2 燃；容 rong2 熔；柔 rou2 揉；申 shen1 伸；审 shen3 婶；生 sheng1 牲；乘 sheng4 剩；师 shi1 狮；十 shi2 什；史 shi3 驶；式 shi4 试；市 shi4 柿；受 shou4 授；疏 shu1 蔬；术 shu4 述；斯 si1 撕；台 tai2 抬；太 tai4 态；唐 tang2 塘、糖；堂 tang2 膛；亭 ting2 停；同 tong2 桐、铜；土 tu3 吐；弯 wan1 湾；王 wang4 旺；未 wei4 味；畏 wei4 喂；文 wen2 纹、蚊；乌 wu1 鸣；五 wu3 伍；勿 wu4 物；务 wu4 雾；西 xi1 牺；希 xi1 稀；息 xi1 熄；下 xia4 吓；夏 xia4 厦；相 xiang1 箱；象 xiang4 像、橡；新 xin1 薪；星 xing1 腥；刑 xing2 型；秀 xiu4 绣、锈；旬 xun2 询；牙 ya2 芽；央 yang1 殃、秧；羊 yang2 洋；要 yao1 腰；月 yue2 钥；夜 ye4 液；衣 yi1 依；义 yi4 议；因 yin1 姻；用 yong1 佣；永 yong3 咏、泳；由 you2 邮、油；尤 you2 犹；鱼 yu2 渔；与 yu3 屿；谷 yu4 浴、欲、裕；元 yuan2 园；员 yuan2 圆；原 yuan2 源；曾 zeng1 增；查 zha1 渣；斩 zhan3 崭；占 zhan4 战、站；丈 zhang4 仗；召 zhao4 照；折 zhe2 哲；贞 zhen1 侦；正 zheng4/zheng1 证、政、症 / 征；争 zheng1 挣、睁、筝；之 zhi1 芝；支 zhi1 枝、肢；只 zhi1 织；知 zhi1 蜘；直 zhi2 殖、值、植；止 zhi3 址；旨 zhi3 指；至 zhi4 致；中 zhong1/zhong4 忠、钟 / 种；州 zhou1 洲；朱 zhu1 珠、株、蛛；属 zhu3 嘱；专 zhuan1 砖；子 zi3 仔；宗 zong1 棕、踪；尊 zun1 遵；坐 zuo4 座

声旁在 2500 以外成字（在《现代汉语词典》范围内）（91 个）：

（卬）昂；（邦）帮；（卑）碑；（敝）蔽、弊；（孛，bei4/bo2）脖；（曹）槽；（臿，cha1）插；（崔）催、摧；（怱＝匆）葱；（氐，di1/di3）低 / 抵、底；

(刁，diao1）叼；（耑，duan1）端；（氾，fan2/fan4）范；（弗）佛；（孚）
俘、浮；（甫）辅；（衮，gun3）滚；（呙，guo1/wo1）锅／窝；（羔）糕；
（侯）喉、猴；（奂，huan4）换、唤；（彗，hui4）慧；（敫，jiao3）缴；（疌，
jie2）捷；（堇，jin3）谨；（臼）舅；（亢）抗、炕；（匡）筐；（娄）楼；（洛）
落（luo4）；（仑）论、轮；（曼）漫、慢；（宓，mi4）密、蜜；（彭）膨；（桼，
qi1）漆；（佥，qian1）签；（壬）任；（戎）绒；（闰）润；（孰）熟；（署）薯；
（厶，si1）私；（匋，tao2）陶、萄、淘；（廷）庭、蜓；（乇，tuo1）托；（穵，
wa1）挖；（宛）碗；（韦）违、围；（尉）慰；（昔）惜；（奚）溪；（肖）削、
消、销、宵；（匈）胸；（畜，xu4）蓄；（厓，ya2）崖；（奄，yan3）掩；（夭）
妖；（夷）姨；（異，yi4）翼；（嬰）樱；（甬）勇、涌；（攸，you1）悠；（斿，
you2）游；（俞）愉、榆；（禺）愚；（爰，yuan2）援；（戉，yue4）越；（乍）
炸；（兹）滋；（觜，zui3）嘴；（匊，ju1）鞠

声旁不成字（《现代汉语词典》未收录）（57个）：
鄙；拔；刺；馋；撤；福、幅；刮、括；灌、罐；荒、慌；籍；假；拣；疆；僵；
节；经、茎；纠；决；陵；流；漏；瞒；蒙；脑、恼；派；衫；深；蒜；锁；微；
温；隙；协、胁；陷、馅；讯、迅；扬、杨；译、泽、择；毅；怨；栽；诊；蒸；
噪、燥、躁

声旁是某字省（20个）：
［班］斑；［吹］炊；［辩］辩、辨、辫；{荅}答；［弟］第；［将］浆、酱；
［刺］辣；［梁］粱；［食］蚀；［示］视；［疏］梳；［隋］随；［辛］新；
［晏］宴；［役］疫；［莹］营；［塞］赛

第四节　意义在汉字教学中的作用[①]

"汉字难学"的结论主要是建立在把几千个汉字和几十个拼音字母进行比较的基础之上,而这种比较实际上是有失公允的。

首先,拼音字母本身并没有实际的意义,而汉字不仅负载了语音信息,本身也是一个有意义的单位,大部分的汉字同时就是音义结合的语素。其次,拼音字母数量虽然不多,但是由这些字母按照一定规则组合成的词语数量庞大,即学字母容易,但学词困难。而汉字虽然数量很大,但是很多汉字本身就是可以独立成词的语素,还有一部分是构词能力很强的语素,最后再考虑到汉语中的词语大部分是由语素加合的方式产生,[②] 所以,学汉字虽然比较难,但学习汉语中的词相对而言比较容易。例如,留学生掌握了大纲规定的 2905 个常用汉字的形音义,基本上就等于掌握了 2905 个基本语素的形音义,掌握了一批数量可观的单音节词的形音义,并为进一步学习由这些语素组成的复合词打下了基础。所以说,在学习汉语的过程中,学字和学词两件事是同时进行的。

此外,虽然汉字的结构看起来很复杂,但是组成汉字的笔画并不复杂。基本笔画只有横、竖、撇、点、捺、提 6 种,由这 6

[①] 本节摘自王淑华、资中勇《重视意义在对外汉语汉字教学中的作用》,原载《云南师范大学学报》(对外汉语教学与研究版)2007 年第 2 期。

[②] 据苑春法和黄昌宁《基于语素数据库的汉语语素及构词研究》(《语言文字应用》1998 年第 3 期)统计,汉语复合名词、动词、形容词中,词义是组成成分意义组合的比例分别为:87.8%、93.2%、87.0%,这是一个相当高的比例。

种基本笔画连接组成的复合笔画也不过是20多种。从数量上来说，这和表音文字的字母数量差距不大。掌握了汉字的笔画和书写顺序，学习汉字就会容易得多。

为了提高汉字学习效果，对外汉语学界提出了很多策略。主要有：（1）笔画策略。从笔画入手，教授汉字。（2）音义策略。根据汉字音义结合的特点来教授汉字。（3）字形策略。从整体形状入手，教授汉字。（4）部件策略。先训练基本笔画，再教常用的成字部件和不成字部件，最后进入部件组合、形成整字的阶段。（5）归纳系联策略。把在形、音、义等方面有某种联系的汉字系联起来，在合适的教学时段里展示给学生。此外，还有很多教师灵活地运用实物、动作、歌诀、游戏等作为辅助学生学习汉字的方法。

汉字具有形、音、义三个要素，一般来说，一个汉字就是一个字形、字音和字义的统一体。汉字教学的最终目的就是要帮助学生从字形、字音与字义三者的结合上来掌握汉字，做到能念、能写、能认、能用。目前的对外汉字教学，比较重视发挥字形在汉字学习中的作用，较多地注意到汉字的书写特征，在教学时将精力主要放在字形方面，以正确书写汉字作为重点。

考虑到对于大部分留学生来说，字形的掌握最为困难，因此，上述处理方法也无可厚非。不过，这些方法对汉字本身承载的意义要素重视不够。笔者在教学实践中发现，在合理运用上述教学策略的基础上，充分考虑汉字作为表意文字的特点，发挥意义这个要素在对外汉字教学中的作用，恰当地利用汉字形符和汉字本身的表意功能，形成不同层次的聚合，将一个个孤立的汉字组成一张张纵横交错的网络，可以极大地提高汉字的复现率，更好地达到温故知新的学习效果。

一、重视形符的表意作用

形符是偏旁的一种，是对会意字和形声字进行分析的结果。会意字只有形符，形声字既有形符，又有声符。显然，教授会意字的时候，说明形符的意义和形符对整字字义的贡献，有利于提高汉字的学习效果。例如，人背靠木为"休"，日月为"明"，双木为"林"，三人为"众"，小土为"尘"，目中之水为"泪"，等等。古代汉字中，形声字比重很大。在现代汉字中，形声字仍然占绝大多数。根据施正宇的分析，在 3500 个常用汉字中，有 2522 个形声字，占 72.1%。而在这 2522 个形声字中，形符的有效表意率达到 83%。[①] 根据冯丽萍的研究，汉字等级大纲中的 2905 个汉字，有 1920 个是形声字，占所列汉字的 66.1%；在甲、乙、丙、丁四个等级中，形声字的数目分别为 395、496、472、557，在同级字中的相对比例分别为 49.3%、61.7%、78.5%、79.6%。[②] 很容易便可以发现，从甲级到丁级，形声字所占的比例逐渐加大。可见，在学习形声字时，抓住形声字的特点，恰当地利用形符的表意功能，能以点带面，帮助学生快速学习汉字。

在教学中，注意以下几点，可以充分发挥形符在汉字教学中的作用：

---

① 施正宇《现代形声字形符意义的分析》，《语言教学与研究》1994 年第 3 期。

② 冯丽萍《对外汉语教学用 2905 汉字的语音状况分析》，《北京师范大学学报》（社会科学版）1998 年第 6 期。

(一)形符提示该字的意义类属，有利于形近字的辨别

形符是形声字的表意部分，它的作用主要是提示汉字所记录的语素的意义类属。例如，形符为"氵"的字多与"水"有关，"清、浊"表示水质；"游、洒、浇、泼"表示与水有关的行为。又如，形符为"艹"的字多与"草木"有关，"花、草、葛、藤"是植物名称；"茎、芽、苞"是植物的部分；"芬、芳"是植物散发的香味。

对于那些形体相近、读音相同或相近（音符相同）的汉字，可以通过形符来了解字义，加深印象。例如，"拥""佣""痈""涌""俑""踊"等字形相似、读音相近，但通过形符，可以明白造字理据，进一步了解它们的意义和用法。抱要用手，因而是"拥"字；仆人是人，因而是"佣"字；恶性脓疮是病，因而是"痈"字；水冒出来可以看作"水"的一种活动，因而是"涌"字；殉葬的偶人具有人形，因而是"俑"字；向上跃要用脚，因而是"踊"字。类似的例子还有很多，都可以通过形符来辨别。

(二)对于组字能力强的形符，可以根据所组之字的不同意义，形成不同的聚合，分类学习

一般来说，形符是大致地提示该字的意义类属，而意义类属只是一个很宽泛的说法，可以进一步分类、细化。例如，汉字等级大纲中以"口"为形符的形声字有100个，可以进行如下分类：

用口吹的用具：喇、叭、哨；

用口喝的饮料：咖、啡、啤；

口腔部位或部位的状态：唇、咽、喉、咙、嗓、哑；

模拟声音（多为口发出）：哈、嘿、哼、哔、啦、哇、吓、呜；

第四节 意义在汉字教学中的作用

动物的一般口部行为：叼、叮、啄；

动物发声的口部行为：鸣、吼、啸、噪；

人类的一般口部行为：吃、呵、喝、喷、吐、喂、吻、吞、吸、喘、咬、嚼、啃、呕、唾、吁；

人类发声的口部行为：吵、唱、喊、呼、叫、问、咳、嗽、叹、召、唤、哄、唠、叨、吟、咏、嚷、呻、嘲、吩、咐、和、嘱、呐、咨、唆、喧、响、喻；

人类通过口发出的语气：啊、唉、哎、吧、哩、喽、吗、哪、呢、嗯、哦、噢、呀、咋、啥、嘛、呗、哟。

以"口"为形符的汉字，其意义与"口"关系不大的只有如下 9 个：唯、哆、嗦、吨、咱、呈、听、哲、嗅。可见形符的表意度还是相当高的。通过对这些汉字的进一步分类，把同类的汉字放在一起对比学习，一方面加深了对汉字字义的理解和对汉字形体的记忆，另一方面也同时辨析了一些意义相近的语言单位。

（三）在将形符作为部件进行汉字教学时，可以把属于同一语义场的形符联系起来，增强学习的趣味性

形声字的形符中，有很多是属于同一个语义场的。在集中学习某一个形符所组成的汉字时，可以适当地把与这个形符属于同一个语义场的其他形符联系起来。例如，在教足字旁的汉字时，我们通常会明确一点，形符为"足"的汉字通常与"脚"有关，汉字等级大纲中要掌握的"足"部汉字有 22 个：趴、践、跑、跳、踩、跌、跛、蹲、跪、跃、距、跨、蹈、蹬、蹄、踏、躁、蹄、蹲、跺、蹦、踊。

分类了解了上述或部分汉字以后，可以引导学生继续思考："足"可以作为形符，同时它也属于人体的器官之一，以前还学过或见过哪些汉字同样也属于人体同时又可以作为形符出现，由这些形符组成的汉字又有哪些呢？讨论后发现，除了"足"以外，

汉语中还有"鼻、身、舌、耳、目、口、心、手"等形符也与人体有关。这些形符（部件）组成的常见汉字有：

鼻：鼾；

身：躺、躬、躲；

舌：乱、刮、甜、敌、辞；

耳：耸、耽、职、聊、聪、聋、联、聘；

目：盯、眼、睛、盼、眨、眠、睁、眯、督、瞄、睡、瞎、瞧、瞪；

口：叹、叼、吐、吃、喝、吵、哑、呀、吻、吧、咬、呼、吸、哼；

心：忍、态、忠、感、怒、怨、惑、惩、想、愚、恐、愁、忽、怎、恩；

忄(心)：忆、怀、忙、情、性、怜、怕、怪、恨、愉、悦、惜、惭、悔；

扌(手)：扎、打、扒、扑、扔、扛、扣、扫、扬、扶、抄、扯、抓、护。

除了上面列举的属于人体义场的形符之外，还有很多作为汉字部件的形符都属于同一个语义场。例如，属于动物义场可做形符的有"龙、马、牛、羊、犬、鸟、虫、鱼、虎（虍）"等；属于天体义场可作形符的有"日、月"等；属于自然物义场可做形符的有"风、雨、气、山、土"等；属于植物义场可做形符的有"木、草（艹）、瓜"等；属于用具、材料义场可做形符的有"车、舟、刀（刂）、瓦、弓、巾、金（钅）、丝（纟）、食（饣）、衣（衤）、酉、米、革、石、皿"等；属于属性义场可做形符的有"大、小"等；属于建筑义场的形符有"宀、广、厂、廴"等；属于行走义场的形符有"辶、彳"等；属于财物义场的形符有"贝、钅"等。

形符本身有一定的意义，作为构字部件时，又常常跟整字的字义发生联系。利用形符的表意功能，辨别同音字、音近字、形近字等，有较好的效果。对形符相同的字进行语义上的分类，从含有某一个形符的汉字引申到属于同一语义场的含有同类形符的汉字的学习，有利于加强形符之间、汉字之间的联系，增强学习过程的趣味性。这种方法，不仅适用于检查复习之类的课型，同样也可以贯穿于认读新字的教学之中。

二、重视汉字意义的不同聚合

虽然汉字的数量很多，但它们并不是一个松散无序的集合。在汉字这个集合内部，存在着各种有序的类聚现象，很多汉字按照相互之间的内在联系集合在一起，呈现出一种比较有条理的状态。汉字属于表意文字体系，字形记录的不仅仅是语音，还有意义。因此，不同汉字之间的联系是多向的。可以语音为纽带，也可以字形或者字义为纽带。以汉字的意义为纽带，可以把汉字组成同义、反义、类义三种不同的聚合。一个个的汉字处于不同的聚合之中，可以达到以旧带新、由此及彼、增加汉字复现率的目的，从而提高汉字学习的效果。而且，学习汉字与学习汉语词汇的统一，在以字义为纽带组成的不同聚合中体现得更为明显。

（一）同义聚合

汉语是一种很精密的语言，表现同一种事物或现象，同一个动作或性质，往往有若干个字词可以选用。这些表现同样的事物或现象、同样的动作或性质的字就形成同义的聚合。简单地说，同义字指的就是意义相同或相近的字。由于汉语中的字有些记录的是成词语素，有些记录的是不成词语素，所以同义字和同义词之间有一定的交叉。下文列举的同义字中，部分是同义词，部分是同义语素。例如：

表示事物现象的：盗—贼、宾—客、疾—病、绳—索、朋—友、房—屋、声—音、道—路、言—语；

表示动作行为的：奔—跑、躲—避、购—买、邮—寄、进—入、死—亡、等—待，售—卖，缺—少；

表示性质状态的：贫—穷、肥—胖、缓—慢、邻—近、弯—曲、干—旱、疼—痛、美—好、碧—绿。

进入同义聚合的成员不仅可以是两个，也可以是多个。例如：

赠—送—给、偷—盗—窃、倘—如—若、蠢—笨—傻—拙、谈—聊—说—讲、遍—次—回—番、喊—叫—唤—鸣、看—盯—望—观—视—见—瞧—瞥。

同义字的基本意义一致，但是它们之间又存在着或大或小、或显或隐的差异。这些差异，尤其是一些比较细微的差异，正是在学习中要重点掌握的。因此，在学习的时候，不仅要注意同义字之间的同，更要辨别它们之间的"异"。

同义聚合的成员，相当一部分内部互相组合以后就可成词。譬如"盗贼、宾客、疾病、奔跑、躲避、购买、邮寄、美好、肥胖、邻近、赠送、赠给、送给、看见、瞧见、望见、瞥见"等。有时，它们可以同时跟该聚合以外的某一个成员组合，譬如"来宾"与"来客"、"贵宾"与"贵客"、"房子"与"屋子"、"仇人"与"敌人"、"躲开"与"避开"、"谈天"与"聊天"、"争夺"与"抢夺"、"售出"与"卖出"、"贫困"与"穷困"、"心疼"与"心痛"，等等。有的时候，它们中只有一个成员能跟聚合以外的其他成员组合，譬如有"病人"没有"疾人"，有"房间"没有"屋间"，有"进来"没有"入来"，有"美妙"没有"丽妙"，有"贫民"没有"穷民"，有"穷人"没有"贫人"，等等，这也是我们在教学中需要注意的。

所以在学习汉字的时候，一方面要把它放到同义聚合之中，另一方面要对它们继续进行组合，把学习汉字与学习词汇更好地统一起来。只有把这些同义的单位放到更大的语言环境中，如词、短语甚至句子中，才能突显它们的意义，了解它们在表达范围、程度、色彩、语体、搭配等方面的不同，进而恰当运用于不同的语言环境之中。

（二）反义聚合

在客观世界中存在着很多矛盾对立的事物和现象，而在同一个事物内部，也经常存在着矛盾对立的两个方面，这同样反映在记录汉语的汉字之中。表现两个矛盾对立的事物或现象、表现同一事物内部矛盾对立的两个方面的字就形成了反义聚合。反义字指的就是意义相反或相对的字。与同义字一样，下面的反义字部分是反义词，部分是反义语素。例如：

表示事物现象的：前—后、横—竖、方—圆、敌—友、晨—昏、古—今、早—晚、恩—怨、矛—盾；

表示动作行为的：嫁—娶、沉—浮、爱—恨、得—失、收—放、买—卖、升—降、奖—罚、开—关；

表示性质状态的：死—活、胖—瘦、美—丑、香—臭、高—矮、真—假、新—旧、盛—衰、贵—贱。

与同义聚合中的成员一样，反义聚合中也有很多成员直接组合以后就成为一个新的词语，例如"前后、横竖、早晚、开关、深浅、真假、正反、长短"等。有时，反义聚合中的成员可以跟该聚合以外的某一个成员组合，形成一个新的反义聚合。例如"前面"与"后面"、"早上"与"晚上"、"进门"与"出门"、"穷人"与"富人"、"冷气"与"热气"、"阴天"与"晴天"，等等。不过，更多的情况是，它们分别跟该聚合以外的其他成员组合，形成新的反义聚合，例如"朋友"与"敌人"、"早晨"与"黄昏"、"嫁女"与"娶媳"、"买进"与"卖出"、"增加"与"减少"、"上涨"与"下跌"、"勤快"与"懒惰"、"困难"与"容易"，等等。

由于汉语中存在着大量的同义词，所以有时候，跟某一个语言单位形成反义聚合的成员并不止一个，譬如，跟"富"形成反义聚合的有"穷"和"贫"；跟"开"形成反义聚合的有"关"和"闭"；跟"买"形成反义聚合的有"卖"和"售"等。不过，要注意把这种现象和多义字在不同义项上形成的不同反义聚合区别开来。例如，"老"，在"年岁大"这个义项上跟"小、少、幼"形成反义聚合，在"很久以前就存在的"这个义项上跟"新"形成反义聚合，在"（食物）火候大"这个义项上跟"嫩"形成反义聚合，而在"（颜色）深"这个义项上是跟"浅"形成反义聚合。

总的来说，互为反义的语言单位可以揭示事物之间的矛盾，形成鲜明的对比，把事物的特点深刻地表现出来。现代汉语中有很多的反义聚合，把处于反义聚合中的字、词放在一起学习，可以从正反两个方面加深对字义、词义的理解，进一步促进对字形、字音的掌握。

（三）类义聚合

类义字是表示同类概念、反映同类意义的字。客观事物中，有些事物同属于一个大类而分属于不同的小类，或者同属于一个整体但分属于不同的部分，反映这些事物或现象的字就形成了类义聚合。类义聚合反映了客观事物之间的联系，体现了客观事物的系统性。就第二语言学习者而言，他们大多已经形成了对客观事物的系统性认识，所欠缺的只是对这种认识在另一种语言中具体表现的了解。我们可以根据第二语言学习者的这个特点，充分利用他们已经形成的对客观事物的系统认识，把类义聚合中的成员放在一起学习。在汉字等级大纲中，有很多反映同类事物或现

第四节 意义在汉字教学中的作用 159

象的字，它们形成了不同的类义聚合。例如：

表示运算的：加、减、乘、除；

表示人体缺陷的：聋、哑、盲、跛；

表示文具的：笔、墨、纸、尺、本、书；

表示味觉的：酸、甜、苦、辣、咸、麻；

表示烹调方法的：煮、炒、蒸、炸、煎、烤；

表示计量的：磅、吨、斤、两、克、尺、寸、米；

表示颜色的：红、绿、黄、白、黑、青、紫、蓝；

表示自然现象的：风、雨、雷、电、云、雪、霜、雹；

表示食物的：饼、菜、糕、酱、蛋、稻、豆、饭、瓜、果；

表示动物的：猫、狗、虎、狐、鸡、鸭、驴、牛、羊、鱼、鸽、鹅、鸟、狮、蝇、兽、熊、猿、猴；

表示亲属的：爸、妈、伯、弟、爹、父、姑、姐、舅、奶、娘、婆、嫂、叔、孙、爷、姨、妹、婶、媳、兄；

表示姓氏的：安、刘、柳、陆、路、张、章、孟、苗、齐、曲、史、宋、孙、田、童、王、黄、卫、文、闻、吴、武、仓、柴、常、陈、程、戴、党、范、傅、储、谢、辛、叶、易、赵、周、毛、朱、庄、祖。

把汉字置于类义义场中，可以帮助学习者接触、理解、记忆该义场中其他相关的汉字。而学习了同一个义场内的相关字词，反过来又强化了他们对人和事物、事物和事物之间联系的认识。

还有一点同时可以告诉学生，汉语中的某个类义聚合中的成员常常组合在一起，形成一种固定的表达方式。这种表达方式以四个字的组合为主。例如"酸甜苦辣、赵钱孙李、油盐酱醋、春夏秋冬、东西南北、前后左右、琴棋书画、煎炒烹炸、男女老幼、高矮胖瘦"等。这些语言单位的意义经常就是这些类义字的上位义，"酸甜苦辣"指各种味道，"油盐酱醋"指各种调料，"男女老幼"指所有人。因此，在遇到类义聚合中的某个成员时，不仅要把它和该聚合中的其他成员放在一起学习，还应该教给学生由这些类义字组成的新的语言单位。

实际上，从更高的层次上看，类义聚合包括同义聚合和反义聚合。例如，"看、盯、望、观、视、见、瞧、瞥"表示的都是"看"这个概念，"遍、次、回、番"表示的都是对动作的计量，"轻"与"重"都表示重量，"冷"与"热"都表示温度，"深"与"浅"都表示深度。在学习汉字的过程中，可以根据具体的情况和实际的需要，把汉字置于不同的聚合之中，互相联系，互相补充。

三、结语

汉字是一个数量非常庞大的符号系统，如果把汉字看成是孤立的没有联系的单位，一个一个地来学习肯定是十分枯燥的事情，既谈不上什么学习效果，又容易使学习者产生畏难情绪。艾滨浩斯遗忘曲线表明，遗忘的发展是不均衡的，它是一种先快后慢、先多后少、呈负加速型的过程。所以，我们在对外汉字教学的过程中，重视并发挥汉字形符的表意功能和汉字本身的意义聚合作用，使汉字形成不同的聚合，可以由新忆旧、以旧带新，把复习旧字和学习新字形成一个不断循环往复的过程，把已经学过的汉字和正在学习的汉字组成一张张不同的网络。教学中，可以根据需要从网络中的任意一个节点生发开去，使学习者在不同的环境中一次又一次地见到相关的汉字，在一次次的复现中彻底掌握这些汉字的形、音、义。

当然，教有常法，但教无定法，所以，在教学实践中，还要根据具体情况，灵活运用，尤其要注意以下两点：

(一)要正确认识形符的表意功能,不能无限制地夸大形符的表意作用

一般来说,形符相同的形声字属于同一个意义范畴,但是由于汉字形体的演变、词义的发展、客观事物的变化、人类认识的深化等原因,有些形声字的形符已经不能有效地起到表意作用了,所以我们在今天使用的形声字中,有的形符是名副其实的形符,也有些形符只是徒有虚名。对形符作用不同的两类形声字,要区别开来,采用不同的教学方法;对于徒有虚名的形符,在学习时要解释清楚形符的局限性及其原因,以免学生犯类推过度的错误。

(二)要重视意义在汉字教学中的作用,但是要注意和其他的汉字教学方法结合使用

重视形符和字义在对外汉字教学中的作用,是通过强调与意义相关的信息来促进汉字的教学,但汉字是形、音、义的结合体,只有同时掌握了这三个方面的信息,才算是真正掌握了这个汉字。对于初学者来说,在这三个方面中,字形的掌握尤其是难点,我们在重视意义的同时,千万不能忽略字形、字音的学习。只有在不同的学习阶段,针对不同的学习对象,综合运用多种方法,才有可能取得较好的教学效果。

桂诗春谈到英语教学时指出:"词是意义的单位,而意义在语言的产生和听辨,在语言的储存和检索中起了中心的作用,因此要进行以意义为中心的外语教学。"[①] 汉语中的"字"有一点与英语中的"词"相同,即都是各自语言中最小的有意义的单位,因此,意义对于汉字的学习也能起到一种"中心"的作用。就对

---

① 桂诗春《应用语言学与中国英语教学》,山东教育出版社,1988年。

外汉语教学而言，汉字教学是词汇教学的基础，是词汇教学的一个重要组成部分。重视意义在汉字教学中的作用，在学习好汉字的基础上学习汉语词汇，进而学习短语和句子，可以执简驭繁，事半功倍。

第五节 东南亚主要华文媒体用字情况调查[①]

东南亚华语的研究尚处于起步阶段。[②] 该项研究国内主要集中在暨南大学、华侨大学和教育部语信司成立的"海外华语研究中心"；海外主要以"华语桥"为纽带，汇集了一批华语及华语文教育研究的学者。

目前，东南亚华语方面的研究主要集中在"社区词""词源与字词对比"和"字词使用规范"三大块，如港澳社区词研究、新加坡社区词研究、字词探源、华语与汉语的字词对比、华语的规范与协调，等等。[③]

总的来说，东南亚华语的研究集中于个别字词的探源，或是

[①] 本节摘自刘华《东南亚主要华文媒体用字情况调查》，原载《华文教学与研究》2010 年第 1 期。

[②] 郭熙《论华语》，《暨南大学华文学院学报》2004 年第 2 期；郭熙《论华语视角下的中国语言规划》，《语文研究》2006 年第 1 期；郭熙《论华语研究》，《语言文字应用》2006 年第 2 期；郭熙《海外华语传播与〈中国语言生活状况报告〉》，《语言文字应用》2007 年第 1 期。

[③] 周清海《新加坡华语变异概说》，《中国语文》2002 年第 6 期；周清海《华语研究与华语教学》，《暨南大学华文学院学报》2008 年第 3 期。

某个海外社区的字词描写，或者是华语独有词语的研究，尚未见到概括整个东南亚华语的字词研究，也未有大规模的东南亚华语语料库。另外，在方法上，大多是卡片式、个案式的专家经验式研究，尚未进行基于大规模真实语料库的计量研究。

国内基于大规模语料库进行汉字使用情况调查分析的主要以"国家语言资源监测与研究中心"每年发布的《中国语言生活状况报告》为主。但是该报告是以中国国内语料为基础，对中国国内汉字使用情况进行调查分析的。

本节以两亿字的东南亚华语语料库为语料，利用统计方法对东南亚华语中的汉字使用情况进行了调查，其研究成果将为华语文教学的字词表建设、华文教材编写和东南亚华语汉字使用规范化提供一些帮助。

一、语料说明

东南亚华文媒体较多，由于我们对语料获取的技术限制以及其他因素的影响，有的华文媒体语料无法获得。因此，本次调查的语料仅限于较有代表性的新加坡、马来西亚、泰国的主要华文媒体的语料（下文简称"东南亚华文媒体"）。语料时间跨度为 2005 年到 2008 年，均来自网络。语料总文本数为 296 355，全部语料字符次为 213 961 939，字符种数为 9652。其中汉字总字次[1]为 161 728 981，汉字字种[2]数为 8429（不含汉字

---

[1] 汉字出现的次数。汉字中不含字母、标点、数字和符号。
[2] 字形不同的汉字。不考虑读音和意义的差别，如"长短"的"长"和"首长"的"长"为一个字种。

部件)。

下面是语料的具体信息(括号里为文本文件数):

新加坡:亚洲新闻网(61 197)、新动网(26 228)、联合早报(63 697)。

马来西亚:马新社中文网(29 964)、光华日报电子新闻(63 346)、独立新闻在线(8474)。

泰国:泰国世界日报(43 449)。

二、汉字使用的分类情况

(一)基本情况

作为语料来源的新加坡、马来西亚和泰国汉字使用标准基本与中国大陆相同。从中国大陆汉字使用的视角来观察,汉字使用包括规范字、繁体字、异体字、不规范的简化字、旧印刷字形、日本汉字、旧计量用字和韩国汉字的使用。为了方便行文,我们把繁体字、异体字、不规范的简化字、旧印刷字形、日本汉字、旧计量用字和韩国汉字这七种汉字统称为非规范字。[1]

这七种非规范字的总频次为 36 083,在汉字总字次中的频次比例为 0.02%,字种数共 1256 种,字种数比例为 14.90%,频次最高的是"後",排在按频率降序排列的总字表的第 1759 位,这时的覆盖率为 97.72%。

规范字总字次为 161 692 898,字种数为 7173,总字次在汉字总字次中所占比例为 99.98%,规范字字种数在汉字总字种数中

---

[1] 这八种汉字使用的类别,皆由商务印书馆的魏励老师标出。

所占比例为 85.10%。

汉字使用的分类统计情况见表 1：

表 1　汉字使用的分类统计

类别	规范字	繁体字	异体字	不规范简化字	旧印刷字形	日本汉字	旧计量用字	韩国汉字	总计
频次	161 692 898	20 831	11 940	1527	1462	258	63	2	161 728 981
频次比例/%	99.98	0.01	0.01	0.00	0.00	0.00	0.00	0.00	100
字种数	7173	858	252	21	66	54	4	1	8429
字种比例/%	85.10	10.18	2.99	0.25	0.78	0.64	0.05	0.01	100
文本数	296 355	8566	5260	1093	723	181	51	2	

从表 1 可以看到，东南亚华文媒体规范字的频次比例占 99.98%，非规范字则只占 0.02%。但是，东南亚华文媒体规范字的字种比例为 85.10%，非规范字的字种比例则占 14.90%。这说明，非规范字字种用得比较多，但是大多数频次较低。

（二）非规范字的使用分类情况

为了更详细地观察非简化字内部的分类使用情况，下面列出了非规范字使用的分类统计数据（表 2）：

表 2　非规范字的使用分类情况

类别	繁体字	异体字	不规范简化字	旧印刷字形	日本汉字	旧计量用字	韩国汉字	总计
频次	20 831	11 940	1527	1462	258	63	2	36 083
频次比例/%[①]	57.73	33.09	4.23	4.05	0.72	0.17	0.01	100

---

① 这里指的是在非规范字中的频次比例。

(续表)

类别	繁体字	异体字	不规范简化字	旧印刷字形	日本汉字	旧计量用字	韩国汉字	总计
字种数	858	252	21	66	54	4	1	1256
字种比例 /%	68.31	20.06	1.67	5.26	4.30	0.32	0.08	100

在频次比例这一项中,东南亚华文媒体的繁体字占非规范字的 57.73%,异体字占 33.09%,二者频次比例之和为 91.82%。其他非规范字只占 8.18%。

在字种比例这一项中,东南亚华文媒体的繁体字字种比例高达 68.31%,异体字字种数比例占 20.06%,二者之和为 88.37%。其他非规范字只占 11.63%。

总体上,东南亚华文媒体中,非规范字所占的频次比例非常低(0.02%),字种比例较高(14.90%)。非规范字中,以繁体字为主,频次比例为 57.73%,字种比例高达 68.31%;其次为异体字,频次比例为 33.09%,字种比例高达 20.06%。

(三)繁体字使用情况

繁体字总字次为 20 831,字种数为 858,所有繁体字共出现文本数为 8566;繁体字总字次在汉字总字次中所占比例为 0.01%,总字种数在汉字总字种数中所占比例为 10.18%;繁体字总字次在非规范字的总字次中所占比例为 57.73%,总字种数在非规范字总字种数中所占比例为 68.31%。从频次上来看,繁体字在本次调查的东南亚华语中使用的次数非常少,但是,用到的繁体字字种数相对比较多。在所有非规范字中,繁体字使用的次数比例和字种数比例都是最高的。

表 3 列举了前十位的繁体字的使用情况:

表 3 频率前十位的繁体字使用情况

汉字	後	來	嬅	學	華	國	爲	發	會	將
频次	6202	690	570	438	432	337	312	211	178	175
文本数	3050	152	141	34	11	70	39	55	45	71
频序	1759	3034	3152	3323	3331	3482	3531	3757	3852	3864

值得注意的是，"嬅"全部是由"杨千嬅"和"千嬅"产生的。

（四）异体字使用情况

异体字总字次为 11 940，字种数为 252，所有异体字共出现文本数为 5260；异体字总字次在汉字总字次中所占比例为 0.01%，总字种数在汉字总字种数中所占比例为 2.99%；异体字总字次在非规范字总字次中所占比例为 33.09%，总字种数在非规范字总字种数中所占比例为 20.06%。

表 4 列举了前十位异体字的使用情况：

表 4 前十位异体字的使用情况

汉字	堃	菸	喆	扞	佈	牠	昇	蒐	勋	决
频次	2704	2272	625	373	307	273	272	256	251	205
文本数	1053	330	225	266	177	113	122	160	105	51
频序	2259	2359	3097	3423	3544	3608	3615	3651	3667	3773

三、频率、使用率排序所得字表比较

使用率在频率的基础上综合考虑了汉字在文本间的分布情况。使用率的计算公式如下：

$$U_i = F_i \times D_i / \sum_{j \in v}(F_i \times D_i)$$

其中，$D_i=t_i/T$，t_i 是 i 号字的出现文本数，T 为所有语料的总文本数；F_i 为 i 号字的频率。

在一定范围内，是按频率排序还是按使用率排序来展示汉字，结果不完全一样。我们对东南亚华文媒体字表分别做了按频率从高到低排序和按使用率从高到低排序，分别列出前 100、200、500、1000、2000 位的汉字进行比较，结果见表 5。

表 5 东南亚华文媒体按频率排序和按使用率排序所得字比较

范围	独用字种数（比例）	按频率排序独用字	按使用率排序独用字
前 100 字	8（8.00%）	台选党业府场市总	道全面此都并最内
前 200 字	10（5.00%）	军司湾警元文战海教投	接讯只据等些好闻回果
前 500 字	24（4.80%）	朝李陆病哈扁铢卡款校银师阵越武纳义律沙广卫督航黄	且仍止落五严尽几清规虽担值执料条整采级负述又随够
前 1000 字	28（2.80%）	唱仙枪贪怖雪徒禽兹杨锦佛船杰父婚洋练蓝版镇河拜倍甲患云券	悉竟呈坏朋挥幸途频殷扬散怀序味乱背旦某阻惊订胁返暂违截夜
前 2000 字	33（1.65%）	爸虫钓萌姚谍稻晶僧詹祭舟娃棕赐泊魏碟贼斌堤乳咖葬斋梯拳诈贬昆侣礁纺	汉肆惕谅蔓娟擦赋糊匿诱捉屈饱哭糕啦弥脉抬骤催肩惧痕慌俩坞腰瞄浩杉衷

从表 5 可以看出，按频率从高到低排序和按使用率从高到低排序得到的字表相差并不是很大。而且，随着比较范围的扩大，独用字种数比例越来越低。

按频率排序时，由于语料内容以新闻居多，因此反映时政方面的字排在前面，如"选、党、军、铢"等；一些表示国家地区和姓名的字也排位靠前，如"台、湾、海、陆、李、扁、哈"等，特别是一些带有东南亚华文媒体区域色彩的字。而按使用率排序时，由于考虑了文本的分布，所以一些较多出现在某一类文章中的字使用率自然就较低；而那些在不同性质的文章中都较均匀出现（均匀分布）的字则使用率较高，如一些常用的功能性的字"全、面、此、都、并、最"等。

四、覆盖率与字种数的关系

覆盖率指的是调查语料内指定调查对象占所有调查对象总量的百分比。如，总字表按频率降序排列，到第 1823 位的"後"字时，前 1823 个汉字的频率和为 97.72%，其覆盖率即为 97.72%。每一覆盖率会有对应字种和字种数，如，覆盖率为 10% 时，共用到字种数 9 个，分别是：的、国、在、是、一、人、中、有、不。汉字覆盖率反映的是汉字字种在总语料中的覆盖情况。

表 6 显示了东南亚华文媒体语料中汉字的覆盖率与字种数的关系。

表 6 汉字覆盖率—字种数统计

覆盖率 / %	10	20	30	40	50	60	70	80	90
字种数	9	30	63	107	169	256	376	568	920
字种数比例 / %	0.11	0.36	0.75	1.27	2.00	3.04	4.46	6.74	10.91
覆盖率 / %	91	92	93	94	95	96	97	98	99
字种数	974	1039	1113	1198	1301	1429	1598	1835	2243
字种数比例 / %	11.56	12.33	13.20	14.21	15.43	16.95	18.96	21.77	26.61

从表 6 可以看出，当覆盖率达到 50% 时，东南亚华文媒体的用字字种数为 169，只占总字种的 2%；当覆盖率达到 90% 时，

用字字种数为 920，占总字种数的 10.91%；当覆盖率达到 99% 时，用字字种数为 2243，只占总字种的 26.61%。这说明，总体上，东南亚华文媒体的 8429 个汉字中，约四分之三（73.39%）的汉字是较低频次的字，这些低频字的总频率只占 1%。

表 7 列举了覆盖率分别为 10%、20%、30%、40%、50% 时的汉字字种。

表 7　覆盖率从 10% 到 50% 的高频汉字

覆盖率 / %	字种（字种数）
0—10	的 国 在 是 一 人 中 有 不（9）
10—20	会 大 他 为 年 日 和 出 以 上 这 了 新 政 时 对 民 行 个 发（21）
20—30	说 到 也 将 美 要 公 前 报 家 表 后 方 成 经 们 主 地 能 我 生 法 长 于 部 加 马 本 过 台 员 而 事（33）
30—40	选 可 多 下 及 与 党 者 动 进 作 名 示 关 外 分 开 月 现 理 合 业 就 其 府 天 当 场 因 自 得 已 所 同 市 之 总 全 都 议 拉 面 道 机（44）
40—50	力 高 内 定 学 此 最 华 工 问 被 并 但 指 今 两 重 资 提 利 统 如 联 还 万 区 斯 相 题 受 没 子 达 期 目 任 世 亚 安 至 金 心 体 里 该 意 局 展 明 第 入 实 立 由 然 次 持 比 军 交 系 正 度 数（62）

五、与现行规范字表的对比分析

为了更好地观察东南亚华文媒体用字的情况，我们将东南亚华文媒体字表和《现代汉语常用字表》《现代汉语通用字表》进行了比较。

（一）前 2500 位的字与《现代汉语常用字表》（一级常用字）的比较

东南亚华文媒体的前 2500 位的字与《现代汉语常用字表》的一级常用字（2500 字）的比较数据参见表 8。其中，独用字指的是只出现在东南亚华文媒体中的字。

表 8　前 2500 高频字与一级常用字（2500 字）的比较

范围	独用字数	华语独用字
500	4	伊尔媒铢
1500	64	韩曼槟署萨迪综巫诺俄揩菲莱辑伦澳姆玛邦吁兹敦频蔡裔洛缅甸谓帕廷蒂柬埔拟凌穆娜艾埃郭兑莎雇怡卢颁逾峇霹啸叼砂撰耶惟吕戈彭於莉弗淑潘
2500	334	靖雳赫挫玲卿汶瑜账聘辖晤歧谐萧氛琳坤妮邓霍枚逊函馈贾逻铭癌寓浦蒋谴莪柯亨奈邱憾佐琼婴契肇鲍曝拓涵峇圳祈拯崛後澄庞廖逸绯冯茨飙履卓舆歹曹骚囚胎抨虐迄鸿韦捍哇藉崩钦刹荫汀抑讼姚昔罕缉翰乍镑谍坠颇僧詹祭缔遏（前 100）

当范围为前 500 字时，"尔、伊、铢、媒" 4 字没有出现在一级字表中，其中"伊"在东南亚华文媒体中的频次为 155 647，频序[①]为 264，主要是与地名、人名有关的词语产生的字，如"伊朗、伊拉克、卡伊达、伊斯兰、伊万诺夫、伊斯兰堡"（按频次从高到低列出）等。这是时政新闻用字的体现。

"尔"在东南亚华文媒体中的频次为 148 833，频序为 277，也是地名、人名词语产生的，如"布莱尔、保尔森、默克尔、希尔、戈尔、斯塔尔、华尔街、诺贝尔"（按频次从高到低列出）等。

"媒"字的频次为 115 534，频序为 357，主要是由"媒体、传媒、媒介、多媒体"（按频次从高到低列出）等词语产生的。这与社会变迁和信息时代的发展有关。

"铢"字在东南亚华文媒体中的频次为 89 148，频序为

---

① 指的是在所有汉字的字表中按频率从高到低排列的位序。

445,主要是"泰铢"及其简称"铢"等词语产生的。这是比较典型的东南亚特色用字。

当范围为前 1500 字时,总体上看,多数独用字与时政新闻中重大时事用字、人名地名(特别是东南亚华文媒体、港台)有关。

当范围为前 2500 字时,总体上看,情况比较复杂,一些中国国内的常用字也较多。

(二)前 3500 字与《现代汉语常用字表》(所有字)的比较

东南亚华文媒体的前 3500 字与《现代汉语常用字表》用字(3500 字)的比较数据参见表 9。

表 9 前 3500 字与《现代汉语常用表》的比较

范围	独用字数	华语独用字
1000	4	铢槟迪兹
1500	11	蔡裔埔莎怡峇叻耶惟於弗
2500	98	汶瑜妮馈莪柯亨邱佐肇鲍曝圳崛後廖绯茨飙抨韦哇藉荫汀缉镑詹磋斌煽娟暨聆嘛铉矶倪瞩茱敖炳铀霖挝萃沁瞿妃赈叩姬堃尹尴琪魅尴邋霆喃彦杪邸胺荪麽峇湄陞劼汕寮玮奎馨娴滕佼俪磊楝妤咄逍喆禹陀矣眈汕揶恺钜梓揄炜虔
3500	341	汲噬镁宥仇牒婵辄晖狞曰芸锺悖豚帛岚踝瑕渥欒岐庚睫亟胥垣缪铎冈皓蕙烽痿瑶苯晏桓骅飓烯麒铨瑄辍孺悖霾厄邬氰麟酋诠渎喀禄禧谕雯淇璇龚飓阮钰涅笃圭骸瓮厝汝岻婷憬恫兀茜仕弘甘郝桐槛浏泗镖茹弈徽狄佬牟韶侃睐娥岑(前 100)

本次调查的东南亚华文媒体中频率前 1000 的汉字中,"铢、槟、迪、兹"没有在《现代汉语常用字表》中出现。

"槟"的频次为 62 228,文本数为 14 262,频序为 600,主要用于"槟城、槟州、槟岛、槟榔、香槟"等词语中。

"迪"的频次为52 069,文本数为11 342,频序为674,主要用于"马哈迪、弗连迪纳、庄迪澎、迪拜、巴拉迪、肯尼迪、迪士尼"等词语中。

"兹"的频次为28 826,文本数为10 634,频序为948,主要用于"阿兹、纳兹里、聂阿兹、旺阿兹莎、阿兹拉、阿兹米、爱德华兹、阿齐兹、乌兹别克"等词语中。

(三)前7000字与《现代汉语通用字表》的比较

东南亚华文媒体的前7000字与《现代汉语通用字表》用字(7000字)的比较数据参见表10。其中,独用字指的是只出现在东南亚华文媒体中的字。

表10 前7000高频字与《现代汉语通用字表》的比较

范围	独用字数	华语独用字
1000	0	
3000	10	峇 後 埕 莪 喆 鉅 嫦 錘 颷 镕
5000	240	锁 谘 來 為 學 華 哒 瘀 扞 榳 內 垱 國 爲 佈 椪 巿 牠 昇 迲 蒐 玟 勳 粿 佤 發 決 崚 並 絜 箔 會 別 佣 將 镕 玹 師 舖 對 碁 揰 屍 這 與 璿 長 铈 癒 囯 採 暐 暫 時 堀 馬 慾 券 崧 崑 況 產 區 爭 浿 語 係 該 業 闓 復 數 蹟 叡 導 個 資 登 們 吒 車 關 綑 沒 計 佔 淼 婷 抛 嵴 陞 準 過 進 週 換 題 蠍 獲(前100)
7000	899	標 鮋 蒼 羅 告 傷 騎 視 職 繼 歛 樑 枒 錯 诶 篠 屈 難 隨 鎗 邨 萊 沫 歲 旼 峽 陸 軍 責 負 訴 號 級 濟 協 炕 達 費 議 處 葡 厄 兹 教 堁 唎 點 駁 佳 鋐 輔 譜 許 託 舉 螢 籤 畫 涎 欸 權 專 嚐 冊 鄉 脫 聞 琭 濛 粱 艼 島 屌 團 則 隻 鐵 質 籤 珅 凊 壯 咁 備 帝 鳳 鎁 錄 郵 輛 證 納 約 策 畢 樂 媞 妳 吭 顯(前100)

东南亚华文媒体中频率前3000的汉字中,"峇、後、埕、莪、喆、鉅、嫦、錘、颷、镕"没有在《现代汉语通用字表》中出现。

"峇、飚"为简化字,"堃、菸、喆"为异体字,"後、嬅、镕"为繁体字,"钜、锺"为不规范的简化字。

1. 规范字。

"峇"在东南亚华语中共使用 12 244 次,在 4628 个文本中出现,在总字表中排在第 1481 位,主要用于"峇厘岛、峇峇、峇迪"等东南亚特色词语中。

"飚"在东南亚华语中共使用 503 次,在 369 个文本中出现,在总字表中排在第 3192 位,主要用于"飚车党、柴飚、马飚"等词语中。

2. 异体字。

"堃"字在东南亚华语中共使用 2657 次,在 1027 个文本中出现,在总字表中排在第 2254 位,全部为人名用字,如"游锡堃"等。

"菸"字在东南亚华语中共使用 2234 次,在 322 个文本中出现,在总字表中排在第 2351 位,用作"吸菸、禁菸、香菸"等。

"喆"字在东南亚华语中共使用 615 次,在 224 个文本中出现,在总字表中排在第 3086 位,主要用作人名,如"陶喆(486 次)、黄喆宇(7 次)、冯喆(5 次)、王喆(5 次)"等。

在东南亚华语中,"後"基本上是表示时间先后的后,"嬅"则全是"杨千嬅"或"千嬅"的姓名用字。"镕"主要是人名"朱镕基"的用字。

3. 不规范的简化字。

"钜"字在东南亚华语中共使用 587 次,在 429 个文本中出现,在总字表中排在第 3086 位,主要用于人名和机构名,如"胡钜发、钜能化油",也有部分用于"钜额、钜款、钜子、艰钜"等。

"锺"字在东南亚华语中共使用553次,在350个文本中出现,在总字表中排在第3175位,主要用于地名、人名和机构名,如"锺欣桐、锺哇他那",部分用于常用词,如"锺情、铜锺、情有独锺、分锺、锺爱"等。

六、结语

东南亚华文媒体中,非简化字所占的频次比例非常低(0.02%),字种比例较高(14.90%);非简化字中,以繁体字为主,频次比例为57.73%,字种比例高达68.31%,其次为异体字,频次比例为33.09%,字种比例高达20.06%。

将分别按频率或按使用率从高到低排序得到的字表进行比较,发现二者相差并不是很大。按频率排序时,反映时政方面的字、表示国家地区和姓名的字,特别是一些带有东南亚华文媒体区域色彩的字排在前面。按使用率排序时,由于考虑了文本的分布,一些常用的功能性的字使用率较高。

考察覆盖率与字种数的关系发现,覆盖率为90%和99%时,用字字种数分别为920和2243,分别占到总字种数的10.91%和26.61%。东南亚华文媒体8429个汉字中,约四分之三(73.39%)的汉字是较低频次的字,这些低频字的总频率只占1%。

将东南亚主要华文媒体的字表和《现代汉语常用字表》《现代汉语通用字表》进行分段比较,发现多数独用字与时政新闻中重大时事用字、人名地名(特别是东南亚华文媒体、港台)有关。同时对前几位的东南亚华文媒体独用字进行了使用分析。

第三章

汉字教学理念与方法研究

第一节 关系对外汉字教学全局的几个问题[①]

在对外汉语教学界,汉字教学薄弱由来已久。在1996年8月召开的第五届国际汉语教学讨论会上,白乐桑、柯彼德等学者让我们中国学者因没有解决好汉字教学问题而面对"危机",面对"挑战"。[②] 此后,汉字和汉字教学理论研究出现一个高潮。1997年,国家汉办在湖北宜昌召开了一个汉字和汉字教学研讨会;1998年,世界汉语教学学会和法国汉语教师协会联合在巴黎召开了第一次国际汉字教学研讨会。这两次学术会议后,出版了吕必松主编的《汉字与汉字教学研究论文选》。由此,汉字和汉字教学研究的文章逐渐增加,研究的深度和广度也大大提高。2005年,德国美因兹大学主办了西方学习者汉字认知国际学术研讨会,这是一次跨学科的学术会议,与会者有汉字和汉字教学研究者,也有认知心理学学者,从内容到方法都显示出汉字教学的研究正向

[①] 本节摘自李大遂《关系对外汉字教学全局的几个问题》,原载《暨南大学华文学院学报》2008年第2期。

[②] 白乐桑《汉语教材中的文、语领土之争:是合并,还是自主,抑或分离?》,柯彼德《汉字文化和汉字教学》,载《第五届国际汉语教学讨论会论文选》,北京大学出版社,1997年。

第一节 关系对外汉字教学全局的几个问题

深入发展。会后，出版了顾安达、江新、万业馨主编的《汉字的认知与教学——西方学习者汉字认知国际研讨会论文集》。与此同时，汉字教学的实践也取得了一定进展。部分对外汉语教学同行认识到汉字教学的重要，在现行汉语教学体系下努力加强汉字教学。或编写与基础汉语教材配套的汉字课本；或尝试编写具有充实汉字教学内容的基础汉语教材；或积极开设不同层次的选修的汉字课；或为适应需要，编写独立汉字教材，等等。这一时期也出版了一些对外汉字教学研究专著、工具书和教辅读物。不过，我们也看到，十多年来，除了在独立汉字课开设和汉字教材编写方面进展比较大以外，对外汉字教学的进展还是很有限的。据统计，1996年至2005年十年间，在主要专业刊物和论文集上发表对外汉语教学论文总数为3315篇，有关汉字和汉字教学的论文150篇，占论文总数的4.52%。与1996年以前3.58%的比例相比，仅增长了大约一个百分点。[①] 在基础汉语教材编写方面，汉字教学内容薄弱状况略有改变，但不明显。中国国内也有人尝试编写具有充实汉字教学内容的基础汉语教材，然未能进入主流课堂，影响甚微。总的来说，"危机"没有化解，"挑战"仍在继续。

　　为什么在对外汉字教学比较受重视的今天，对外汉字教学及其研究进展仍然有限，效率普遍偏低，难以走出困境？究其原因，除了多数同行对汉字教学重视程度还有待进一步提高以外，恐怕与我们往往关注小的局部的方法技巧的研究而对关系汉字教学全局的大问题谋不深虑不远有关。本节拟就如何正确理解汉字教学

---

　　① 李大遂《对外汉字教学回顾与展望》，《渤海大学学报》（哲学社会科学版）2007年第2期。

任务、如何推展识字教学、如何在现行对外汉语教学体系框架下加强汉字教学等几个问题发表浅见,希望能对尽快扭转汉字教学相对滞后的现状有所裨益。

一、对外汉字教学要形音义兼顾

正确理解汉字教学的任务,是确保全面完成汉字教学任务的前提。拼音文字的字母少,除极个别情况以外,字母有形有音而没有义,教会几十个字母的发音和书写,文字教学的任务基本上就完成了。汉字和汉字教学有自己独到的特点。清代汉字学家王筠说:"夫文字之奥,无过形音义三端。而古人之造字也,正名百物,以义为本而音从之,于是乎有形。后人之识字也,由形以求其音,由音以考其义,而文字之说备。"① 可见,从中国传统语言文字学理论说来,汉字是形音义三位一体的文字。从现代语言文字学理论来说,汉字是"语素—音节文字",它所记录的语素是有音有义的,因而也是形音义的统一体。《说文解字》等著作都是从形音义三个方面对汉字进行说解,中国传统的汉字教学也是形音义并重。对外汉字教学当然也不能例外,要既教形又教音又教义。而且有一点应该特别引起我们的注意,即汉字形音义三要素中,又有表里之分,形为表,音、义为里,其中义为终极之里。因此,对外汉字教学不仅应该教形音义三方面内容,而且形音义三要素教学大体上应该由表及里地进行,即由形及音及义。汉字教学的终极目标是要教学生掌握字义,掌握了字义,才能进

---

① 王筠《自序·说文释例》,武汉市古籍书店(影印),1983年。

行有效阅读，才能进行正确的书面表达。

然而，在以往的对外汉语教学中，初、中、高各阶段都缺乏音义教学的现象非常普遍。也许有人会说，对词语的注音、翻译、解释不就是汉字教学吗？严格地说，给词语注音，对词语的整体翻译、整体解释，虽有益于构词字读音意义的掌握，但不属字音、字义教学，而属于词语教学。字音、字义教学指教学生掌握单个汉字读音、意义的教学。佟秉正曾指出初级教材缺乏字义教学问题："国内出版的初级汉语教材，虽然是以汉字为主，但绝大部分在汉字学习上却以词为单位，而不管多音词中各组成汉字的基本字义。例如'商店'，生词中只注"商店"一词的意思。对'商'和'店'的单独意思都没交代。除少量的多音词不可分割以外，组成多音词的单字都有其本身的意思，不了解组成成分的字义，自然不利于对词汇的理解与记忆，更无助于认识造词法与扩大词汇量。"[①] 佟秉正指出的是初级教材字义教学问题，实际上中高级教材情况基本相同。在初中高各阶段的字音教学中，除同音字、多音字教学外，内容也很少。在初级阶段，字形教学是重点，读音、意义的教学内容少还有情可原。到了中高级阶段，字形辨别书写大体过关，汉字音义教学仍然缺乏，就是问题了。虽然近几年的某些基础汉语教材开始注意语素教学，[②] 增加了部件组字、语素组词的练习，汉字教学的内容仍是少得可怜。似乎如何使学生更多更快更容易地掌握汉字的读音、意义，基本不在考虑范围之内。汉字字形教学重要，对外汉字教学从字形入手也是必由之路，但

---

① 佟秉正《初级汉语教材的编写问题》，《世界汉语教学》1991年第1期。
② 在汉语教学中，离开汉字讲语素是讲不清楚的，故所谓语素教学实际上也就是汉字教学。

对外汉字教学不能限于形体。如果以为教学生掌握了汉字的笔画、笔顺、形体分析方法，能比较正确地书写汉字，汉字教学任务就完成了，那是无法全面完成汉字教学任务的。

因此，我想重申我几年前发表的观点："对外汉字教学应该加强汉字音义教学内容，并且使汉字形音义教学互相兼顾起来。不仅初级阶段要有充实的形音义兼顾的汉字教学内容，中高级阶段亦应有一定分量的汉字形音义教学内容。中高级阶段的汉字教学内容，一方面是生字的形音义知识，另一方面是那些层次略深的、能促进学生科学把握汉字形音义系统的、能迅速扩大学生识字量的汉字知识，后者尤为重要。汉字教学是一个系统工程，如果讲完汉字形体结构的基本知识，教学生学会基本的书写方法而不继续在汉字音义教学上下功夫，那只能算是半截子工程。汉字学习贯穿汉语学习的始终，汉字教学亦应贯穿汉语教学的始终。汉字音义教学内容严重缺乏的局面应该尽快改变。"[①]

二、对外汉语教学要将识字量作为追求的重要目标

一般来说，学习掌握汉字的过程是识字，具有识读、书写、理解使用汉字的能力也是识字，本节识字量的识字指的是后一种意义的识字。一个人的识字水平具体表现在会读、会写、会用汉字的数量，即识字量。一般人对汉字形、音、义的掌握是不平衡的，会读、会写、会用的字数多寡不同，可以分形、音、义三类计算

[①] 李大遂《关于对外汉字教学如何走出困境的思考》，载《北大海外教育》（第三辑），华语教学出版社，2000年。

单项识字量,也可以取形、音、义各类识字量计算出综合识字量。识字量是反映一个人汉语水平的重要参数。"衡量汉字教学是否成功,一个关键的数据是看学生的识字量,一切设计、一切方法最终都要体现到这个数据上来。"[1]

那么,我们的学生识字量是多少呢?本人曾于2001年3月(开学后一个月)和2006年5月(接近期末)在北京大学对外汉语教育学院对中高级留学生的识字量现状进行了调查,调查结果如下:[2]

表1 2001年3月中高级留学生识字量抽样测试统计结果[3]

班级	所属文化圈	人数	音(读)	义(用)	形(写)	综合识字量
中级班	被测全体学生	24	1270	985	745	1000
	汉字文化圈学生[4]	11	1402	1268	938	1203
	非汉字文化圈学生	13	1155	746	582	828
高级班	被测全体学生	18	1826	1712	1311	1616
	汉字文化圈学生	7	1918	2047	1522	1829
	非汉字文化圈学生	11	1767	1499	1176	1481

表2 2006年5月中高级留学生识字量抽样测试统计结果

班级	所属文化圈	人数	音(读)	义(用)	形(写)	综合识字量
中级班	被测全体学生	67	1029	1072	735	945
	汉字文化圈学生	13	1306	1636	1177	1373
	非汉字文化圈学生	54	962	936	628	842

---

[1] 王汉卫《精读课框架内相对独立的汉字教学模式初探》,《语言文字应用》2007年第1期。

[2] 两次识字量抽样测试分别于2001年3月和2006年5月进行。两次测试的方法相同,只是第二次测试的字数增加了一倍,被试的班数人数增加了一倍多。该测试的测试内容及测试统计方法见李大遂《中高级留学生识字量抽样测试报告》,《暨南大学华文学院学报》2003年第2期。

[3] 表中数字取整数,下同。

[4] 这里的"汉字文化圈学生",指日本、韩国、朝鲜、新加坡等四个国家的学生。"非汉字文化圈学生",指日本、韩国、朝鲜、新加坡以外国家的学生。

(续表)

班级	所属文化圈	人数	音(读)	义(用)	形(写)	综合识字量
高级班	被测全体学生	28	1802	1621	1440	1621
	汉字文化圈学生	8	2001	2006	1897	1968
	非汉字文化圈学生	20	1723	1466	1259	1482

中国的现代汉语常用字是3500个。在农村，识字不足1500个的人是文盲半文盲；在城镇，识字不足2000个的人是文盲半文盲。从这两次识字量调查统计结果可以看出，中级班学生1000字或945字的人均综合识字量，无论在农村还是城镇都属于文盲；高级班学生1616字或1621字的人均综合识字量，在城镇也还属于文盲。即使高级班汉字文化圈学生，其人均综合识字量也没有达到城镇居民脱盲的水平。中级班非汉字文化圈学生828字或842字的人均识字量和高级班非汉字文化圈学生1481字或1482字的人均识字量就更不用说了。

前几年也有人对暨南大学华文学院本科四年级留学生识字水平进行抽样测试，测试结果如下表[①]：

表3

班级	会写	会读	会义	综合识字量	占理论识字量的百分比
本四下	1319.03	1960.35	1213.88	1591.33	54.78%

通过这个表可以看出，该校本科四年级留学生1591.33字的人均综合识字量，与北京大学对外汉语教育学院高级班学生的人均识字量非常接近，也没有达到城镇居民脱盲的水平。

用国家汉办发布的几个对外汉语教学大纲来衡量会怎么样

[①] 王汉卫《精读课框架内相对独立的汉字教学模式初探》，《语言文字应用》2007年第1期。

呢？1992年发布的《汉语水平词汇与汉字等级大纲》规定："对对外汉语教学来说，基础及基础后阶段要掌握常用字2000—2200，高级阶段应掌握常用字和次常用字700—900，这样共掌握常用字和次常用字2900。"[1] 2002年发布的《高等学校外国留学生汉语教学大纲》规定，"初级阶段汉字共1414个，中等阶段汉字共700个，高等阶段汉字共491个"[2]，总数为2605字。2002年发布的《高等学校外国留学生汉语言专业教学大纲》规定：一年级学习汉字1491个，二年级学习汉字545个，三、四年级学习汉字467个，总数为2503字。[3] 无论用哪一个大纲规定的识字标准来衡量，在读留学生的识字量都远没有达到要求。

为什么在读的留学生识字量如此之低？主要原因是长期以来我们的对外汉语教学没有对学生识字量问题给予足够的重视。事实上没有几个老师知道自己的学生识多少字，没有几个学生知道自己识多少字，用"盲目"来形容我们以往的识字教学恐不为过。虽然1992年以后，上述三个大纲都对学生识字量提出了要求，但并没有切实落实到对外汉语教学的整体设计、教材编写、课堂教学及水平测试之中。加之识字教学不甚得法等因素，学生的识字量特别是非汉字文化圈学生的识字量严重偏低是情理之中的。如果我们想尽快改变学生识字量严重偏低的局面，那就必须切实把识字量作为对外汉语教学追求的重要目标。

---

[1] 国家对外汉语教学领导小组办公室汉语水平考试部《汉语水平词汇与汉字等级大纲》，北京语言学院出版社，1992年。

[2] 国家对外汉语教学领导小组办公室编《高等学校外国留学生汉语教学大纲（长期进修）》，北京语言文化大学出版社，2002年。

[3] 国家对外汉语教学领导小组办公室编《高等学校外国留学生汉语言专业教学大纲（长期进修）》，北京语言文化大学出版社，2002年。

三、识字教学的推展要以偏旁为纲

段玉裁曾说:"玉虽至坚,而治之得其理以成器不难,谓之理。凡天下一事一物,必推其情至于无憾而后即安,是之谓天理,是之谓善治。"①汉字教学如同治玉,汉字虽然繁难,但教学得其理也可以化难为易,减轻难度,提高效率。所谓得其理,就是了解汉字自身的系统性,并循着汉字的系统性去进行教学。

汉字的系统性是客观存在,表现在形、音、义三方面。汉字字形系统是外在的,汉字读音系统、意义系统是内在的。关于汉字的系统性,拙文《简论偏旁和偏旁教学》②《汉字的系统性与汉字认知》③对此已有论述,此不赘言。这里我要谈如何循着汉字的系统性去推展识字教学问题——汉字教学要以偏旁为纲。

我们曾对汉字外部结构和内部结构进行深入的分析,发现汉字形音义系统是以偏旁为枢纽建立起来的,"偏旁是汉字形音义系统形成的主要因素,偏旁是汉字体系最重要的结构单位,偏旁之间的结构关系是汉字体系最重要的结构关系"④。根据偏旁与合体汉字结构关系,我曾绘制了一张《合体汉字生成示意图》(汉字生成坐标)。通过这张图,可以形象地看到,整个汉字体系就像一张网,而汉字的偏旁系统就是这张网的纲,每一个偏旁就是由总纲延伸出去的编织这张网的线,每一个合体字就是网上线与线交会形成的结。"紧紧抓住偏旁这个纲,把偏旁的形音义作为

---

① 段玉裁《说文解字注》,上海古籍出版社(影印),1981年。
② 李大遂《简论偏旁和偏旁教学》,《暨南大学华文学院学报》2002年第1期。
③ 李大遂《汉字的系统性与汉字认知》,《暨南大学华文学院学报》2006年第一期。
④ 同②。

重点,把偏旁与合体字之间的形音义联系,特别是偏旁与合体字的音义联系作为重点,把一个个汉字放到整个系统中去教去学,就可以收到纲举目张的教学效果。不但可以较轻松地教学生学会众多个体汉字,还能从整体上了解把握汉字的系统性。一旦学生把握了汉字的系统性,不但可以加深对已学和正在学的汉字的记忆和理解,而且可以大大提高进一步学习汉字的能力。"①

以偏旁为纲推展汉字教学,在实践上也收到了比较理想的效果,可以北京大学中高级汉字课为例。本校近年来为中高级留学生开设选修的汉字课,将汉字知识教学和识字教学有机地结合起来,将以偏旁为纲扩大学生识字量作为教学追求的主要目标。课程设计为一个学期,每周 4 学时,总 60 学时(或 64 学时)。前半学期以汉字基本知识和学习方法讲授为主,尤重汉字形音义系统性揭示,为下半学期集中识字打基础;后半学期分别以表意偏旁和表音偏旁为纲,推展识字教学,迅速扩大识字量。根据中高级留学生学期初识字量调查结果,② 将识字教学内容分为两个层次:中级汉字课讲授 804 个乙级字,高级汉字课讲授 601 个丙级字和 47 个独体丁级字。③ 在集中识字教学中,努力利用汉字的系

---

① 李大遂《汉字的系统性与汉字认知》,《暨南大学华文学院学报》2006 年第 1 期。

② 中级班非汉字文化圈学生人均识字量 828 字,高级班非汉字文化圈学生人均识字量 1481 字。需要说明的是,选修汉字课的学生一般是中高级班中识字量低、汉字学习困难的学生。据统计,2005 年和 2006 年中级汉字班学期初人均识字量分别为 415 字和 454 字;2006 和 2007 年高级汉字班学期初人均识字量 1165 字和 930 字。

③ 已经出版并投入使用的《系统学汉字·中级本》识字目标是 804 个乙级字。正在编写的《系统学汉字·高级本》将识字目标由丙级字扩大到丁级字,总计 1301 字。

统性特别是音、义的系统性，以表意偏旁和表音偏旁为纲，将一个个常用合体汉字系联起来进行教学。中级汉字课以表意偏旁为纲系联常用汉字义系字族，讲授表意偏旁及其义系字族字中的乙级字；高级汉字课以表音偏旁为纲，系联常用汉字音系字族，讲授表音偏旁及其音系字族字中的丙级字。①

这种汉字知识教学与集中识字教学有机结合、以偏旁为纲分层次系统识字的教学模式，受到学生普遍欢迎。我们曾将选课学生学期初和学期末识字量进行对比，发现教学效果相当不错（结果见表4）。

表4　近年中高级汉字课人均综合识字量提高情况统计表②

年份班级	学生类别	测试人数	学时	识字量（初）	识字量（末）	提高字数	进步最大者提高字数
2002秋季中级班	短期班（CIEE）	5	48	303	712	409	544（187→731）
	长期班	11	64	484	1011	527	858（535→1395）
2005秋季中级班	短期班（CIEE）	6	48	288	741	453	748（591→1339）
	长期班	17	60	487	1027	540	882（494→1376）
2006秋季中级班	短期班（CIEE）	11	48	294	849	555	1067（290→1357）
	长期班	15	60	598	1248	650	1076（844→1920）
2006春季高级班	长期班	17	60	1203	1773	570	958（1528→2486）
2007春季高级班	长期班	26	60	957	1545	588	1196（1493→2689）
2007秋季高级班	短期班（CIEE等）	6	48	1121	1743	622	879（1403→2282）
	长期班	13	60	946	1624	678	1056（397→1453）

---

① 独体字和不能归入音系或义系字族的合体符号字、半符号字，集中在2—3次课中教授。

② 本表测试人数指既参加学期初测试亦参加期末测试者人数。

第一节 关系对外汉字教学全局的几个问题

据赵金铭《"九五"期间的对外汉语教学研究》一文估计,外国人来华学汉语,第一年大致识 800 字。汉字课能通过大约 60 学时的教学,教中高级学生掌握汉字的基本知识,同时使他们的识字量平均提高五六百字,应该说是相当成功的。[①]

有人对北京大学对外汉语教育学院以偏旁为纲的中级汉字课进行调查研究,在通过量的研究和质的研究以后发现:"汉字课所教授的偏旁系统归类法,对欧美留学生的汉字学习起到了很大的作用。采用这种方法的学生能够在短时间内大幅度提高识字水平,识字效果较之未采用该方法的学生有明显进步,而且随着学生使用偏旁等方法熟练程度的加强,汉字学习效率会不断提高。汉字课的作用主要体现在让学生系统学习汉字上,这是符合成年人的认知规律的。偏旁系统归类法把学生学到的零散汉字一个个串联起来系统地加以分析,使学生对汉字系统的理解得到了理论上的提高。我们认为汉字课不仅教字的识别,更教了识字的方法,这可以使学生逐渐提高对高等级汉字的认知能力,增强分析和猜测能力,进而从整体上提高了汉字识字水平。系统学习汉字的作用还体现在加深了学生对汉字的感觉,这种字感无疑对他们今后的学习是大有帮助的。"[②]

这里要特别说明,偏旁和部件不是对等的概念,偏旁分析法和部件分析法是性质截然不同的结构分析方法。部件分析法实际

[①] 学生识字量大幅度提高,汉字课教学的作用是主要的,但不应完全归功于汉字课。因为汉字课上学习的汉字可能在其他课上出现,这等于是帮汉字课复习巩固,有些新识的汉字不是汉字课上学的。

[②] 汪琦《中级欧美留学生汉字学习的实验研究》,北京大学硕士学位论文,2003 年。

上是一种分析尺度各不相同的很不成熟的分析方法。部件分析法基本上遵循的是无理切分原则,唯形是顾。计算机编码的部件五花八门,多寡不一。各类汉字教学的部件切分也是各行其是。尽管有人出于教学的考虑,对部件分析法进行改良,以求减少切分对汉字音义信息的损害,但只是杯水车薪。偏旁分析法是为汉字教学服务的,故严格遵循汉字自身的形音义系统去进行分析,注重理据。在字形分析方面大多分为两部分,结构类型少,便于字形结构的掌握。最重要的是偏旁分析法有利于合体汉字读音和意义的教学,有利于学生系统学习掌握汉字。对外汉字教学要追求最佳教学效果,就要坚持以偏旁为纲;要坚持以偏旁为纲,就要采用传统的偏旁分析法。《礼记·经解》有云:"君子慎始,差若豪氂,缪以千里。"[①] 汉字结构分析法之选择不可不慎。

四、标本兼治,一方面积极探索对外汉语教学新体系,另一方面开好独立的汉字课

从长远的观点来看,建立具有充实汉字教学内容,并且按照汉字和汉字教学规律教授汉语的对外汉语教学新体系,是治本的方法。但如何建立新体系,目前大体还处在理论探讨和小面积实验阶段。

在国外,早在 1965 年,美国耶鲁大学就曾出版一套双轨制汉语教材 Beginning Chinese、Character text for Beginning Chinese、Beginning Chinese Reader,作者是 De Francis John。这

---

① 阮元校刻《十三经注疏》,中华书局(影印),1979 年。

套教材开创了汉语教学双轨制的新路子,在美国和欧洲产生了不小影响。1999年,法国华卫民(Monique Hoa)编著《汉语双轨教程》(*C'est du chinois!*),"编写思路是力图使口语教学和汉字教学各成系统而又不互相脱离"①。2005年,美国印京华提出美国汉语教学的起始阶段应走"分进合击"的新路,②与"双轨制"的精神基本一致。1986年,法国李仙客(Lyssenko)编著《现代汉语》(*Méthode programmée du chinois moderne*),开创了"字本位"汉语教学新路子。③1989年,法国白乐桑(Bellassen Joel)与张朋朋合编"字本位"教材《汉语语言文字启蒙》,在对外汉语教学界产生了很大的影响。

在国内,有关汉语教学新体系的建立,也在进行理论探讨和教学实践。自20世纪90年代以来,徐通锵首倡"字本位"理论。④虽然这一理论在语言学界尚存不少质疑,甚至是抵制,但在对外汉语教学界却不乏支持者。探索对外汉语教学新体系的学者,多以"字本位"理论为指导。吕必松洞察"语文一体、语文同步"的"词本位"的现行对外汉语教学体系的严重缺陷,先是提出分别建立口语教学系统和书面语教学系统,以改革汉

---

① 华卫民《汉语教材的整体设计及汉字教学的新途径》,载翟汛主编《汉字、汉语、汉文化》,新世界出版社,2004年。

② 印京华《探寻美国汉语教学的新路:分进合击》,《世界汉语教学》2006年第1期。

③ 同①。

④ 徐通锵《"字"和汉语的句法结构》,《世界汉语教学》1994年第2期;徐通锵《"字"和汉语研究的方法论——兼评汉语研究中的印欧语的眼光》,《世界汉语教学》1994年第3期;徐通锵《语言论——语义型语言的结构原理和研究方法》,东北师范大学出版社,1997年。

字和汉语教学,[1]继而在"字本位"的理论基础上提出了"组合汉语"的新概念和"组合汉语"的理论框架,[2]同时,着手编写"字本位"教材。潘文国从理论上阐述"字本位"和汉语研究的关系,提出了一系列令人深思的涉及汉语研究方向和途径的问题。[3]张朋朋在理论上主张"字本位",[4]在教学模式上主张"语文分开""语文分进"。[5]他在"字本位"教材的编写方面着力较多,1989年与白乐桑合作出版《汉语言文字启蒙》,后在国内编著了《现代千字文》《新编基础汉语》(全套分口语篇、识字篇、写字篇)等"字本位"教材。

本人也曾就建立新汉语教学体系进行探讨。认为"对外汉字教学长期处于困境的突出表现,是汉字教学未能按汉字和汉字教学自身的特点和规律教授汉字。之所以出现这一问题,又是因为汉字教学受制于结构教学和功能教学。也就是说,对外汉字教学长期处于困境的主要症结,是现行对外汉语教学体系未能在整体设计上处理好汉字教学和结构教学、功能教学的关系"。[6]文章

---

[1] 吕必松《汉字教学与汉语教学》,载吕必松主编《汉字与汉字教学研究论文选》,北京大学出版社,1999年;吕必松《试论汉语书面语教学》,《华文教学与研究》(《广州华苑》学术版)2000年第1期。

[2] 吕必松、赵淑华、林英贝《组合汉语知识纲要》,北京语言大学出版社,2006年。

[3] 潘文国《"字"与 Word 的对应性》,《暨南大学华文学院学报》2001年第3—4期;潘文国《字本位与汉语研究》,华东师范大学出版社,2002年。

[4] 张朋朋的"字本位"概念与徐通锵、吕必松、潘文国等人的"字本位"概念不同,详见张朋朋《"字本位"的内涵》,《汉字文化》2005年第3期。

[5] 张朋朋《〈汉语语言文字启蒙〉一书在法国获得成功的启示》,《语言教学与研究》1992年第1期;张朋朋《"字本位"的内涵》,《汉字文化》2005年第3期。

[6] 李大遂《关于对外汉字教学如何走出困境的思考》,载《北大海外教育》(第三辑),华语教学出版社,2000年。

第一节 关系对外汉字教学全局的几个问题

认为解决汉字教学同功能教学关系矛盾,当考虑实行文语分开的"双轨制";解决汉字教学和结构教学的矛盾,就是解决汉字教学和语法、词汇教学的矛盾。解决的办法是理顺字、词、句三种教学的关系,"至少在初级阶段的读写课中,把从句型结构出发,以句带词,以词带字的教学路子,改为从基本结构单位——字出发,以字带词,以词带句的教学路子。换句话说,就是采用以汉字教学为主导,以汉字教学带动词汇教学,以词汇教学带动语法教学路子。这样做就可以给汉字教学以自主的空间,使之得以按汉字和汉字教学自身的特点和规律进行,由简到繁,逐渐过渡。同时可以吸收中国小学语文教学的'集中识字''字族文识字法''字理识字法'等经验,来提高汉字教学效率"。文章认为这样做的"目的是协调汉字、语法、词汇三种教学的关系,为汉字教学创造本来就该有的条件。这样做不仅可以加强和改进汉字教学,而且可以把本来被颠倒的汉语字、词、句教学关系调整过来,对词汇教学和语法教学产生直接或间接的推动作用,正是得汉语教学'天理'的教学路子"。[①]

王汉卫撰文提出汉字教学新构想。作者将其新构想概括为三点:"第一,以精读课为依托;第二,汉字内容相对独立;第三,汉字内容贯穿于初、中、高三个学习阶段。"文章认为"精读教材的编写应该预留出汉字教学的时间和空间,然后再以汉字规律为'经',以课文内生字为'纬',以扩展性生字为'绣',编

[①] 李大遂《关于对外汉字教学如何走出困境的思考》,载《北大海外教育》(第三辑),华语教学出版社,2000年。

写汉字教学的具体内容"。①

从上述情况可以看出，拟建的和已经投入教学实验的对外汉语教学新体系已初具轮廓。大体上是基础阶段特别是初级阶段，采取"文语分进"的"双轨制"，起始阶段的"语"（口语和听力）的教学可先借助汉语拼音；而"文"（识字、阅读、书写）的教学则遵循"字本位"原则，按照汉字和汉字教学的特点和规律推展汉语教学。不过，新体系的建立是对外汉语教学领域重大理论和实践课题。目前，有关对汉语教学新体系建构的讨论还不多，远谈不上达成共识；开展教学实验的面还很小，至少在中国国内尚未进入主流课堂。可见，成熟的对外汉语教学新体系的建立，还需要付出极大的努力，要经历漫长的道路。我们对于这一历程的艰巨性和长期性要有足够的思想准备。

最近十年，对外汉字教学进展比较大的是独立汉字课的开设和独立汉字教材的编写。不同层次的独立的汉字课一般是选修课，其教学内容对于汉字教学薄弱的现行汉语教学来说，起到了补偏救弊的作用。不过，作用大小似乎不尽相同。据我了解，有的大学的独立汉字课很受学生欢迎。例如，北京大学对外汉语教育学院选修课教研室提供的评估数据显示：2005—2007 三年中，由 3 位教师为 4 班次留学生讲授中级汉字课，平均 AB 率为 91.77%；由 1 位老师为 3 班次留学生讲授高级汉字课，平均 AB 率为 94.75%。② 也有人对另外一所大学的汉字课进行调查，结果

---

① 王汉卫《精读课框架内相对独立的汉字教学模式初探》，《语言文字应用》2007 年第 1 期。

② 该大学选修课评估每项分 A、B、C、D 四级，所谓 AB 率，指学生在评估中选择 A、B 两个等级的比率。相应三学期全院中级选修课平均 AB 率为 88.04%；相应三学期全院高级选修课平均 AB 率为 87.91%。

第一节 关系对外汉字教学全局的几个问题

显示：对汉字课比较满意的学生占 28.2%，对汉字课不太满意的学生占 71.8%。其中 60.7% 的学生不太满意的原因是没有课文，太单调；21.4% 的学生不太满意的原因是汉字课上的知识太多。① 我们认为，如果有理想的教材，调整好汉字知识与识字教学的比重，该校留学生对汉字课的满意程度应会大幅度提升。

在现有教学体系框架下开设汉字课，虽然是补偏救弊的治标的办法，却是相当一段时间内加强汉字教学最切要最行之有效的办法。独立的汉字课开设时间不长，可供选择的教材种类不多，某些开课教师教学经验不足或无适用教材，教学效果不太理想，这是正常的。我们不能因此而怀疑独立汉字课开设的必要性。相反，应该在已有经验教训的基础上，进一步开好独立的汉字课。至于如何开好独立的汉字课，从对外汉字教材编写到汉字课讲授，可以努力的方面很多，窃以为有四点应特别予以注意：（1）将汉字知识讲授与集中扩大识字量结合起来。识字量大幅度提高能直接提高学生的汉语水平，增强学生成就感，激发学习积极性。集中识字需要理论知识的指导，理论知识也会在集中识字中巩固深化。（2）识字教学内容要分出层次，所教汉字的级别要与学生识字水平接轨，与其他课程正在学或将要学的生字相呼应，总量也要适度。这样，学生既不会因熟字多而感到无聊，也不会因生字太多而畏难厌倦。（3）知识教学和识字教学都应该突出汉字系统性的把握与应用，坚持以偏旁为纲。这样可以收到纲举目张的教学效果。（4）把单个汉字的学习同词句的学习结合起来。

---

① 王汉卫《精读课框架内相对独立的汉字教学模式初探》，《语言文字应用》2007 年第 1 期。

字音字义的掌握是需要环境的，这样既可以促进学生较好地掌握所学汉字的形音义，也可以促进汉语词句的掌握。

五、结语

古人有言："不谋全局者，不足以谋一域。"[①]汉字教学难度大、效率较低，是摆在我们面前的一道难题。要解开这道难题，既要对汉字教学具体方法技巧进行研究，更要加强对关系全局的大问题进行深入探讨。如果把对外汉字教学比作一场大的攻坚战的话，课堂教学方法技巧研究属于战术的层面，关系全局的大问题的谋划则属于战略的层面。一般来说，战术的优劣决定局部战斗的输赢，战略的高低则决定战争全局的成败。为了对外汉字教学尽早走出困境，我们应该高度重视事关全局的大问题的研究，具体教学方法的研究要尽可能在这一大背景下展开。

第二节　拼音和汉字在对外汉语教学中的位置和关系[②]

对外汉语教学已经走过了六十多年的历程，在教学方面已经有了不少成功的经验。但对于一些已经普遍采用的教学方法，结

[①] 陈澹然《寤言·二·迁都建藩议·江左忠略》，文海出版社，1968年。
[②] 本节摘自万业馨《略论汉语拼音和汉字在对外汉语教学中的位置和关系》，原载《世界汉语教学》2012年第3期。

合汉语汉字的特点展开讨论,仍然很有必要。一来可以避免盲目性,提高教学设计的科学性;二来可以推进教学研究的深入发展和教学活动的顺利进行。其中,汉语拼音和汉字在对外汉语教学中的位置和关系就是一例。

一直以来,汉语作为外语的教学(在中国称为"对外汉语教学"),一般都采用拼音先行的做法,以首先满足口语教学的需要,汉字教学(主要是书写教学)则紧随其后。之所以采取这样的做法,一是认为学习语言的过程应该语言先行、文字随后;二是希望合理分配学习者在各阶段所要完成的任务。

我们认为,除了上述认识外,须充分了解学习者可以得到的便利、拼音先行可以为汉字教学所做的准备以及需要注意的问题等等。因此有必要就以下两方面展开讨论:一是根据汉语与汉字的对应关系以及汉字读音认知的复杂情况,观察汉语作为外语教学时拼音先行可以得到的便利;二是为什么拼音不能代替汉字。

一、拼音先行之必要

(一)拼音先行有利于学习者认识句子里的词语

有关"汉字效用递减率"的研究成果显示:最高频 1000 汉字在一般出版物中的覆盖率大约是 90%,以后每增加 1400 字大约提高覆盖率十分之一。[①] 如何理解上述数字?对于以汉语为母语的中国人来说,覆盖率意味着认识这些汉字一般可以读懂句子。

---

① 周有光《中国语文纵横谈》,载《语言文字学的新探索》,语文出版社,2006 年。

然而，在对外汉语教学中却并非如此。

在基础阶段汉语教学中存在这样的现象：学生认识句子中的每一个汉字，但不知道句子的意思。

稍稍观察一下汉语词汇的发展演变与现状，便可了解这一现象的成因。

古代汉语以单音节词为主，绝大多数情况下，一个词由一个音节组成，用一个汉字来代表。以字为单位书写常常相当于分词写。汉语词汇复音化进程完成后，到了现代汉语，以双音节词为主——《现代汉语常用词表（草案）》[①] 收录词语共 56 008 个，包括单音节词 3181 个，双音节词语 40 351 个，三音节词语 6459 个，四音节词语 5855 个，五音节和五音节以上词语 162 个——但记录汉语的方式并没有随之变化。

然而，上述数字只是对每个词语所含音节数量的统计，在实际运用中不容忽视的还有词次。《现代汉语频率词典》[②] 曾对四大类语料（报刊政论、科普书刊、生活口语、文学作品）共 180 万字（131 万词次，约 200 万个印刷符号）分别进行统计，现将其公布的单音节词和双音节词数量与词次方面的数据摘录、比较如下：（比例一项——有 * 号者——为笔者根据所引数据计算所得，所列词数 / 词次项下的数字，是用单音节词的词数 / 词次除以双音节词的词数 / 词次所得的商。例如第一行比例栏下，词数一项为：332÷166=2，词次一项为：691558÷136416≈5.07）。

[①] 《现代汉语常用词表》课题组《现代汉语常用词表》（草案），商务印书馆，2008 年。

[②] 北京语言学院汉语教学研究所编《现代汉语频率词典》，北京语言学院出版社，1986 年。

第二节　拼音和汉字在对外汉语教学中的位置和关系

表 1

按使用度递降排列的序号	单音节词 词数	单音节词 词次	双音节词 词数	双音节词 词次	*单音节与双音节词之比 *词数	*单音节与双音节词之比 *词次
1—500	332	691 558	166	136 416	2	5.07
1—1000	565	749 839	431	207 781	1.31	3.61
1—2000	957	795 662	1020	280 808	0.94	2.83
1—5000	1795	832 498	3103	364 770	0.58	2.28
1—9000	2400	841 097	6285	408 508	0.38	2.06
*平均词次	350 次／个	350 次／个	65 次／个	65 次／个		

表 1 显示，随着常用词范围的扩大，单音节词在词数与词次方面的优势渐减。但比较两者后可以看到：

从词数看：常用程度最高的词中，以单音节词为主。在最常用的 500 词中，单音节词数为双音节词数的 2 倍，到 2000 词时，双音节词数量开始反超，但仍基本持平。究其成因，一是最常用的单音节词所代表的事物多与人的生活密切相关；二是这些词在书面语中因常用而得以保留；三是大部分虚词（语法功能词）是单音节词，而且使用频率颇高。

从词的使用频率（词次）看，则无论单、双音节词的数量对比发生什么样的变化，单音节词的词次都远高于双音节词。即便是在数量对比中双音节词最占优势的 9000 词中也是如此：单音节词与双音节词的数量比为 1∶2.62（2400∶6285），而词次比为 2.06∶1（841 097∶408 508）。不仅如此，9000 词中单音节词的平均词次为 350 次／个强，而双音节词的平均词次仅为 65 次／个弱，两者的比例为 5.38∶1。

显然，单音节词在整个汉语词汇系统中起着重要的作用，不仅最常用的词以单音节词为主，更重要的是出现次数最多的始终是单音节词。① 汉语词汇的这一发展演变过程与使用现状,使得有关双音节词的构成,词的界定——什么是词,如何区分词、词组等问题,成为词汇学研究的重要内容。② 因此不难理解:为什么现代汉语以双音节词为主,而学生面对的言语材料却常常是单、双音节词混用。如果没有在学习过程中积累一定数量的词语,就很难分辨句子中的词和词组,也就很容易出现上文所说的情况:认识句子里每一个汉字而仍然不能知道句子的意思。

周有光先生曾参与《汉语拼音方案》(以下简称《方案》)和正词法的讨论与制定,对其主要功用做过简要说明,现撮要叙述如下:③

《汉语拼音方案》的主要用处有二:一是为汉字注音,以音节为单位;二是拼写普通话,以词为单位。这就需要做两件事,一是分词——划分词的界限;二是连写——把词的各部分连起来写。分词的依据是语言——分词连写的语言基础是"分词连读"。例如"中华人民共和国",不能念成"中/华人/民共/和国",必须念成"中华/人民/共和国"。这样才能够被人理解,因为它符合语言实际。

根据以上说明并结合学习者初学时存在的实际困难,从拼音入门学习汉语至少可以得到以下便利:首先是不必在没有任何帮

---

① 上述情况也存在于其他语言中。根据有关研究,"一个词的音节多少和它的出现频率呈反比关系。例如,在英语里,最通常使用的大多数词是单音节词。甚至在像德语这种有着显著的'多音节词'的语言里也能同样发现这种关系"。戴维·克里斯特尔《剑桥语言百科全书》(中译本),中国社会科学出版社,2002年。

② 有关"词的界定"曾经展开过的讨论详见晁继周《二十世纪的现代汉语词汇学》,见刘坚主编《二十世纪的中国语言学》,北京大学出版社,1998年。

③ 周有光《汉语拼音正词法问题》,载《语言文字学的新探索》,语文出版社,2006年。

助的情况下，面对用汉字写成的句子，因不知如何切分而束手无策；其次，可以在学习中得到对汉语节奏的了解，而这对于初学者逐步提高阅读能力进而自己开口说汉语是十分重要的；再次，对初学者认识汉语句子结构和词语大有好处。不仅如此，电脑打字时的拼音输入对汉字认知也有积极作用。拼音输入的过程一般可以分为两步：第一步，按照汉语拼音规则敲打键盘输入字母；第二步，对屏幕显现的（由声母韵母组合成的）汉字根据文意进行选择。正如认知心理学的研究成果所显示的那样，"拼音输入法经验不仅促进了汉字语音的加工，对汉字读音中的声母和韵母的认知加工有促进作用。同时也促进了汉字字形的加工，对成字部件和非成字部件的认知加工有促进作用"[1]。

（二）汉字认读的复杂情况

在取得上述认识的同时，我们还必须了解：在没有拼音先行的情况下认读由汉字书写的语言材料，除了词语切分外，学习者还会遇到什么困难？

困难之一：形声字声旁表音情况复杂。

形声结构在整个汉字中约占 80%，说明绝大多数汉字是具有表音成分的（声旁使用的是音符）。但由于形声字声旁所使用的音符并不是字母，而是来源于读音相同或近似的字，严格地说应称为"借音符"[2]；在形声字产生之初，声旁与所组形声字的读音关系就有音同与音近之别；在长期使用过程中又有历史音变和方言的影响，因此，现行汉字形声字声旁的表音情况呈现出颇为

---

[1] 朱朝霞、刘丽、丁国盛、彭聃龄《拼音输入法经验对汉字字形和语音加工的影响》，《心理学报》2009 年第 9 期。

[2] 裘锡圭《文字学概要》，商务印书馆，1988 年。

复杂的局面,声旁和形声字读音之间的关系一般可以分为八类:声、韵、调全同;声、韵同,调不同;声、调同,韵不同;韵、调同,声不同;声同,韵、调不同;韵同,声、调不同;调同,声、韵不同;声、韵、调全不同。

困难之二:形声字读音认知途径多样。

在上述八类中,第一类约占 34.27%,第二类约占 17.81%,[①]两者之和为 52.08%。显然,直接从声旁获得形声字读音绝不是唯一的途径。不仅如此,当声旁字的常用程度低于所组成的形声字时,这一途径的可行性同样颇受质疑。[②]

根据汉字读音认知以及误读研究的成果,中国人通常采用的汉字读音认知策略主要有:(1)提取法:对高频字一般可从心理词典中直接提取;(2)规则法:指对规则字(即形声字与声旁读音一致的字)可以直接按声旁字读音读出形声字的读音;(3)类推法:指用同声旁字类推某个形声字的读音。

至于各种策略的适用条件,于教者而言,需要吸收已有的研究成果并在教学实践中进行细致的观察和深入的讨论才能掌握;对学习者来说,通过对已学汉字的了解获得一定的感性认识与理性归纳不可或缺。

---

① 数据是以下两项统计所得的平均值:李燕、康加深《现代汉语形声字字符研究》,见陈原主编《现代汉语用字信息分析》,上海教育出版社,1993 年。对 7000 通用字所包含的 5631 个形声结构,加上多音的 479 个共 6110 个形声结构中声旁与形声字读音关系的统计结果;万业馨《应用汉字学概要》,安徽大学出版社,2005 年,第 171 页。对《汉语水平词汇与汉字等级大纲》(以下简称《大纲》,北京语言学院出版社,1992 年)所收 2001 个形声字进行的分类统计所得。

② 根据万业馨《略论形声字声旁与对外汉字教学》(《世界汉语教学》2000 年第 1 期)对《大纲》所收 2905 字的观察,声旁字常用程度(根据《大纲》所标)低于所组形声字者约占 41.48%。

第二节 拼音和汉字在对外汉语教学中的位置和关系

困难之三：多音字的大量存在。

据统计，《新华字典》（1971 年版）中有 734 个多音字，占总字数的 10%；2000 扫盲常用字中有多音字 334 个，占扫盲常用字总数的 17%。① 而且这是在 1963 年出版《普通话异读词三次审音总表初稿》、多音字大量减少之后的统计数据。因此多音字常被视为汉字学习的难点之一。然而，在 1997 年以高年级学生（学习汉语的时间从 3 年至 13 年不等，共 35 人）为对象的一次小型调查中，② 在"学汉字初期遇到什么困难"下，"读"的一栏所列四项的选择（可多项选择）结果如下：③

项目	选择人数	所占百分比 %
见字不知音	27 人	77
同音字多	14 人	40
同一声旁的形声字读音不同	14 人	40
一字多音	20 人	57

值得注意的是，学生并没有把多音字作为汉字读音认知中最困难的一项。对这一现象，只要看一下多音字出现的环境就可以得到答案了。

例如："差"有四个读音，分别是 chā、chà、chāi、cī，但它们分别出现在词"差（chā）别、差（chà）不多、出差（chāi）、参差（cī）"中；同样，"厦"也是多音字，"大厦"的"厦"音 shà，"厦门"的"厦"音 xià。显然，不同的词语可以帮助区

---

① 周有光《现代汉字中的多音字问题》，《中国语文》1979 年第 6 期。

② 石定果、万业馨《关于对外汉字教学的调查报告》，《语言教学与研究》1998 年第 1 期。

③ 所列数据为对三类调查对象分别统计后的平均值，三类对象为：A，来自汉字圈国家者；BC，来自非汉字圈国家，其中 B 为东南亚，C 为西亚和欧洲。

分多音字，或者说多音字的不同组合起到了区别的作用。因此，拼音先行时的词语习得有助于了解多音字。

综上所述，在对外汉语教学（包括汉语教学和汉字教学）的基础阶段，拼音先行的最大好处，是有助于学生在学习之初暂时避开字形识别和语音获得方面所存在的困难，尽快地进入语言材料。

不仅如此，汉语拼音方案采用的是国际通用的拉丁字母，学生阅读时用的是拼读法，这与他们学习母语时的经验有相通之处。而阅读汉字书写的材料时用的是认读法，是需要先期的学习和积累作为基础的。

拼音先行对词语的学习有很大帮助，包括词语的准确读音、词义的了解、词汇量的积累等等。这些不仅是语言学习的需要，更是顺利进行汉字教学必不可少的先决条件。

二、拼音能否代替汉字

在对外汉语教学中，汉字教学长期处于滞后状态，在力图改变现状、打破瓶颈的同时，也有学者产生了这样的设想："将汉语拼音提升为中国的第二种文字，逐步实现'双文制'。"[1] 而国内，则早在 19 世纪末，便有用拼音逐步取代汉字的主张。[2] 有关的讨论一直延续至今。

---

[1] 柯彼德《汉语拼音在国际汉语教学中的地位和运用》，《世界汉语教学》2003 第 3 期。

[2] 早在 1892 年（清光绪十八年），卢戆章"中国切音新字"厦腔读本《一目了然初阶》出版，被视为我国近代汉字改革运动的开端。详见周有光《纪念〈一目了然初阶〉出版七十年》，《中国语文》1962 年第 3 期；武占坤、马国凡主编《汉字·汉字改革史》，湖南人民出版社，1988 年。

第二节　拼音和汉字在对外汉语教学中的位置和关系

然而，无论是从汉字发展的历史、学习者习得汉字的进程，还是今天使用拼音的实际情况来看，汉语拼音都不可能代替汉字。这是由汉语词汇的特点和语音结构所决定的。

（一）汉字发展演变过程中形声优势逐步确立的原因

只要对包括汉字在内的几种古老文字稍加观察，就会发现它们在形成初期有一些共同特征：[①] 一是都采用了直观图示法（通常称之为"表意"法），便于视觉符号与语言单位建立起联系；二是假借的普遍应用，那是因为语言里的一些词是无法用表意法为之造字的。[②] 只得借用同音词代表字的符号形体。换言之，假借字使用的是音符，是通过记录语音的途径到达语义的。

因此，在汉字符号系统形成之初，假借所占比例显得十分重要——这意味着当时汉字主要是记录语音还是直接从符号形体到达语义。

虽然，"古书多假借"早已成为共识，然而，令人费解的是：《说文》所收字中明言假借的却仅有一例。[③] 此后，沿袭《说文》分析法所做的六书分析结果中假借字所占比例都很低。[④]

直到 20 世纪 80 年代，才有了新的进展和认识。训诂学、古文献学等方面的研究都注意到了先秦古书中假借字大量存在的事

[①] 很早以前，就有学者将汉字与其他古老文字做过比较。请参看董同龢《文字的演进与六书》（1954），转引自李孝定《中国文字的原始与演变》，载《历史语言研究所集刊》45 册 2 分册，1973 年。

[②] 林义光《六书通义》，转引自丁福保《说文解字诂林》1 册前编中《六书总论》143 页，中华书局，1988 年。

[③] 侯康《说文假借例释》，转引自丁福保《说文解字诂林》1 册前编中《六书总论》第 222 页，中华书局，1988 年。

[④] 例如李孝定《中国文字的原始与演变》（载《历史语言研究所集刊》45 册 2 分册，1974 年）对已识甲骨文的六书分类结果，假借仅占 10.52% 强，可参看。

实并有了新的认识。①

而姚孝遂（1980）则根据对甲骨辞例的随机抽样统计得到假借字高达 74% 左右的结果，并据此得出结论："就甲骨文字的整个体系来说……完全是属于表音文字的体系。"② 不仅让我们了解到假借字的正确统计方法、根据形义研究不能得出准确数据的原因，更重要的是，姚文以统计数据证实了在形声结构定于一尊之前，汉字有过以记录语音为主的阶段③——尽管就此将这个阶段的汉字定名为"表音文字"尚有可商榷之处。

综上所述，早期汉字的职能主要是记录语音的，后来走上了形声化的道路，形声优势从春秋战国之际形成后，一直延续至今。④ 在这一过程中，大量形声字是通过添加形旁（意符）产生的。说

---

① 古文献研究方面，钱玄《秦汉帛书简牍中的通借字》（《南京师范学院学报》1980 年第 3 期）在进行比较后，得出结论："秦汉之际的帛书简牍中的通借字，较现有的先秦古籍多出 6 倍以上。"王力《中国语言学史》（山西人民出版社，1981 年）指出乾嘉学派的代表人物之所以能够在训诂研究方面取得突破，是因为认识到典籍中同音的字有同义的可能；并批评了自许慎以来"重形不重音"的观点。

② 姚孝遂《古汉字的形体结构及其发展阶段》，载《古文字研究》第 4 辑，中华书局，1980 年。

③ 早在 20 世纪 30 年代，魏建功《古音系研究》（中华书局，1935 年）由古音系研究便认识到："汉以前文字简直完全写音，不为一语特造一字，但假同音字之形。"而纳西文字资料亦可做比较与参照，详见方国瑜编纂、和志武参订《纳西象形文字谱》（云南人民出版社，1995 年）、喻遂生《一封最新的东巴文书信》（载《纪念王力先生百年诞辰学术论文集》，商务印书馆，2002 年）、万业馨《应用汉字学概要》（安徽大学出版社，2005 年）。

④ 形声结构定于一尊的历史进程约略如下：《甲骨文编》正编中，形声字约占见于《说文》者总字数的 23%；西周到西周末期形声字约占当时总字数的 50% 左右；春秋战国之际上升为 75%—80%；现代汉语通用字中，形声结构仍占 80.5% 左右。详见万业馨《应用汉字学概要》（安徽大学出版社，2005 年）所做统计并本所引。

明汉字仅仅通过记录语音的途径不能完全满足对应语言单位的需求，而这是由汉语的特点所决定的。

首先，是语言的音节构成——语言单位包含的音节数量。各种语言的单位常常有多种音节组合方式，从单音节到多音节不等。根据 F.W. 卡埃丁（1898）对将近 1100 万德语单词所作研究得到的音节长度和出现率的关系所作图表，可以了解到德语单词音节数由单音节到 15 音节不等；最多的可高达 15 音节。[1] 而汉语缺少这样丰富的变化形式，因此无法通过音节组合的变化在不同语词中形成对立，只能求助于字形的变化。

其次，汉语音节构造由一声、一韵拼合而成，相对单纯，音节数量因此颇受限制。根据《现代汉语词典》所列，汉语普通话共有 418 个声韵组合，分四声（有的音节并非四声俱全）并加上轻声后，共有 1335 个音节。[2]（从这里也可以看到声调的重要。）

再次，上述特点决定了汉语同音词和同音字数量之多远远超过了其他语言。据有关统计，《现代汉语词典》所收一万多汉字中，下列音节对应的同音字[3]都不少于 100 个：

表 2

音节	对应的同音字数	音节	对应的同音字数	音节	对应的同音字数
yi	177	xi	130	lu	115
ji	163	zhi	128	qi	111

---

[1] 转引自戴维·克里斯特尔《剑桥语言百科全书》中译本（中国社会科学出版社，2002 年）。

[2] 有关音节数统计从 1957 年到 2002 年诸家所得数据各有不同。此处所用蒙中国社会科学院语言研究所词典编辑室谭景春先生提供。

[3] 安氏所说的"同音字"，指的是有同样的声母和韵母，而不是声韵调全同的严格意义上的同音字。

（续表）

音节	对应的同音字数	音节	对应的同音字数	音节	对应的同音字数
yu	139	jian	119	wei	111
li	133	fu	118	shi	109

此外，还有 218 个音节对应的同音字从 20 个到 94 个不等。以上相加共 7901 个字，占整部词典所收总字数的 79%。①

同音词的数量也是相当可观的。据有关统计，汉语同音词占词总数的 6.8%—11.8%，其中比较常用的复音同音词为 2210 组，包括 5026 条，约占复音词总数 12%。"绝大多数的同音词群包括两个条目，包括三条、四条的同音词群次之，也不乏含五条、六条的同音词群，最大的词群包括七条同音词"，例如"韭菜/酒菜，浮力/福利，期中/期终，肌肉/鸡肉，公正/公证"等。②由于中文信息处理所用拼音输入法不分声调，选择的范围相应扩大，例如"面谈/免谈/面瘫/棉毯，意义/异义/一一/异议/一亿/依依/熠熠/奕奕/疑义/意译，例子/离子/粒子/栗子/李子/梨子/里子"等。

对于一些十分常用的词，甚至会因此改变说法以避免误解。为避免与"期中"相混，将"期终"改为"期末"就是典型的例子。

区别同音词的办法常见有两种：一是利用语境，在有语境存在的情况下，同音一般不会造成误解。这也是为什么在文字符号体系形成的初期，假借大量存在而并未造成理解困难的原因。二是利用书写符号的形体差别——同音不同形。例如英语中的 two/

---

① 安子介《汉字的再认识》，载《第二届国际汉语教学讨论会论文选》，北京语言学院出版社，1988 年。

② 王志武等《同音词辨析》，北京语言学院出版社，1992 年。

too，buy/by，dear/deer，for/four，hour/our，peace/piece，right/write 等。德语中的 Malen/Mahlen，Seite/Saite，Leere/Lehre，Meer/Mehr，Laichen/Leichen，Wahl/Wal，Miene/Mine 等。

因此，不难理解汉字符号体系形声化的进程能够得到认可的原因。尽管就形体而言，这一进程明显是一次繁化的过程。这是汉字为什么会与其他古老文字体系分道扬镳，走上独特发展道路的原因，也是拼音无法代替汉字的根本原因。

（二）从汉语拼音的运用看拼音能否取代汉字

1956 年《汉语拼音方案（草案）》发布。由于是普通话的拼音方案，此后，掀起了学习普通话和汉语拼音的热潮，尤其是学校，普通话成为校园语言，小学生进校后首先要学拼音。但在生活中使用拼音的实际情况如何？

小学生在初学拼音时热情高涨，因为这有利于他们的书面表达。在遇到尚未学过的汉字时，他们可以加入拼音帮助自己完整表达意思。笔者就曾经收到过一年级小学生写的留言条，包含三种形式：一是学过的汉字，二是同音别字，三是拼音。

整个 20 世纪 80 年代，高考语文试题中都有拼音的内容。这是一种很重要的引导。加上学生从小就学过拼音，这样的内容理应驾轻就熟，顺利完成。然而事实是：在掌握了一定数量的汉字以后，学生往往只是在查阅工具书时通过拼音了解字词的正确读音。显然，拼音对于他们，只是拐棍，是得以认识汉字的桥梁。因此，在迎接高考的总复习中，汉语拼音成为必不可少的项目。经过突击，大部分人可以顺利过关。不幸落马者常常由于两种原因：一是方言的影响，二是掌握的字词量不够丰富。

一些相关的叙述从另一个侧面印证了上述事实：80年代在中国留学的外国学生认为在中国学会了拼音却没有广泛使用的条件。他们接触的很多中国人（包括翻译、工作人员、甚至学文科的朋友）都不会汉语拼音。他们在学习中往往很难得到帮助。[1]

而心理学研究与汉字教学研究则通过多种方法了解到学生对汉字结构了解的时间和形成理性认识的进程。这对我们认识上述现象的成因是很有帮助的。

研究结果显示：加工字义比加工字形、字音更复杂；对低频字的加工过程一般是"字形—字音—字义（或字音、字义同时）"，而高频字则可以是"字形—字义—字音"；大学生对语义的分辨比对语音的分辨更敏感，而小学生相反，对语音的分辨比对语义的分辨更敏感；小学五、六上下的学生在答题时对不常用的字的音义多采取不回答的做法，而初中到高中的学生越来越多地采取推测或估猜的办法；语义编码在语词记忆中的效用优于语音编码，因为前者属于深水平的加工，后者属于浅水平的加工。[2]

综上所述，认识语义是汉字加工的最终目标，到达语义意味着深水平加工的完成。由于汉语同音字和同音词特别多，通过语音连接语义的过程需要分辨与选择的时间。鉴于高频字往往是学

---

[1] 杨甲荣《〈汉语拼音方案〉在对外国学生汉语教学中的作用》，《文字改革》1983年第9期。

[2] 艾伟《阅读心理·汉字问题》（第五章第五十二节），中华书局，1949年；彭聘龄、郭德俊、张素兰《再认性同一判断中汉字信息的提取》，《心理学报》1985年第3期；彭聘龄、郭德俊、张素兰《回忆性同一判断中汉字信息的提取》，《心理学报》1986年第3期；陈宝国、彭聘龄《汉字识别中形音义激活时间进程的研究（Ⅰ）》，《心理学报》2001年第1期；陈宝国、王立新、彭聘龄《汉字识别中形音义激活时间进程的研究（Ⅱ）》，《心理学报》2003年第3期；喻柏林《语音和语义编码在语词记忆中的相对效用》，《心理学报》1986年第2期。

习者学习多次的字，字形与音义的连接已经比较稳固。见到这部分字，省略语音转换的环节，提高反应速度是很自然的，因此形义通道的形成是必然的。

不仅在中国，在国外的汉语教学中也有同样的现象。黎天睦曾提到学习者到了中级阶段在这方面发生的变化："汉字阅读速度和流利程度提高了。读拼音的流利程度开始下降。"[①]

使用拼音的真正高潮出现在信息化时代。但无论是电脑中文信息处理还是手机短信，绝大多数人使用的是通过拼音输入汉字的方法，拼音只是转换的工具。因为了解拼音（尤其是在没有标出声调的情况下）指向的语义必须有语境的帮助，相比之下，汉字对语义的指向更直接。

在利用电脑进行中文信息处理时，尽管形码的研制一度出现过"万码奔腾"的热闹景象，但最后多数人还是选择了用拼音输入汉字的方法。原因是两方面的，其中最重要的是，用形码输入汉字时对使用者有机械记忆的要求。而拼音输入则可以在看见拼写结果——汉字——的情况下主动选择。

目前更为普遍的，是手机的使用。而且绝大多数手机使用者同样采用通过拼音输入汉字的方法。不会拼音或拼音不准确的干脆用手写，这也是具有手写输入功能的手机市场前景看好的重要原因。而懂中文的外国人到中国时，往往会换一张手机卡——省钱；或者更直接，买一个中国手机，既省钱又省事——可以发中文短信。

虽然，有关拼音能否取代汉字的讨论还没有结束，但中国至今仍然在普遍使用汉字，因此汉字教学仍然是对外汉语教学的重

[①] 黎天睦《现代外语教学法·理论与实践》，北京语言学院出版社，1987年。

要组成部分，尚未彻底改变滞后局面的汉字教学仍然需要有志者的不懈努力，以帮助学习者更好地学习和掌握汉字。

第三节　词·语素·汉字教学[①]

对外汉语教学大都是以词为基本单位展开的。近年来，有学者提倡以汉字为纲，[②]"词本位"似有让位于"字本位"的趋势，但汉字教学相对滞后的状况却没有从根本上得到改善。笔者以为，造成这一现象的主要原因是，受英语作为第二语言习得理论的影响，以往的对外汉语教学往往将汉字教学和词汇教学割裂开来，而新近提出的理论、方法并没能很好地解决这一问题。虽然主张"词本位"的前辈学者早就呼吁要正确对待汉字和词的关系，[③]主张"字本位"的学者也申明他们是以"解决汉语、汉语教学以及汉语教材中的内部矛盾，即字与词之间的冲突"[④]为目标的，

---

① 本节摘自施正宇《词·语素·汉字教学初探》，原载于《世界汉语教学》2008 年第 2 期。

② 白乐桑《汉语教材中的文、语领土之争：是合并，还是自主，抑或分离？》，载《第五届国际汉语教学讨论会论文选》，北京大学出版社，1997 年；白乐桑、张朋朋《汉语语言文字启蒙》（Ⅰ & Ⅱ），华语教学出版社，1997 年。

③ 徐世荣《树立"词本位"的教学观点——正确对待汉字和词的关系》，《小学数学研究》1981 年第 4 期。

④ 白乐桑《从"字本位"到口语表达策略》，载李振清、陈雅芬、梁新欣主编《中文教学理论与实践的回顾与展望》，师大书苑有限公司，2005 年。

一些学者更是将"字本位"的概念融入"词本位"的框架之中，[①]但词汇教学和汉字教学之间的"楚河汉界"依然存在，两者"划江而治"的局面依然严峻。汉字以其形体记录汉语词的音和义，字音和字义源于汉语，只有字形才是属于汉字本体的。如果我们把源于汉语的字音和字义看作汉字教学的"皮"，把字形看作汉字教学的"毛"，那么，用一句众所周知的成语就可以很形象地概括目前对外汉语字词教学面临的现状，这就是"皮之不存，毛将焉附"。忽视汉语的字词联结，是对外汉字教学，同时也是对外汉语教学的症结所在。从文字和语言记录与被记录的关系出发，笔者主张将汉语的字词关系界定为汉语词及其书写形式的关系。本节试图就这一主张所包含的汉语字词教学的基本理念和教学方法展开论述。

一、从《汉语言文字启蒙》看对外汉语字词教学的基本理念

"词本位教学法"是根据词的使用频率和汉语的句法结构来安排词的出现顺序的。而汉语的结构和汉字的结构各有其自身的规律性，以词为基本单位的教学法无法照顾用来写词的汉字的难易程度，它的结构方式也被忽略了，汉字教学因此无法有效地展开。也许是认识到了以往教学法的局限，1986 年，在法国

[①] 贾颖《字本位与对外汉语词汇教学》，《汉语学习》2001 年第 4 期；刘晓梅《字本位理论和对外汉语词汇教学》，《广东外语外贸大学学报》2004 年第 4 期；王骏《在对外汉语词汇教学中实施"字本位"方法的实验报告》，《暨南大学华文学院学报》2005 年第 3 期。

出现了一部以单字为唯一教学单位的教材 Methode prgramee du Chinoismodeme（N. Lyssenko & D. Weurlesse，1986），其宗旨是"在尽短的时间内让学生吸收尽量多的汉字：从部首、象形字入手，延伸到所有相关的字汇"[1]。该教材首次将真正的"字本位"的观念纳入汉语教学的课堂实践之中，但此书过于专注汉字，忽略了词的使用频率这一重要因素，给汉语教学带来了许多矛盾和问题，这一致命弱点使得该书很快就退出了讲台。

1989年，《汉语言文字启蒙》（白乐桑、张朋朋，以下简称《启蒙》）在法国问世，书中所蕴含的教学方式和教学理念后来被称为"字本位教学法"。[2]但是，究竟什么是"字本位教学法"呢？由于没有明确的定义，人们只得依据书中的内容和编者的表述来加以分析判断。

早在《启蒙》中译本面世之前，张朋朋（1992）就著文说明该教学法是"从汉字入手教汉语……把汉字看作汉语教学的基本单位"[3]。白乐桑（1997）也表明："全面处理汉字作为汉语教学的基本单位……是该教材的特点。"[4]由于书中加入了笔画分解、字源分析及结构分析等内容，所以他们所说的"字"指的应该是词的书写符号，是文字学意义上的汉字，换言之，作为书写符号的汉字是为《启蒙》编者所认可的基本教学单位。事实上，《启蒙》也确实被看作是"字本位"的经典之作。但仔细分析之后，我们

---

[1] 白乐桑《汉语教材中的文、语领土之争：是合并，还是自主，抑或分离？》，载《第五届国际汉语教学讨论会论文选》，北京大学出版社，1997年。

[2] 张朋朋《词本位教学法和字本位教学法的比较》，《世界汉语教学》1992年第3期。

[3] 同[2]。

[4] 同[1]。

发现，这本书罗列 400 个汉字的依据并不是文字符号系统的构形规律，字与字之间没有任何联系；它所依据的仍是由字所组成的词的使用频率。[1] 所以，即使是从编者表述的文字符号的角度出发，《启蒙》也称不上是真正意义上的"字本位"——我们不妨称之为"准字本位"，因为它只看到了汉字作为个体的零散的分布而忽略了其作为符号系统的内在的结构规律，而忽视汉字的系统性恰恰是"词本位"教学法遭人病诟的症结所在，从这个意义上说，《启蒙》重蹈了以往"词本位"教学法的覆辙，因而也就无法从根本上改变对外汉字教学的现状。[2]

不过，从该书的编写体例上看，词仍然是《启蒙》所遵循的基本教学单位之一，因为研究者发现，《启蒙》虽然加入了汉字

---

[1] 《启蒙》中文版第 1 册第 1 页的"TABL EOFCONT ENTS"中列有"Table of 400 Characters"，但却在正文出现的第 15 页译作"TABLE OF 400 SINOGRAMS"。同样，在第 2 册第 2 页的"TABLE OF CONTENTS"中列有"Table 0f 900 Characters in Complex Form"，但却在正文第 258 页下出现的注释中两次译作"sinog rams"。究竟是 character 还是 sinogram？抑或两者都是？前后不一致的译法或许可以说明编译者的矛盾心理。

[2] 几乎是与《启蒙》同时问世，徐通锵《"字"和汉语的句法结构》(《世界汉语教学》1994 年第 2 期）提出了著名的"'字'是汉语语义句法结构的基本单位"的主张。由于国内的读者迟迟未见《启蒙》之真容，《启蒙》的编者也没有给"字"以明确的定义，是人们纷纷将张、徐二氏所说的"字"系联在一起。但从实质上看，两者所指并非同一概念。徐通锵《字和汉语语义句法的基本结构原理》(《语言文字应用》2001 年第 1 期）指出："字是汉语对现实进行编码的基本单位，是音义关联的基点，它的基本特点就是'一个字·一个音节·一个概念'的一一对应。"张朋朋《谈"字本位"的内涵》(《汉字文化》2005 年第 4 期）认为："'字本位'是一种如何看待文字系统的观点，不是如何看待语言系统的。语言有语言的基本单位，语言研究不存在'字本位'的问题。"很显然，徐氏所指是语言的结构单位，是第一性的；张氏所指是文字的书写符号，是第二性的。由于两者所指并不在同一个结构层次上，将《启蒙》与徐通锵的观点相提并论是一种误会。

的元素,但全书始终贯穿的是把词作为基本教学单位的观念;①而且"如果把'汉字'这一模块拿掉,《启蒙》就和常见的词本位教材没有任何区别。……总体上看,《启蒙》是以词本位为框架的,只是增加了一个字本位的'汉字'模块,并且在编写过程中,时刻留意汉字问题"②。因此,《启蒙》所遵循的仍然是"词本位"教学法。

再者,从书中所列 Sinograms 看,编者首先将生词表中出现的词语分解到了词的下一级语言单位"语素"(包括可以独立运用的和不能独立的),然后再由语素扩展到词(或词组),并由此组成了众多词族,例如:

家:公家、大家、国家、文学家、书法家、老人家(《启蒙·Ⅰ》第 67 页)

费:费力、费事、费心、费用、经费、路费、小费、学费(《启蒙·Ⅱ》第 136 页)

显然,语素也是《启蒙》的一级教学单位。实际上,《启蒙》所主张的教学单位是词,是语素,也是汉字。三者以词为起点,通过语素的衔接、转换达到"准字本位"。因此《启蒙》的真正价值是它所蕴含的词·语素·汉字三者结合的汉语字词教学理念。尽管《启蒙》的教学模式有待进一步完善,但仍不失为一种有启发意义的教学方式。

---

① 任瑚琏《字、词与对外汉语教学的基本单位及教学策略》,《世界汉语教学》2002 年第 4 期。

② 刘颂浩《对外汉语教学中的本位之争》,《汉语教学学刊》(第 3 辑),北京大学出版社,2007 年。

二、对外汉语教学词库的构建

　　词是现代汉语中可以独立运用的最小的音义结合体，也是汉语教学的基本单位；学习者掌握词的多少在很大程度上标志着其汉语能力的高低，失去了词汇教学的支撑，汉字教学也就没有了存在的价值。因此，对外汉字教学不是单纯的识字教学，而是以汉语能力为依托的汉字教学，同时也是以汉字教学为核心的汉语教学；任何超越学生实际汉语水平的汉字教学尝试都不可能取得实效。因此，词不仅是对外汉语教学，同时也是汉字教学的基本单位。

　　以词为基本单位，对外汉字教学首先要解决的是教学词库的构建。笔者在这里提出教学词库的概念，指的是课堂教学中所要讲解和使用的词的集合，它应该包括即知词库、心理词库和欲知词库等三个子词库。教学词库的构建首先要依据词的使用频率，因为心理学家的研究表明词频是影响词语识别阈限的一个重要因素；同时我们还要注重学习者的语言环境和心理因素，因为语境是影响词的识别的重要因素，而学习者的心理定势和情绪状态也是影响词语习得的一个主观变量。[1] 初中级教学词库的构建还要受到汉语句法结构的制约。在这种情况下，对学习者已知、即知和欲知的词汇进行前期预测就成了构建教学词库的关键。

　　即知词库指的是教材规定的学习者在课堂教学中应该学会使用的词的总和，这些词一般集中出现在教材的生词表中，但也不排除那些在课文中出现，学习者未知却为生词表漏掉的词语。

---

　　[1] 彭聃龄、谭力海《语言心理学》，北京师范大学出版社，1991年。

心理词库又叫已知词库，指的是已经贮存在学习者头脑中的词的总和。学习者的年龄、国籍、民族、宗教信仰、习俗禁忌、生活经历以及知识结构等因素时时左右着心理词库的基本内容，每个学习者都有着不同于其他人的心理词库，因此，心理词库具有复杂多变的特征。

欲知词库指的是以上两个词库以外的学习者未知而想知道的词的总和。它大多是由学习者的兴趣、身份、环境以及社会关注焦点决定并时常发生变化的，具有强烈的个性化特征和时间性特征。在这个问题上，非专题性的通用教材不可能完全满足不同学生的各种需要。

即知词库、心理词库和欲知词库联合构成了教学词库，但三者在其中的地位是不同的。即知词库是课堂教学的主要内容与核心，是强制性的；心理词库和欲知词库是以即知词库为主线而展开的，它们的存在是以即知词库的习得为前提条件的，是构成教学词库的重要内容。即知词库决定了教学词库相对稳定的特征；心理词库和欲知词库是对学生已知和欲知词语的预测，教学词库因此具有开放性的特征。

如果我们把教学词库中的每个子词库都看成是一个集合的话，那么，三个子词库交集容量的大小就对课堂教学的难易程度有着重要影响。对于零起点或初级阶段的学习者来说，源于教材的即知词库的含量较小，心理词库和欲知词库的含量等于或略大于零。三个子词库之间没有或几乎没有重合，即三者的交集略大于零。这时，教学词库的容量较小，学习者词汇习得的能动性较低，教学难度相对较大。随着学习者汉语水平的提高，三个子词库的含量逐渐扩大，并逐步出现了融合的态势，三者的交集由此扩大。

这时，学习者目的语习得的能动性逐渐提高，课堂教学更具有灵活性，取得良好教学效果的可能性也就更大。

三、构建对外汉语教学字库的理论依据

汉字教学的根本目的是使学生学会书写其所记录的汉语的词，我们称之为"写词"。因此，就内容而言，对外汉字教学是以词为中心而展开的写字教学。在这个过程中，掌握必要的有关汉字学的基本知识是为了帮助学生更科学地书写词语，而不是最终目的，这与专业的文字学课程有着本质的区别。

以教学词库为素材构建教学字库，使学习者掌握教学词库的书面形式，是对外汉字教学的核心内容。但教学词库是按词语的难易、使用频率等因素排列的，没有考虑到汉字的构形规律，其中汉字是以一种无序的状态存在的，这是汉字教学的难点所在。造成这种状况的原因是多方面的：首先，汉语词的使用频率和它的书写形式的难易度并不相关。其次，目前通行的汉语教材并未把汉字的构形规律视为编写原则，这使得几乎所有的教材在词的书写形式上都无章可循。因此，以教学词库为依据，对相关的教学字库中所包含的汉字进行构形分析就成为梳理教学字库的首要任务。

对汉字进行结构分析既是汉字习得的客观要求，也是自古以来汉字教学的传统。

班固《汉书·艺文志》："古者八岁入小学，故周官保氏掌养国子，教之六书，谓象形、象事、象意、象声、转注、假借，造字之本也。"

许慎《说文解字·叙》："《周礼》八岁入小学，保氏教国子，先以六书。

班固、许慎所说的"六书"引领了中国两千年文字学的发展脉络，但究其根源，保氏所教"六书"，并非我们今天所说的汉字学理论，而是古人为开展识字教学而对以小篆为代表的古代文字进行结构分析的产物，也是古人按照六种结构方式由易而难、循序渐进地讲解汉字的教学方法，它在古代识字教学中的地位是非常重要的。但随着汉字字体的演变，至少到了清代，人们已经逐渐认识到了"六书"教学法的局限性，这在王筠的《文字蒙求》中就可以看出来。王筠青年时代曾在蒙馆当过塾师，有着多年识字教学的实践经验，又是说文大家。他在晚年为友人之孙编写童蒙识字课本时，将小学家们奉为至尊的"六书"省改为"四书"，就是为了在传统的析字方式和当时的汉字形体之间寻找交汇点，但同时也向世人宣告了"六书"权威性的终结，因为用"六书"来分析后世汉字结构、进行识字教学已经不合时宜了。

20 世纪末，随着中文信息处理技术的发展，部件分析法应运而生。[1] 下面是几家对部件的定义：

傅永和：部件是构成合体字的最小笔画结构单位，其下限必须大于基本笔画，上限小于复合偏旁。从功能上看，部件并不一定具有音、义；从存在形式看，它是一个独立的书写单位，不管笔画多么复杂，凡是笔画串联在一起的，都作为一个部件看待。[2]

费锦昌：部件是现代汉字字形中具有独立组字能力的构字单位，它大于或等于笔画，小于或等于整字。[3]

---

[1] 张普《汉字部件分析的方法和理论》，《语文研究》1984 年第 1 期。

[2] 傅永和《汉字结构和构造成分的基础研究》，载陈原主编《现代汉语用字信息分析》，上海教育出版社，1993 年。

[3] 费锦昌《现代汉字部件探究》，《语言文字应用》1996 年第 2 期。

钱乃荣：由若干笔画按散、连、交三种形式结合在一起，形成相对不变的结构块，这种结构块称部件，又称字根。①

部件是为研制计算机键盘输入而对汉字进行穷尽式切分的产物，它既继承了"六书"结构分析的理念，又化解了现代汉字形、音、义之间的矛盾，曾受到学者的普遍关注，②将部件分析法应用于对外汉字教学中的呼声也日渐高涨。③但是早期的部件分析法源自计算机技术的发展，不可避免地受到电脑键盘数量的限制，形体小而数量少；同时，由于没有文字学的背景，电脑工程师切分出来的部件的最大特征就是重形体而轻理据，带有较强的非理性因素。此后部件的内涵虽几经演变，但其非理性因素并未消失，运用于教学明显先天不足，就连主张部件教学的人也认为它"并不完全适合对外汉语教学的需要"④。

近年来，李大遂提出了以偏旁为分析汉字结构的基本单位的主张："偏旁是汉字体系中最重要的结构单位……以偏旁为纲推展汉字教学，可取纲举目张之效。"⑤以汉字的音、义为基本线

---

① 钱乃荣《现代汉语》修订本，江苏教育出版社，2001年。

② 傅永和《汉字结构及其构成成分的统计及分析》，载陈原主编《现代汉语定量分析》，上海教育出版社，1989年；傅永和《汉字结构和构造成分的基础研究》，载陈原主编《现代汉语用字信息分析》，上海教育出版社，1993年；费锦昌《现代汉字部件探究》，《语言文字应用》1996年第2期；王宁《汉字构形理据与现代汉字部件拆分》，《语文建设》1997年第3期。

③ 张旺熹《从汉字部件到汉字结构》，《世界汉语教学》1990年第2期；崔永华《汉字部件与对外汉字教学》，《语言文字应用》1997年第3期；凌燕《论对外汉字教学中的部件教学》，《云南师范大学学报》（对外汉语教学与研究版）2004年第2期；万业馨《应用汉字学概要》，安徽大学出版社，2005年；李明《常用汉字部件分析与对外汉字教学研究》，北京语言大学硕士学位论文，2006年。

④ 崔永华《汉字部件与对外汉字教学》，《语言文字应用》1997年第3期。

⑤ 李大遂《简论偏旁和偏旁教学》，《暨南大学华文学院学报》2002年第1期。

索简化"六书",传统的识字教学由此得出了"左偏右旁"的二分法。与部件教学法相比,偏旁分析法的最大特点就是有理性,带有较强的可操作性。现代汉字几经演变,部分形体(包括偏旁)十分相似。从汉字认知的角度来看,字体的相似度越大,其模糊度越高,辨别、记忆的难度系数也就越大。为此,笔者主张在偏旁分析法的基础上,以汉字的形、音、义为基本线索,梳理并构建教学词库的书写形式,这样,汉字的构形理据就可以清晰地显现出来,便于操作。

四、对外汉语教学字库的构成

以汉字的构形原理为指导,以汉字形、音、义为线索对教学词库的书写形式进行梳理,可以得到三个子字库:字形字库、意符字库和声符字库,三者联合构成教学字库。

字形字库指的是以汉字形体的最大相似度为基本特征组成的字的集合。汉字形体的相似度取决于其书写元素和组合方式,书写元素包括笔形、笔画数和部件,组合方式指的是书写元素的位置关系及结构方式。汉字形体相似度的高低则关乎汉字识别、记忆的难易程度。例如任何人都不会把"二/餐""丁/愚"相混淆,因为二者不具有形体相似的特征。但下面各组所含的偏旁和汉字则极易相混:礻/衤、冫/氵、午/牛、小/少、乃(奶)/及、儿/几、刀/力、爪(抓)/瓜、八/人/入、木/禾/术、甬(通/痛)、住/往、李/季、帅/师、噪/噪、陪/部、特/持、土/士、干/千/于、田/由/甲(鸭)申/电,等等。因为它们在书写元素、组合方式乃至字形轮廓上都具有极大的相似度,学生书写这些汉字的错误率也比较高,而字形字库的构建将有利于学生在对比的基础上提高汉字识别、记忆的效度。

意符字库指的是由以参构汉字的意符为共同特征组成的汉字的集合。研究表明现代汉字的意符仍然具有较高的表意功能,[①]这种表意功能是通过不同的方式和层次显现出来的。

表 1　现代汉字意符表意层次和表意方式

表意层次	表意方式	说明	举例
显性表意 意符与参构汉字的意义联系是建立在人类文化通感的基础上并通过意符直接显现出来的,意符与字义具有一目了然的逻辑关系。	同位表意	意符义和它所要表达的字义具有语义相等的关系。	父与爸
	上位表意	意符义与它所要表达的字义具有一般与个别的关系。	饣与饭、饺、饼、馒、馄、饨
	下位表意	意符义与它所要表达的字义具有个别与一般的关系。	氵与液
	提示表意	意符义对由该意符参构的汉字字义具有一定的提示作用。	足与跑、跳、踢
隐性表意 意符义与参构汉字的意义关系隐含于汉字形成的社会生产与主观意识之中,所表之义是隐含于造字时代的人文历史之中的。	特征表意	意符义具有它所要表达的字的某种特征。	纟与红、绿、紫
	心理表意	意符所要表达的意义受制于汉字形成时期人们的主观意识和文化心理。	女与奸、嫌、妄

---

① 费锦昌、孙曼均《形声字形旁表义度浅探》,尹斌庸《关于汉字评价的几个基本问题》,载中国社会科学院语言文字应用研究所编《汉字问题学术讨论会论文集》,语文出版社,1988年;施正宇《现代形声字形符表义功能分析》,《语言文字应用》1992年第4期;康加深《现代汉字形声字形符研究》,载陈原主编《现代汉语用字信息分析》,上海教育出版社,1993年。

意符的表意功能是影响汉字习得的一个重要因素，也是构建意符字库的心理学基础，而意符表意方式和表意层次的划分，则是构建意符字库的文字学基础。

声符字库指的是由以参构汉字的声符为共同特征组成的汉字的集合。对现代汉字声符表音功能的研究，依据的材料、方式不同，得出的统计数据也不尽相同，[①] 其中，李燕和康加深采用的是 7000 通用汉字，万业馨采用的是《汉语水平词汇与汉字等级大纲》，两者所用材料虽然不同，但由于方法一致，得出的结论也比较接近（详见表 2）。

表 2

| 声符与形声字的关系 ||| 百分比 / % ||
声	韵	调	李燕和康加深	万业馨
+	+	+	37.51	31.03
+	+	−	18.17	17.44
+	−	+	3.88	3.1
−	+	+	5.61	8.1
+	−	−	4.35	3.6

[①] 丁西林《现代汉字及其改革的途径（上）》，《中国语文》1952 年第 8 期；叶楚强《现代通用汉字读音的分析统计》，《中国语文》1965 年第 3 期；周有光《现代汉字中的声旁表音功能问题》，《中国语文》1978 年第 3 期；陈亚川《六书说、简体字与汉字教学》，《语言教学与研究》1982 年第 1 期；苑可育、高家莺、敖小平《论方块汉字和拼音文字的读音规律问题》，《文字改革》1984 年第 3 期；尹斌庸《关于汉字评价的几个基本问题》，载中国社会科学院语言文字应用研究所编《汉字问题学术讨论会论文集》，语文出版社，1988 年；李燕、康加深《现代汉语形声字声符研究》，载陈原主编《现代汉语用字信息分析》，上海教育出版社，1993 年；龚嘉镇《现行汉字形音义关系研究》，湖北人民出版社，1995 年；孟坤雅《声旁能不能在对外汉字教学中发挥作用？——声旁问题的再考察》，载《第六届国际汉语教学讨论会论文选》，北京大学出版社，2000 年；万业馨《应用汉字学概要》，安徽大学出版社，2005 年。

(续表)

声符与形声字的关系			百分比 / %	
声	韵	调	李燕和康加深	万业馨
-	+	-	10.56	15.29
-	-	+	7.22	5.15
-	-	-	12.70	16.29

认知心理学的研究表明：在汉字习得的过程中，"形声字的读音是由两种因素共同决定的，一个是声旁的读音，它提供了字下水平的语音线索；另一个是邻近字的读音，它提供了字水平的读音线索。一个目标字的读音是这两种因素综合作用的结果"[1]。这是以教学词库为基础构建声符字库的心理学依据，而对声符表音功能的测查则为声符字库的构建提供了文字学的依据。

事实上，构建声符字库的意义是多方面的，我们通常所说的字音线索只是一个方面。因为形声字虽然占到现代汉字的 90% 以上，但仍然有 10% 的汉字没有声符，而且声符的表音效果虽然是汉字教学可以利用的一个条件，但其表音效果并不十分理想。心理学的研究还表明，那些理想的表音声符所能提供的语音线索也只在低频字中起作用，[2] 因此，我们不能期待声符字库的构建能够解决全部汉字的读音问题。构建声符字库的意义还应包括以下两个方面，一是声符所提供的字形线索具有分类学的意义，二是部分声符具有表意作用。

---

[1] 彭聃龄、杨珲《汉字的读音及其在字义提取中的作用》，载彭聃龄主编《汉语认知研究》，山东教育出版社，1997 年。

[2] Seidenberg, M. S. (1985). The time course of phonological code activation in two writing systems, 参见彭聃龄主编《汉语认知研究》，山东教育出版社，1997 年。

五、教案实例分析

为说明问题,笔者试以为北京大学对外汉语教育学院汉语(精读)4班设计的教案为例。4班学生汉语程度为准中级(初高级),所设课程及使用教材如下:

表3

课程	教材
汉语(精读)	《博雅·加速》(Ⅰ),李晓琪、黄立、钱旭菁编,北京大学出版社,2004年
口语	《初级汉语口语》(提高篇),戴桂芙、刘立新、李海燕编,北京大学出版社,2004年
听力	《汉语初级听力教程》(下册),林欢、陈莉编,北京大学出版社,2000年

上述教材在编写时并未将汉字的构形规律纳入设计范畴,笔者为了探索汉字教学的规律,使之形成一定的系统,试以《加速》(Ⅰ)第四单元(含两课)以及较早或同一时段(大致)的口语、听力教材中的词语为主,构建教学词库的各个子词库:

第一,遴选教材中出现的由具有共同构形特征的汉字组成的词语,并在此基础上构建即知词库。例如《加速》(Ⅰ)第四单元含有这样三个词语:莫扎特、羡慕、一模一样。这三个词语都是由含有声符"莫"的汉字组成的,三者构成了即知词库。

第二,预测由具有同一构字特征的汉字组成的、学生已经掌握的词语,并在此基础上构建心理词库。预测的主要依据是学生的学习经历和生活环境,如出现在较早或同一时段的口语教材中的"模仿""银幕""羡慕"等词和听力教材中的"模范""羡慕"

等词；又比如在华学生为消磨时光常看光盘，熟悉"字幕"；"莫斯科"是来自独联体国家的学生心目中一个重要的地理名词；而且，对初级学生来说，"莫扎特""莫斯科"的习得还可让他们获得一条有关汉语词语的知识："莫"常用来音译外国的人名和地名。这些词应该已进入学生的心理词库。

第三，预测由具有同一构字特征的汉字组成的、能够引起学生关注热点的词语，并在此基础上构建欲知词库。由于汉语4班的学生大多是初次离家来到中国，很可能想表达"寂寞"的感受；一些学生来自沙漠地区，非沙漠地区的学生也会具有较强的环境意识，他们应对"沙漠"一词有兴趣。"寂寞""沙漠"构成了欲知词库。

此时教学词库的书写形式处于一种无序的状态。

上述词语都是由含有声符"莫"的汉字组成的，因此可以首先以这些汉字为素材构建声符字库。此时，教学词库中参构词语的其余汉字以及声符字库中的意符还处于个体的零散状态，不具备构建字库的基本条件。

表4

教学词库（无序）		教学字库		
		声符字库	意符	声符
即知词库	莫扎特、羡慕、一模一样	莫	（卄、日、大）	莫
心理词库	精读	摸	摸	扌＝手	
	口语	模范、羡慕	模	木	
	听力	模仿、银幕、羡慕	漠	氵＝水	
	其他	字幕、莫斯科	寞	宀＝房子	
欲知词库	沙漠、寂寞	幕	巾	
		慕	小＝心	

以声符"莫"为基本线索，以由"莫"组成的汉字以及该汉字所代表的汉语语素为起点，构建教学词库的有序形式，并在此基础上扩展学生的汉语能力。

表 5

声符字库			教学词库（有序）	扩展
声符	汉字·语素	读音	词	
莫	莫	mò	莫扎特、莫斯科	由"莫"组成的外国人名、国名
	摸	mō	摸	摸 + 宾语
	模	mó	模范、模仿、一模一样	组词造句
	漠	mò	沙漠	造句
	寞	mò	寂寞	造句
	幕	mù	银幕、字幕	文种 + 字幕
	慕	mù	羡慕	羡慕 + 宾语

在遵从词语使用频率、汉字构形规律和语言认知规律的前提下，预测、构建教学词库。梳理教学词库的书写形式——教学字库，是对外汉语字词教学的基本要求。在这个过程中，如何将教学词库和教学字库的容量控制在一个适度合理的范围内，是需要特别注意的问题。例如，以"莫"为声符的字有"模、摹、膜、谟、馍、摸、寞、漠、镆、蟆、慕、幕、暮、募、墓"等，以这些汉字构成的词语数以百计，其中包含了口语词、书面语词、方言词、古语词和专业术语等，即使针对程度较高的学生，也不可能把这些词语全部装进某一教学单元的词库之中。忽视具体的教学对象和教学目的，任意扩大教学词库及字库的容量也是有害的。

六、结语

从对外汉语教学的性质看，汉语教学的基本单位既是能够独立运用的语素，传统上称"词"；也是它的书写形式，传统上称为"字"。从教学过程看，汉语中的词和记录它的汉字就像一张纸的两面。又像是手心和手背，是不能截然分开的。这时，汉字不再是文字学意义上的"字"，而是汉语词的书写形式。因此，对外汉字教学属于语言学范畴，而不是文字学范畴。任何将对外汉字教学等同于文字学教学的主张都是错误的，会给对外汉字教学的发展带来消极的影响。汉字是汉语词的书写形式，对外汉语字词教学的主要矛盾在于如何处理汉语词和它的书写形式之间的关系。

词的下一级单位是语素，语素的书面形式是汉字；字和词互相关联，关联的基点是语素，词·语素·汉字由此构成了汉语字词教学的基本框架。在这个框架中，汉字和词是汉语教学的出发点和落脚点，是显性的；语素只有通过汉语的词和字才能显现出来，是隐性的。以词的使用频率和字的构形规律为基本线索构建教学词库和字库，做到字词兼顾，并在语素的基础上拓展学生的汉语能力和汉字能力，是词·语素·汉字这一教学理念不同于"词本位"或"字本位"教学法的本质特征。

此外，在词·语素·汉字教学理念指导下，对外汉语教材的编写，应该遵从词的使用频率、句法结构以及汉字的构形规律并重的原则。

第四节　汉字教学法的体系[①]

　　20世纪50年代，小学识字教学改革实验发轫，"集中识字法"和"分散识字法"并立而生；20世纪八九十年代是小学识字教学改革实验的高潮期，汉字教学法呈现出百花齐放、异彩纷呈的繁荣景象；2000年"小学语文识字教学交流研讨会"召开前，有定称的汉字教学法已达三十多种。[②] 汉字教学法的不断增加，促使汉字教学法在20世纪90年代中期从改革实验阶段进入理性总结、理论探讨阶段。汉字教学法的体系问题，是汉字教学法理论研究中的重要课题。分析比较各种汉字教学法的特点和优长，正确评价、恰当选用汉字教学法，从汉字教学法中总结汉字教学的理论和规律，等等，都亟须建立符合实际、科学客观的汉字教学法体系。经过戴汝潜、田本娜等的探索，[③] 汉字教学法体系已初现端倪，本研究在他们开拓的道路上继续前行，以期揭示出汉字教学法体系的真面目，并据此重新审视汉字教学中长期存在的一些问题。

　　[①] 本节摘自李润生《汉字教学法体系及相关问题研究》，原载《语言教学与研究》2015年第1期。

　　[②] 田本娜《识字教学的传承和创新》，《课程·教材·教法》2001年第3期；王宁《汉字教学的原理与各类教学方法的科学运用》，《课程·教材·教法》2002年第10、11期。

　　[③] 戴汝潜《我国小学识字教育的现状、分类与科学化问题》，田本娜《汉字教学十题》，首届小学汉字教育国际研讨会论文，1994年；田本娜《百年汉字教学的传承与创新》，载《识字教育科学化论文集粹》，中国轻工业出版社，2006年。

一、当前汉字教学法分类研究的成就与不足

建立汉字教学法体系，离不开对汉字教学法的分类。当前汉字教学法的分类研究，主要有两个角度：

（一）特征分类

戴汝潜搜集整理了有一定影响的二十多种汉字教学法，将它们分为三大类：汉字特征类、心理特征类、技术特征类。[①]"汉字特征类"包括形识法、音识法、义识法、形义法、音义法、形音义法六小类；"心理特征类"包括速记法、情趣法两类；"技术特征类"包括普通技术、现代技术两类。

戴汝潜首次对汉字教学法进行了整理与分类，通过特征提取、对立分析，揭示了不同汉字教学法的主要特点，反映了汉字教学的全貌。但这种分类"不可避免地会有某些欠妥之处"主要表现在：（1）从不同角度认识汉字教学法，提取的特征不同，分类就可能不同。例如，"从强调识字的语言环境角度看，把'分散识字'单列一类，即'语境特征类识字方法'更准确"[②]。又如，"汉字特征类"中形义法小类的"奇特联想识字""猜认识字"未尝不可以系于"心理特征类"中情趣法小类。（2）这种分类法把"已经形成完整的理论体系和教法体系"和"还只能作为辅助方法"的教学法置于同一平面上，模糊了它们研究层次上

[①] 戴汝潜《我国小学识字教育的现状、分类与科学化问题》，首届小学汉字教育国际研讨会论文，1994年。

[②] 戴汝潜《汉字教与学》，山东教育出版社，1999年。

的差异，不利于从本质上把握它们之间的内在联系。①

（二）层次分类

从整体、宏观高度研究汉字教学法，就会认识到多种汉字教学法已聚合成群，并具有了层次性。当前，"层次分类"研究从两个方面不同程度地揭示出汉字教学法之间的相互关系。

田本娜认为，多种汉字教学法应分为三个层次：第一层，大集中、大分散两种识字教学思想。第二层，集中和分散两种识字方法。集中识字方法包括集中归类识字法、字族文识字法、韵语识字法、部件识字法、炳人识字法等；分散识字法包括分散识字、"注音识字·提前读写"等。第三层，适用于集中与分散各种类别的识字方法。②

戴汝潜在梳理"集中识字"的历史发展过程中，认识到一些识字法围绕"集中识字"形成聚合群。他说："所谓'集中识字'，尽管最初是被当作'集中识字教学法'提出的，但是，按目前比较一致的认识来看，已经不应该简单地把它当作一种识字方法，准确地讲，它是一种识字教学思想。"戴文还认为，分类识字法、部件识字法、汉标识字法、成群分级识字法、字根识字法、快速循环识字法、听读识字法、双拼识字法、字族文识字法、韵语识

---

① 这里说的第二点，戴汝潜《我国小学识字教育的现状、分类与科学化问题》（首届小学汉字教育国际研讨会论文，1994年），似乎也意识到了，他说："需要指出的是上面所列出的方法，其研究层次差异是很大的，有的已经形成完整的理论体系和教法体系，有的如趣味识字、字谜识字、猜认识字、立体识字、奇特联想识字等还只能作为辅助性的方法。"

② 田本娜《百年汉字教学的传承和创新》，载《识字教育科学化论文集粹》，中国轻工业出版社，2006年。

字法和多媒体辅助教学等,都反映了相对集中的识字教学思想。[①]

　　这两种研究所取得的重要进展是:第一,提出"识字教学思想"这一术语,并将它与"识字方法"区别了开来;第二,指出"集中识字"与"分散识字"代表了两种汉字教学思想,[②]迈出了汉字教学法层次分类的关键一步;第三,正确认识到一些汉字教学法之间的关系,例如,"注音识字·提前读写"隶属分散识字法,"字族文识字"体现了集中识字教学思想。

　　毋庸讳言,上述"层次分类"还存在不少问题。首先,术语未成体系,逻辑层次不清。如田本娜的分类中,第二层与第三层都是"识字方法",第二层"分散识字法"中又包含"分散识字"。其次,未能抓住一些汉字教学法的实质内涵,未能理清它们之间的关系,如将"韵语识字法、听读识字法"等归入"集中识字"。再次,分类粗略,点到即止,还有待于深入研究。

　　总起来说,汉字教学法的"特征分类"研究和"层次分类"研究都取得了卓越成就,为探讨汉字教学法体系奠定了方法论基础,即使其中的未完善之处,也能给后来者以思考和启迪。

二、汉字教学法体系及其阐释

　　首先介绍国外教学法的相关理论研究,以期从中获得有益的

---

　　① 戴汝潜《汉字教与学》,山东教育出版社,1999年。
　　② 事实上,很多学者在论著中都表达了这种看法,尽管他们主观上并不是为了给汉字教学法分类。例如,张田若(《中国当代汉字认读与书写》,四川教育出版社,2000年)认为,我国识字教学达到可以称为"流派"条件的,是集中识字与分散识字两大流派。王宁《汉字教学的原理与各类教学方法的科学运用》(《课程·教材·教法》2002年第10、11期)认为,集中识字法与分散识字法是在整个教学的程序设计上对于识别与应用关系处理不同的两种教学法。

启示，然后在国内外研究成果基础上，构建汉字教学法体系，并予以简要地阐释。

（一）来自英语教学法研究的启示

19世纪后半叶，西欧一些国家掀起了一场外语教学的革新运动（Reform Movement），创新的外语教学法不断产生并蓬勃发展。在英语教学领域，人们讨论教学法时，往往用相同的术语表达不同的意思，用不同的术语表达实质相同的内涵。针对这种术语混乱现象，美国应用语言学家Edward Anthony重新定义了三个常用术语：教学理论（Approach）、教学方法（Method）、教学技巧（Technique）。[①]"教学理论"指关于语言性质和语言教与学本质特性的理论观点；"教学方法"是根据选择的"教学理论"对语言材料加以有序安排的总体设计；"教学技巧"指课堂教学中，为完成具体目标所运用的、操作性的策略和技艺。"教学技巧"是某种"教学方法"的具体运用，"教学方法"遵循所选择的"教学理论"，三者构成一个层级系统。Anthony构建的这个教学法层级模式在英语教学界影响深远，有力地推进了英语教学法理论的深入研究。

尽管从研究对象的本质特点而言，英语教学法与汉字教学法有很大的差异，但Anthony的研究方法和结论却给我们很多启发：（1）定义准确、逻辑清楚的术语是教学法科学分类的基础。（2）解决不同问题、承担不同任务的教学法，处在不同层次上。（3）教学法的分类要抓住根本特点，忽略次要因素。例如，影响"教

[①] Anthony, E. M., Approach, method and technique. *English Language Teaching*, 1963,17:63–67.

学方法"的因素很多,如课程目的、学习者的语言背景和年龄、教师的经验和语言水平、语言材料的有序性呈现方式等,其中,只有语言材料的有序性呈现方式才是"教学方法"的根本特点,才是"教学方法"分类的主要因素,别的次要因素则应当忽略。

(二)汉字教学法体系

借鉴英语教学法的研究成果,在已有汉字教学法分类研究基础上,我们以戴汝潜和郝家杰[①]调查整理的"21种影响较大、效果较好的识字教学法"[②]为例,建立起汉字教学法的层级体系:汉字教学思想、汉字教学方法、汉字教学技巧,每一层级包含若干汉字教学法。图示如下:

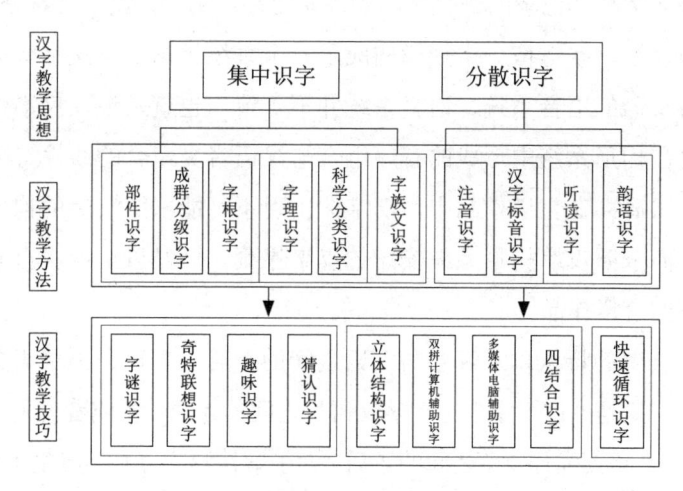

图1 汉字教学法的层级体系

---

① 戴汝潜、郝家杰《识字教学改革一览》,《人民教育》1997年第1—5期。

② 参见戴汝潜、郝家杰《识字教学改革一览》,(《人民教育》1997年第1—5期)编者按语。另外,鉴于汉字教学法同实异名的现象比较突出,本文及下表所说的汉字教学法,完全采用戴汝潜、郝家杰《识字教学改革一览》所定的名称。

（三）汉字教学法体系阐释

1.汉字教学思想：协调"识汉字"与"学汉语"之间的矛盾。

文字是语言的书写符号系统。索绪尔认为，世界上只有两种文字体系：表音体系和表意体系。[①] 表音文字字符简单，形体高度符号化，"它的目的是要把词中一连串连续的声音模写出来"，因此，表音文字体系的音义系统与语言的音义系统一致。汉字是表意体系的文字，"这个符号和整个词发生关系，因此也就间接地和它所表达的观念发生关系"。用文字训诂学家的话来说，"这种体系凭借汉语语素的意义来构造自己的个体字符，属于形义统一的符号系统"[②]。汉字的这个特点，使得它与汉语的关系远比拼音文字与其记录的语言之间的关系复杂：第一，汉字字符繁多、结构复杂，字形按一定规律构成了一个系统。第二，汉字构形系统与汉语的语音系统、语义系统并不一致。也就是说，汉字个体字符在构形系统中形成的有序组合与汉语音义组合的线性特征构成了矛盾：在言语作品中，汉字的出现不可能依照汉字的构形规律，而依照汉字构形系统安排的汉字序列，又难以组织成自然、连贯的言语作品。

汉字的特点以及汉字与汉语之间的矛盾，表现在小学语文教学上，就是"识汉字"与"学汉语"之间的矛盾，[③] 或者说是"识字"与"阅读和作文"之间的矛盾。为了解决这个矛盾，产生了"集

---

① 索绪尔《普通语言学教程》，商务印书馆，1999年。

② 王宁《汉字教学的原理与各类教学方法的科学运用》，《课程·教材·教法》2002年第10、11期。

③ 吕叔湘说："小学低年级语文课的结症在于识汉字和学汉语的矛盾。"参见吕叔湘《发挥汉语拼音方案的巨大力量，在语文教学上实现多快好省》，载李行健等主编《吕叔湘论语文教育》，河南教育出版社，1995年。

中识字"和"分散识字"两种教学思想。

"集中识字"认为，识字是阅读和作文的基础；以汉语为母语的学龄儿童已有了口语基础并掌握了相当数量的常用词，从口语过渡到书面语，汉字字形是难点，也是突破口。因此，"集中识字"从突出汉字构形规律入手，利用形声字的特点，形成了"基本字带字"为主要特色的归类识字法，并结合组词、造句等方式，掌握汉字的形音义。每集中认识一批字以后，就在阅读、写作中巩固识记的成果，并进行听、说、读、写等语言能力训练。

"分散识字"或称"随课文分散识字"，它以"字不离词、词不离句、句不离文"为教学原则，强调在语言环境中识字，把识字教学与听、说、读、写等语言训练有机结合起来，在语言训练中首先掌握字词的音义联系，然后再落实到汉字的形音联系和形义联系上。"分散识字"从汉语学习出发，让儿童在语言运用中掌握、积累汉字字符，在个体字符积累的基础上认识汉字特点、梳理汉字的构形规律，最终达到言文一致，实现汉语口语向书面语转化。

尽管"集中识字"与"分散识字"是协调"识汉字"与"学汉语"矛盾的两种对立的教学思想，但它们共同提出了关于汉字教学的一些基本理论观点：（1）汉字教学是汉语教学的一个组成部分。"集中识字"从识字起步，分散难点，逐步将汉字教学融入语言教学之中；"分散识字"一开始就认为汉字是汉语的要素之一，在语言学习过程中逐步解决识字问题。（2）汉字教学要在汉语口语的基础上进行。"集中识字"从字形规律入手安排教学，依赖于学龄儿童的汉语口语基础；"分散识字"在儿童口语基础上进一步提高口语水平和书面语的口语化，为识字创造条件。（3）

汉字教学方法需从汉字的构形规律和汉语语言的规律入手安排汉字教学的内容和程序。从字形入手的汉字教学方法，应该在汉字聚合群体中显现汉字的构形规律，以构形规律为主线安排教学内容；从语言学习入手的汉字教学方法，应以汉语的规律、汉语口语和书面语的转化规律为线索安排教学内容。

2. 汉字教学方法：关于汉字教学内容和程序的总体设计。

"集中识字"与"分散识字"教学思想就像架在"汉字"与"汉语"之间的两座桥梁，通过这两座桥梁，学习者就可以顺利地从此岸到达彼岸。而学习者通过这两座桥梁的多种方式，就是各种"汉字教学方法"。

（1）"集中识字"类汉字教学方法。

为了突破"字形"这个难点，"集中识字"最开始采用歌词带字、同音归类等教学法，后来形成了以"基本字带字"为主要特点的归类识字法。"集中识字"在归类中凸显字形规律以安排汉字教学内容和程序的思路，为随后产生的多种汉字教学法提供了思想来源，它们由此而聚合成一个类别。"集中识字"类汉字教学方法具备以下两个共同特点：

第一，根据汉字形音义统一的特点，从不同角度凸显汉字的构形规律。"部件识字""成群分级识字""字根识字"等揭示了汉字的字形结构规律。"部件识字"认为汉字由"笔画—部件—整字"三级构成，"部件"是汉字结构的核心，是构字的基本单位。通过对"部件"定量、定名、定位、定序，确定汉字结构的基本单位及其组构规律，然后从"笔画"到"部件"层层组装，逐级生成数以千计的汉字，汉字与汉字的内在联系也在这个组装序列中展现出来。成群分级识字以独体字为"根字"，逐级添加偏旁组成"字群",建立起一个个由简到繁的识字层级序列。"字根识字"以"字根""字件"为单位将汉字串联成字组,从而显示汉字结构的系统性。

"字理识字"和"科学分类识字"根据汉字形义统一规律而创制。汉字是因义构形的表意文字,两千多年前,识字教学就开始分析构字理据,形成了"六书"理论。"字理识字"依据构字规律和儿童的认知能力,分析汉字形体与音义的内在联系以及汉字与汉字之间的关系。"科学分类识字"以字义为核心,以字义系统与形符系统的对应规律为分类主线,以形声字声符为分类辅线,把汉字分类与生活、自然、科学知识的分类结合起来,为识字创设了一个有意义的知识背景和联想场。

"字族文识字"综合利用汉字形音义三方面的规律。它首先选择具有派生能力的独体字和合体字作为"母体字",再根据"母体字组字法",即用母体字加偏旁生成形音相近的"字族",然后以某一字族为主,选取字族中的常用字作为生字编写成"字族文"。组构字族时,紧扣汉字形音义的特点,以"字形类联""字音类聚""字义类推"等将汉字归类;字族文从不同角度或解说汉字构字规律,或显现生字字义及其组词、造句规则。字族文识字虽然采用了韵文体,但从教学思想和汉字教学内容的总体设计上看,它与"韵语识字"本质上是两种不同的汉字教学方法。

第二,根据汉字的构形规律设计汉字教学的序列。部件识字、成群分级识字、字根识字、字理识字、科学分类识字、字族文识字等识字法在设计、安排汉字教学的内容时,不管是采用字表形式还是课文形式,形成了两种教学序列:第一种,汉字结构由简单到复杂的纵向生成序列。以上这些方法都是先教 100—200 个最常用、构字能力强的独体字和一些结构简单的合体字，再教由它们构成的合体字。第二种归类、分组式的横向比较序列。例如，同声符字归类（如"青、清、晴、睛、情、请"）、同意符字归类（如"时、旦、早、晨"）、形近比较（如"方—万""巴—色"）、近义类义成组（如"气、云、雨、水"）、反义对照（如"粗—细""曲—直"）等。通过纵横两个序列，这些教学方法将汉字教学内容设计得科学有序，让儿童在识字中掌握汉字构形规律，形成识字能力。

（2）"分散识字"类汉字教学方法。

"分散识字"教学思想在教学实践中提出两个任务：一是，根据儿童的年龄、心理特点和口语发展水平，创设与儿童生活关系密切、符合儿童认知发展的"语言环境"，为识字教学创造条件。二是，通过个体字符的积累逐步把握汉字的总体规律。围绕这两个任务，产生了几种汉字教学方法，它们虽各有特色，但都表现出以下两个共同特点：

第一，以"阅读"为核心，通过多种途径实现汉语口语与书面语的转换。"分散识字"类汉字教学方法主要有注音识字、听读识字、韵语识字三种。[①] 这些教学方法有一个最重要的共同点，即对阅读的重视。它们的全称"注音识字·提前读写""听读识字""韵语识字·及早阅读·循序作文"等，无不强调"边阅读边识字"的理念。

由于汉字的特点，不认识一定数量的汉字就难以开展阅读活

[①] "汉字标音识字"实质是"注音识字"的变体，它将"注音识字"的"汉语拼音"改变为用汉字标音，其他方面并没有本质差异，本节论述时将它并入"注音识字"之中。

动。如何在儿童不识字或者识字不多的情况下，在阅读中进行识字教学呢？注音识字、听读识字、韵语识字都利用儿童的汉语口语基础，探索出汉语口语与书面语转换的有效途径，从而使"分散识字"教学思想"寓识字于阅读之中"的理念得以实现。

汉字字符繁多且表音机制不完善，是汉语口语向书面语转化的一道障碍。注音识字利用汉语拼音做中介来沟通口语和书面语。儿童先学习拼音，然后读拼音课文，再读拼音和汉字双行并列的课文，逐步过渡到读汉字课文。儿童阅读有拼音的课文，不随意记忆与在老师指导下的随意记忆相结合，发展语言能力的同时逐步掌握汉字。

在母语环境里，儿童很早就具备了口语交际能力。"听读识字"充分利用儿童的听、说能力，让儿童聆听、跟读、诵读诗歌、故事和短文，将书面语的文字转化为有声的口语。儿童听会诵熟了诗文，就掌握了字词的音、义，再反复读书，与字形对照，从而在阅读中完成识字任务。

汉语是有声调的语言，单音节词在古今汉语口语、书面语词汇系统中占重要地位。汉语的这个特点，非常有利于创作抑扬顿挫、合辙押韵、对偶排比、整齐隽永的韵文文体。韵文作品和谐悦耳，易于记诵，千百年来成为蒙书的主要体裁。[①] "韵语识字"抓住汉语书面语的特点，学习传统蒙书的经验，将现代常用字组成常用词语，以一个主题或情景为中心编写通俗易懂、活泼多样的韵文，让儿童在具体语言情境中、在琅琅诵读声中识记汉字。

第二，教学设计遵循共同的思路和程序。在汉字教学内容的

[①] 张志公《传统语文教育初探》，上海教育出版社，1979年。

总体设计和安排上,"分散识字"类汉字教学方法也表现出共同的特点:一是,在总体设计上,它们遵循从语言到汉字、从音义到字形的教学思路。注音识字、听读识字、韵语识字都强调整体输入,在语篇、句子、词语所构建的语义模式、语义模块中掌握被识字的音义,然后再将音义与字形对应起来。这种设计正是分散识字"字不离词、词不离句、句不离文"教学原则的体现。二是,在教学内容安排上,一般有两种情况:随课文分散学习被识字,课文学习到一定阶段后集中归纳所学字。这两种情况下的汉字教学都遵循了从个别到一般、从个体字符到总体规律的认知过程。

3.汉字教学技巧:完成具体汉字教学任务的教学策略和技艺。

汉字教学方法注重根据汉字构形规律、汉语语言规律对汉字教学内容做出合理、有序的设计和安排。其目的是引导儿童掌握汉字的规律,如字音的规律、字形的规律、字义的规律以及形音义相互联系的规律等。规律性的知识有利于联想、记忆和类推,有利于形成合理的知识结构,有利于培养识字能力。

但是,小学识字教学的对象——低年级儿童,活泼好动,注意力不稳定、不持久,感知事物时满足于事物的轮廓和整体形象,想象力丰富,以形象记忆、具体形象思维为主等。而且,汉字结构复杂、字符抽象程度高,识记它们有相当的难度,字形教学也很容易枯燥乏味。汉字教学要在规定的时间内完成教学任务,必须采取多种"汉字教学技巧"。戴汝潜和郝家杰整理的汉字教学法,接近一半是"汉字教学技巧"。[①] 根据这些教学技巧的特点,可以分成三组:

---

① 戴汝潜、郝家杰《识字教学改革一览》,《人民教育》1997年第1—5期。

（1）巧记字形、引发兴趣的教学技巧。

字形是儿童学习汉字的难点，特别是对于那些难以运用汉字结构规律学习的字形，更是难上加难。"字谜识字""奇特联想识字""趣味识字""猜认识字"等教学技巧，灵活地拆分、解释字形，化抽象为形象，变枯燥为有趣。例如："赢"，部件多，难认难写，"字谜识字"编写谜语："一字五部件，亡口月贝凡，败者猜不着，胜者可占先"，将部件拆分与字义讲解串起来编成短小押韵的谜面，可谓巧妙。"弟"，结构不规整、笔形复杂多变，难以书写，编写谜语"小弟弟，真淘气，头戴小兔帽，身穿弓字衣，一条腿站立，一条腿跷起"，将字形描写得形象具体、童稚可爱。

"奇特联想识字"先将汉字拆分为部件，鼓励儿童发挥想象，利用部件与部件、部件与整字之间多种关系展开"奇特联想"。如"疑"字难认难写，就编一个故事："古时候，有一个人在山上遇到一只野兽，他心里想：我用匕首（匕）刺还是用箭（矢）来射，用短矛（マ）来戳还是赶快逃走（疋）？他疑虑不决，一时不知怎么办才好。"这个字如果采用"部件识字""字理识字"等方法，不仅费时费力，学生也未必能记住，而"奇特联想识字"在部件拆分的基础上略做变通，编成故事，记忆该字字形能收到出其不意的效果。

"趣味识字"以游戏的方式识字，如比较形近字、"增、减、换、分"以熟字记生字、编顺口溜，等等。"猜认识字"采用课堂小组形式，通过启迪型、操作型、比赛型、表演型等多种活动，鼓励儿童利用学过的汉字及部件知识，主动尝试、大胆猜测汉字的形音义及其相互联系。

以上几种汉字教学技巧通过谜语、编故事、游戏、竞赛、操作、表演等教学活动，活跃课堂气氛，提高儿童识字的兴趣，引导他们认清字形、记忆字形，在教学实践中颇受老师与学生的欢迎。

（2）运用教具识字的教学技巧。

教具是教师在教学过程中使用的教学用具，是提高课堂教学效果的辅助手段。为了使教学内容直观形象、使教学过程生动有趣，小学识字教学充分利用了卡片、挂图、实物、模型等传统教具和幻灯、电脑、多媒体等现代信息化教具。以使用教具为主要特点的汉字教学技巧有立体结构识字、双拼计算机辅助识字、多媒体电脑辅助识字、四结合识字等。

（3）根据记忆规律安排汉字复习的教学技巧。

"快速循环识字"根据心理学上记忆与遗忘的规律，将学过的生字按照先密后疏的次序分组、排队，循环往复巩固复习。常用汉字数量以千计，按照记忆规律进行学习和复习，有利于巩固汉字教学的成果。

需要注意的是，汉字教学技巧作为汉字课堂教学中的重要构成要素，它的运用既取决于老师教学技能和知识水平，也取决于具体教学任务、教学内容、教学时间以及班级的构成、学生的情况等各种因素。恰当运用以上各种汉字教学技巧有利于提高学生识字的速度和质量；如果运用得不恰当，不仅会影响汉字教学效果，甚至会带来负面效应。

三、汉字教学法相关问题研究

汉字教学法体系的建立，有助于我们从系统、宏观的角度重新审视汉字教学研究中的一些重要问题，诸如术语的运用、关于"新说文解字"的争论、汉字教学法的评价标准等。

（一）汉字教学法的术语问题

汉字教学中，有关术语使用比较混乱。同一种汉字教学法，有多种表述，如"集中识字"，常见的名称还有"集中识字法""集中识字方法""集中识字教学流派""集中识字教学方法""集中识字教学法"等。同一个术语表达不同的意义内涵，如"集中识字方法""字理识字方法""趣味识字方法"等[①]都称为"识字方法"，然而它们在汉字教学法体系中位于不同的层级，所指和内涵并不相同。

"法"和"方法"是汉字教学法中常用的两个词，它们常常混用。根据《现代汉语词典》（第5版），"法"作为语素，有7个义项，在词和固定语中，它可表示"②方法、方式""⑤佛教的道理""⑥法术"等意思；"方法"只有1个义项，即"关于解决思想、说话、行动等问题的门路、程序等"。也就是说，"法"可以概括指称"思想""方法""技巧"[②]三者，而"方法"是"法"的下位概念，指依照规律来解决"思想"等问题的程序。因此，

---

① 以上"集中识字法"等术语，通过Google检索，截至2013年7月25日，它们的使用频率（未剔除重复语例）是："集中识字法"，131 000条；"集中识字方法"，1 020 000条；"集中识字教学流派"，44 100条；"集中识字教学方法"，519 000条；"集中识字教学法"，91 300条；"字理识字方法"，375 000条；"趣味识字方法"，544 000条。

② "法术"，《现代汉语词典》（第5版）的解释是"道士、巫婆等所用的画符念咒等骗人手法"。"技巧"的意义内涵与"法术"相当。"技巧"，《现代汉语词典》（第5版）的解释是"表现在艺术、工艺、体育等方面的巧妙的技能"。

我们将"汉字教学法"(或"识字法"[①])与"汉字教学方法"(或"识字方法")区别开来,前者是上位概念,后者是下位概念。如本节所述,可设置一个层级术语系:

$$汉字教学法\begin{cases}汉字教学思想\\汉字教学方法\\汉字教学技巧\end{cases}$$

根据这个术语系,"集中识字",也可说成"集中识字法",或"集中识字教学法",其中的"法"指"教学思想";"字理识字",也可说成"字理识字法",其中的"法"指"教学方法";"趣味识字法"中的"法"则指"教学技巧"。而"集中识字方法""集中识字教学方法""趣味识字方法"等术语中的"方法"用得都不恰当,应当尽量避免;而"教学流派"这个含有排他意味的术语,在汉字教学法研究中则应当摒弃。

(二)"新说文解字"的地位与功能

"新说文解字"(也即奇特联想识字)将流俗文字学的见解和主张用于汉字教学,解释汉字形义关系时不拘于历史字源和客观字理,而是据现代汉字字形展开自由联想,随意地想象字形与字义之间的关系。这种汉字教学法在当代经殷焕先提出、安子介

---

① 习惯上,"识字教学"一般指针对母语为汉语的儿童的汉字教学,而"汉字教学"外延广一些,还可以指针对中国内地少数民族及外国人的汉字教学。当"识字教学"与"汉字教学"指称的对象都是以汉语为母语的儿童时,两者是等值的。因此,当讨论小学识字教学中的汉字教学法时,"汉字教学法"等同于"识字法","汉字教学思想"等同于"识字教学思想","汉字教学方法"等同于"识字教学方法"(或简称"识字方法"),"汉字教学技巧"等同于"识字教学技巧"(或简称"识字技巧")。本节讨论母语儿童的汉字教学时,为了行文方便,两套术语混用不别;当讨论对外汉字教学时,只用"汉字教学法"。

倡导、李卫民追随，①在小学识字教学与对外汉字教学中有着广泛的影响，同时也引起了激烈的争论。②从汉字教学法体系的角度，如何看待"新说文解字"？它的地位与作用如何？它又为何成为一种颇受争议的汉字教学法？

根据上面的论述可知，在汉字教学法体系中，"新说文解字"是一种"巧记字形、引发兴趣"的汉字教学技巧。因此，它所承担的功能是：从教学内容上说，它适用于那些结构复杂、理据丧失或者理据不明、难以记忆的个别字形；从教学实践上说，它是教师为了提高学生汉字学习兴趣的一种课堂教学技巧，或是学生记忆汉字时所采用的个人化的学习策略；从教学效果上说，它以"新颖""奇特"为主要特点，使学习者对那些难以纳入系统与规律中学习的字形保持鲜明、深刻而持久的印象。

然而，长期以来，一些研究者和教师没有认识到"新说文解字"仅是一种"汉字教学技巧"这个客观条件，有意无意地将它扩展、提升为"汉字教学方法"，试图用它对汉字教学内容做出总体安排和设计。他们不适当地扩大它的功能，将一些主观想象的"汉

---

① 殷焕先《汉字三论》，齐鲁书社，1981 年；安子介《劈文切字集》，香港瑞福有限公司，1987 年；安子介《解开汉字之谜》，香港瑞福有限公司，1990 年；李卫民《奇特联想识字法的理论和实践》，首届小学汉字教育国际研讨会论文，1994 年；李卫民《奇特联想识字法的实验研究》，《河北教育》1994 年 1 期；李卫民《奇特联想识字》，载《识字教育科学化方法选粹》，中国轻工业出版社，2006 年。

② 有关争论和评论，参看：陈舒眉《论通俗字释》，《青海师范大学学报》1998 年第 1 期；张德鑫《关于汉字文化研究与汉字教学的几点思考》，《世界汉语教学》1999 年第 1 期；李香平《对外汉字教学中的"新说文解字"评述》，《语言教学与研究》2006 年第 2 期；罗卫东《"新说文解字"与汉字形义诠释》，《天津师范大学学报》2008 年第 4 期。

字理据"不加限制地类推到一系列相关字形上，有的甚至还据此构拟出一套汉字理论，得出"汉字是逻辑化、观念化的会意字系统"这一有违汉字历史与事实的结论。这样，"新说文解字"就走向了反面，它所传播的诸多不正确观念，给汉字教学与研究造成了一定程度的混乱。因此，严肃的文字学家和一线教师对这种"新说文解字"提出了质疑和批评。

总之"新说文解字"须放在汉字教学法体系中，才能找到它准确的位置；正确地认识它，恰当地运用它，才能发挥它的积极作用。只有这样，才符合倡始者的本意："新说文解字"主旨是为汉字的教学服务，亦即为教写字、教认字、教记写服务，为纠正错别字服务，其目的并不在于再出一部《说文解字》，或者再出一部《字说》。①

（三）汉字教学法的评价标准

如何评价各种汉字教学法，戴汝潜提出了汉字教学法评价标准的基本框架：原理科学、体系完整、快速高效、操作简捷。②事实上，从各种汉字教学法的命名、教学大纲和实验报告也可以看出，各种汉字教学法在创建和实验、总结和提高的过程中，无形中也在以上述标准要求自己。如关于"体系完整"标准，"集中识字"又称为"集中识字·大量阅读·分步习作"教学体系，③"快速循环识字"课题组1990年制定了《小学语文"循环识字·分步阅读·分格习作"实验教学大纲》，"部件识字"的实验报告是

---

① 殷焕先《汉字三论》，齐鲁书社，1981年。
② 戴汝潜《汉字教与学》，山东教育出版社，1999年。
③ 张田若《"集中识字·大量阅读·分步习作"教学体系是小学语文教学卓有成效的新体系》，首届小学汉字教育国际研讨会论文，1994年。

《"部件识字与语言训练的系列化"实验与研究》,[①] 等等。

上述评价标准是否与各种汉字教学法的实际相切合呢?实际上,汉字教学法在汉字教学法体系中的地位不同,它们所解决的问题、所适用的范围、所发挥的作用也就不同。用统一的评价标准对它们做出价值判断,就会带来两个问题:第一,不能正确地认识它们各自的应用价值和局限性;第二,要求一些汉字教学法去承担那些它们本来就不能完成的汉字教学任务。

在很长一段时间里,不少汉字教学法正是由于用不恰当标准去要求、评价自己,纷纷埋头创建自成体系的"流派",结果导致封闭实验、僵化保守,束缚了它们自身的进一步发展,有的甚至产生了不良影响(如"新说文解字")。科学的汉字教学法评价,应该根据汉字教学思想、汉字教学方法、汉字教学技巧等不同层次的教学法,制定相应的标准。汉字教学法体系的建立,为研制更科学的汉字教学法评价标准提出了新课题。

四、结语和余论

小学识字教学经过半个世纪的蓬勃发展,几十种汉字教学法逐渐形成了一个层次分明、分布有序、功能互补的结构体系。这个汉字教学法体系有三个层次:汉字教学思想、汉字教学方法、汉字教学技巧。汉字教学思想指为解决汉语教学中"识汉字"与"学汉语"矛盾而提出的汉字教学思路、主张;汉字教学方法指

---

① 苏静白、郝金慧《部件识字与语言训练的系列化实验与研究》,首届小学汉字教育国际研讨会论文,1994年。

根据所选择的汉字教学思想，利用汉字构形规律或汉语语言规律，对汉字教学内容进行有序安排的总体设计；汉字教学技巧指针对具体的汉字教学任务，根据儿童的心理认知特点，采用灵活的教学形式、运用多种教具的技艺和策略。

除了小学识字教学，对外汉字教学也是汉字教学的一个重要领域。对外汉字教学与小学识字教学面临大致相同的矛盾和任务。[①]但两者相比，前者的困难更大：外国学生没有汉语基础，学语言与学汉字的矛盾非常突出，更难协调；受外国学生语言水平与汉字能力的制约，按照汉字字形规律或语言规律组织汉字教学内容也更加难以实施和贯彻；由于来自不同国家的学生文化背景、思维观念与认知特征的差异，汉字教学技巧更加个性化、更具有零散性，因而难以进行系统的归纳与总结。由于以上这些原因（还有其他一些原因），"现行的对外汉字教学仍缺少成型的教学思路和方法"[②]。如何从外国学生的特点出发，借鉴母语儿童学习汉字的经验，在现有汉字教学法体系的基础上，创造出适合于外国学生的独特方法，是摆在从事对外汉字教学的各位教师面前紧迫而又艰巨的任务。

[①] 朱志平《汉字构形学说与对外汉字教学》，《语言教学与研究》2002年第4期；崔永华《从母语儿童识字看对外汉字教学》，《语言教学与研究》2008年第2期；万业馨《略论汉字教学的总体设计》，《语言教学与研究》2009年第5期。

[②] 崔永华《从母语儿童识字看对外汉字教学》，《语言教学与研究》2008年第2期。

第四章

汉字教学模式与内容研究

第一节　对外汉语教学所用独体字及其构字状况[①]

近年来，对外汉字教学的理论及方法问题已越来越引起人们的关注。如何充分利用汉字自身的结构特点和汉字体系的构形规律，结合认知心理学等相关学科的研究成果，以提高汉字教学的效率，成为研究的热点问题。有人提出"基本字带字"，有人提出建立"汉字联想网"，还有人提出充分利用"基本部件和基本字"。[②] 总结这些教学方法和设想，就是在对外汉字教学中应当充分重视作为独立构字部件的独体字的作用，研究如何以其为基本点，以点带面，有效地促进汉字教学。那么，作为整个汉字体系构造生成基础的这些独体字（基本字），其整体上分布状况如

[①] 本节摘自沙宗元《对外汉语教学所用独体字及其构字状况分析》，原载《云南师范大学学报》（对外汉语教学与研究版）2011年第5期。

[②] 张学涛《基本字带字教学法应用于外国人汉字学习》，《汉字文化》1997年第4期；张永亮《汉字联想网及对外汉字教学》，载吕必松主编《汉字与汉字教学研究论文选》，北京大学出版社，1999年；崔永华《关于汉字教学的一种思路》，《北京大学学报》（哲学社会科学版）1998年第3期；陈仁凤、陈阿宝《一千高频度汉字的解析及教学构想》，《语言文字应用》1998年第1期。

何，其组构汉字的能力究竟如何呢？本节试以《高等学校外国留学生汉语教学大纲（长期进修）》中的《汉字表》（以下简称《大纲字表》）[①]为范围，对大纲收录的独体字及其构字能力进行一次较为全面的分析探讨。

一、独体字的确认和统计

（一）独体字的确认

独体字是指形体构造具有独立性，依据构形理据和一定的字形分析原则一般不能拆分为两个或两个以上音义完整的字符或部件的汉字。[②]现代汉字究竟有多少独体字呢？由于学者对部件的认识和切分不完全相同，用以分析的字集大小不同，所以得到的独体字字数也不相同。《汉字信息字典》共收 7785 个正字，其中独体字有 323 个，占全部字数的 4.149%。[③]晓东对 3500 常用字进行了分析，得到部件 447 个，其中成字部件 195 个，也就是 195 个独体字，占 3500 常用字的 5.5%。[④]苏培成对 7000 通用字进行了分析，得到独体字 235 个，占 7000 通用字的 3.4%。[⑤]导致以上几家统计数据不一致的原因，主要是用以统计的字集大小不一致，以及存在少数字在独体认同上的分歧。本节参考苏培

---

① 国家对外汉语教学领导小组办公室《高等学校外国留学生汉语教学大纲（长期进修）》，北京语言文化大学出版社，2002 年。
② 沙宗元《文字学术语规范研究》，安徽大学出版社，2008 年。
③ 李公宜、刘如水《汉字信息字典》，科学出版社，1998 年。
④ 晓东《现代汉字独体字与合体字的再认识》，《语文建设》1994 年第 8 期。
⑤ 苏培成《现代汉字学纲要》（增订本），北京大学出版社，2001 年。

成的统计结果，①对《大纲字表》收录的2605字进行考察，经过逐一分析，我们从《大纲字表》中共得到独体字175个。

（二）《大纲字表》独体字的基本状况

与苏培成统计的235个独体字相比，《大纲字表》少了60字。也就是说，有59个苏先生统计出的独体字，《大纲字表》未收入。这59个超纲独体字是：丙、卜、匕、川、亻、丁、丹、氐、甫、弗、丐、弓、戈、艮、禾、甲、孑、乄、戋、臼、韭、吏、耒、乜、皿、廿、爿、丘、犬、冉、壬、卅、巳、戍、豕、屯、兀、韦、戌、毋、戊、曳、禺、乂、禹、尹、丫、夭、夷、弋、幺、奥、聿、酉、州、朱、爪、舟、豸。

《大纲字表》的175个独体字，占字表2605字的6.7%。其中初等阶段有独体字148个，占全部独体字的84.6%，占全部初等阶段1414字的10.5%；中等阶段有独体字14个，占全部独体字的8%，占全部中等阶段700字的2%；高等阶段有独体字13个，占全部独体字的7.4%，占全部高等阶段491字的2.6%，见表1：

表1　初、中、高各阶段独体字分布状况

字数与比例	等级			
	初等	中等	高等	合计或平均
总字数/字	1414	700	491	2605
独体字数/字	148	14	13	175
独体字占各阶段字数比例/%	10.5	2	2.6	6.7
占独体字总数比例/%	84.6	8	7.4	100

---

① 苏培成以现代汉语通用字为统计范围，覆盖面较广，这个统计结果在现代汉字学界影响最大，因此本节在考察独体字时主要参考了他的统计结果。

分析表 1 中的数据，可看出：（1）《大纲字表》175 个独体字占全部字表 2605 字的 6.7%，这一比例比《汉字信息字典》统计的 4.149%、晓东统计的 5.5%、苏培成统计的 3.4% 都要高一些。这是由于《大纲字表》字量最少，且收录的都是常用字，而独体字又多集中于常用字中的缘故。这一现象说明，在对外汉字教学中，独体字的重要程度比针对中国学生的汉字教学还要高，尤其在初等阶段，独体字比例高达 10.5%，充分显示了这一阶段独体字教学占据着极其重要的地位；（2）从分布规律看，独体字绝大多数（近 85%）集中于初等阶段，这说明独体字的教学任务应主要在初等阶段完成。在这一阶段的汉字学习中，要求学生应能够逐步地建立起现代汉字独体字的整体概念，以便为大量的合体字的学习提供条件和基础保障。

二、独体字的分类

根据独体字字形与字义或字音联系的密切程度，可将独体字分为四种类型：表意型、准表意型、表音型和记号型。表意型独体字的字形与字义之间有着清晰而明确的联系，从形体上可看出字的意义，如"一、二、口"。准表意型独体字的字形与字义之间的联系并不十分清晰，但若对形体稍加分析联系就可在一定程度上建立起意义上的联系，如"木、山、火"。表音型独体字是人们稍微改变某个字的字形而造出来的新字，这个新字被用来表示跟那个字本来读音相近的音，如"乒、乓"。记号型独体字的字形与字义或字音之间没有联系或者现在已经很难看出联系，如"龙、巴、飞"。

第一节 对外汉语教学所用独体字及其构字状况

按照上述标准,我们对《大纲字表》范围内175个独体字进行了划分,属表意型的共有6个:一、二、三、凹、凸、四。属准表意型的共有38个:人、大、夫、儿、叉、井、木、本、串、册、卡、上、下、日、秉、末、灭、目、米、山、少、手、束、水、土、太、田、小、雨、曰、子、刀、刃、寸、女、牛、月、心。属表音型的共有3个:乒、乓、刁。其余128个独体字属记号型独体字。下面结合字例,对这四种类型的独体字进行简要分析。

(一)表意型

这一类型的独体字数量很少,但能鲜明反映出汉字的表意特点。"一、二、三",是由原始计数符号流传下来的。"凸、凹",分别表示高于、低于周围的意思。

(二)准表意型

此类独体字大都来自古代的象形字,由于形体的演变,它们现在虽然已经不再象形,但如果稍加溯源,就可看出字形与意义之间的联系,如"人、目、木、日、月、山、水、土、手、田、刀、女、牛、心、子"。有些准表意字来自古代的指事字,如"本、末、上、下、日、刃、寸"。有些来自古代的会意字,由于字形的变迁,本为合体的它们现在变成了独体,如"秉、束、串、册"。

(三)表音型

"乒、乓"二字是稍微简省"兵"字字形而构成的,"刁"字将"刀"字的末笔撇改为提而构成的。

(四)记号型

我们将此类独体字归入记号类型,是说这类字从现在的形体上已经看不出所像何物。当它们作为偏旁进入合体字时,仍可表示一定的音或义,这一点必须明确。例如,"耳"在古文字中本为耳朵的象形,现代汉字从字形已经看不出这个意义了,因此,"耳"属于记号类型的独体字,但在合体字"聪、取、闻、聋"中,"耳"显然为意符,提示了这些字的意义。从来源看,记号型独体字主要来自古代象形字,如"虫、瓜、斤、身、生、巾、毛、母、户、牙、之、止、自、玉";一部分来自古代的记号字,如"四、五、七、八、九、十";一部分来自古代的指事字,如"央、内、气";一部分来自古代的会意字,如"更、及、史、事、正";也有一些是合体字简化后变成记号型独体字的,如"办、币、电、丰、广、乐、门、农、书、专"。

分析独体字的类型,可以看出,表意型、表音型和准表意型独体字具有较强的理据性,字形与字的音、义之间的联系较为清晰。一般来说,理据性高的文字,学习和使用比较方便。因此,教学时必须充分利用好表意型和表音型独体字表意与表音的有利条件。对于准表意型独体字,教学时教师只要作适当的形体溯源分析,即可揭示出较为明显的汉字理据性,应该不会有很大困难。对于记号型独体字,教师要注意针对不同类别的字采用不同的教学方法:古代为象形字、指事字、会意字的这些字,可适当联系古汉字的形体,在教学的不同阶段适时地介绍一些汉字形体演变的知识,这样不仅可以方便学生建立字形与意义之间的联系,也可以提高学生的学习兴趣,使记忆更加牢固。对于古今形体变化较大、不便做理据分析的记号型独体字,不可一味地采用形体联系的方法,因为这样反而增加了学生记忆的负担,得不到预想的效果。教学时,根据不同的字例,该让学生硬记的要硬记;可以采用"俗文字"理论教学的不妨可以采用此法,以提高学习兴趣,方便教学。例如,教"飞"字,有的教师教学生将其右侧的"乀"

联想为鸟儿飞翔时展开的双翅。教"平"字时,将字形设想为一架天平的形状等。

三、作为意符的独体字

本节在《大纲字表》的范围内,分别考察了用作意符、音符和记号的独体字及其构字能力。① 通过测查,② 我们发现 175 个独体字中有 53 个独体字可作为意符使用组成合体字。它们共组成合体字 923 个,平均每字可构字 17.4 个。

在这 53 个独体字中,构字数排在前 15 位的独体字依次是:手(扌)、水(氵)、心(忄)、口、木、人(亻)、月、土、日、女、火、刀(刂)、力、目、虫。它们当中,构字数最多的"手"达到 144 个,最低的"虫"也达到 14 个,累计构字 780 个,占作为意符使用的全部独体字构字总数 923 个的 84.5%,字均构字数高达 52 个。构字数在 5 个以下的独体字有 27 个,在 53 个作为意符独体字中占 51%。它们是:不、册、大、歹、耳、甘、工、瓜、户、斤、毛、门、片、七、气、三、四、少、身、尸、田、瓦、夕、小、一、玉、正。它们的累计构字数仅为 51,在全部构字总数中仅占 5.5%,字均构字仅 1.88 个。在这两部分之外,是构字数在 5—13 的独体字,总数只有 11 个,在 53 个意符独体字中占 20.7%,它们是:厂、

---

① 与整字在意义上有联系的字符是意符;与整字在读音上有联系的字符是音符;与整字在意义和读音上都没有联系的字符是记号。

② 测查意符使用情况时,若独体字与变形偏旁存在明确对应关系,如"人—亻""刀—刂""子—孑""心—忄""手—扌""水—氵"等,做认同处理。以下分析音符和记号情况时,也采用同样的方法。

车、广、巾、米、牛、山、王、又、雨、子。其累计构字 92 个，字均构字 8.36 个，见表 2：

表 2　可做意符独体字的构字状况

字数和比例	构字分段			合计
	构字数排前15位独体字	构字数为5—13个的独体字	构字数为5以下的独体字	
字数 / 字	15	11	27	53
在 53 个独体字中所占比例 /%	28.3	20.7	51	100
累计构字数 / 字	780	92	51	923
在全部构字数中所占比例 /%	84.5	10	5.5	100
字均构字数 / 字	52.0	8.36	1.88	17.4

要注意的是，这 53 个独体字中只有 5 个字是仅作为意符（不作为音符和记号）使用的，它们是"册、片、气、三、瓦"，均为构字率非常低的意符，分别只组构一至两个字。其余 48 个独体字都是可以兼做意符和音符或记号使用的字。

不作为意符使用的独体字有 122 个，是可做意符使用独体字的 2.3 倍，占全部独体字的近 70%，见表 3：

表 3　意符独体字与非意符独体字比较

字数和比例	类别		
	意符独体字	非意符独体字	合计
字数 / 字	53	122	175
在独体字中所占比例 /%	30.3	69.7	100

从表 3 统计结果看，作为意符的独体字具有以下几个特点：
（1）数量相对较少。可作为意符的独体字共有 53 个，仅占全部

独体字的 30%。（2）构字能力差别大。构字数排前 15 位的独体字累计构字 780 个，占全部构字数的 84.5%。一半多的意符独体字构字能力较弱，字均构字数不到两个。（3）纯粹的意符独体字数量极少，构字能力很弱。

四、作为音符的独体字

用作音符的独体字与所组成的合体字之间的语音关系主要有四种：声韵调全同；声韵相同、调不同；韵同声不同；声同韵不同。在前三种情况下，基本上都可以进行音符认同，第四种情况要看是否存在韵近关系和较为清晰的古今语音嬗变情况，若是，则做音符认同。声韵皆不同，即使原来曾作为形声字声旁，也不进行音符认同。

175 个独体字中有 102 个独体字可作为音符使用组成合体字，它们共计组成合体字 251 个，平均每字组字 2.46 个。

在这 102 个音符独体字中，构字数在 5 个以上仅有 18 个：干、工、中、白、良、少、亡、巴、己、斤、王、未、牙、尤、由、正、止、主。构字最多的"干"也仅构字 9 个。它们累计组字 102 个，字均构字 5.67 个。构字数在 2—4 个的有 45 个，累计构字 110 个，字均构字 2.44 个。构字数为 1 的有 39 个。见表 4：

表 4　可做音符独体字的构字情况

字数和比例	构字分段			合计
	构字数 5 个以上的独体字	构字数为 2—4 的独体字	构字数为 1 的独体字	
字数 / 字	18	45	39	102
在 102 个独体字中所占比例 /%	17.6	44.1	38.3	100

(续表)

字数和比例	构字分段			合计
	构字数 5 个以上的独体字	构字数为 2—4 的独体字	构字数为 1 的独体字	
累计构字数/字	102	110	39	251
在全部构字数中所占比例/%	40.6	43.8	15.6	100
字均构字数/字	5.67	2.44	1	2.46

这 102 个独体字中，仅做音符使用（不做意符或记号）的只有 36 个（如"必、丑、串、东、干、乎、夹、久、了、两、内"等），其余 66 个独体字均兼做意符或记号。另外，在《大纲字表》范围内不能做音符的独体字有 71 个，它们是：凹、百、办、币、秉、册、叉、厂、车、歹、电、刁、儿、耳、二、飞、丰、甘、个、更、互、柬、巾、卡、开、来、乐、么、灭、木、目、牛、女、乓、匹、片、乒、气、曲、日、入、三、四、身、升、世、事、手、书、水、肃、田、天、凸、瓦、丸、万、卫、夕、习、小、乡、心、严、业、也、一、已、玉、曰、再。其中有些字在超纲字中可做音符使用，如"来、柬、田、丸、夕、玉"等，也有些字从来都不做音符使用，如"乒、乓、凸、凹、币"等。教师在教学时应注意提醒学生注意。

五、作为记号的独体字

测查发现，175 个独体字中有 97 个独体字可做记号用来构成合体字，它们共计组成合体字 602 个，平均每字组字 6.2 个。

分析这些做记号的独体字构字情况可以发现：构字数在 10 个以上的独体字共有 18 字：寸、大、刀、广、口、木、女、人、

第一节 对外汉语教学所用独体字及其构字状况

日、尸、十、手、水、田、土、心、又、月。它们总共组字 352 个，字均组字 19.6 个。构字数在 9—5 个的共有 19 字：白、车、厂、虫、耳、工、几、巾、力、门、目、且、四、山、王、西、也、子、止。它们总共组字 126 个，字均组字 6.63 个。构字数在 4 个以下的共有 60 字，总共组字 124 个，字均组字 2.06 个，见表 5：

表 5 可做记号独体字的构字情况

字数和比例	构字数 10 个以上的独体字	构字数为 9—5 的独体字	构字数 4 个以下的独体字	合计
字数/字	18	19	60	97
在 97 个独体字中所占比例/%	18.5	19.6	61.9	100
累计构字数/字	352	126	124	602
在全部构字数中所占比例/%	58.5	20.9	20.6	100
字均构字数/字	19.6	6.63	2.06	6.21

这 97 个独体字中，只有 12 个仅做记号构成合体字（百、办、儿、二、更、开、世、丸、万、习、业、也），其余 85 个独体字不是兼做意符（39 个），就是兼做音符（24 个），或者同时兼做音符和意符使用（22 个）。这要求我们在具体的汉字教学过程中，应注意提醒学生：有些独体字形体在汉字中仅做记号使用，多数独体字形体在有的合体字中是记号，在有的合体字中则做音符或意符使用。汉字字符使用上的这一特点，在汉字学习中应该特别引起注意。

六、作为三种字符的独体字的比较分析

首先，从数量上看，在《大纲字表》范围内做意符的独体字共有 53 个，数量最少，其中只有 5 个是纯粹的仅做意符使用的独体字，其余 48 个都兼做音符或者记号。做音符和记号的独体字分别为 102 个和 97 个，数量相近，都比做意符的独体字多出了差不多一半。做意符的独体字少于做音符、记号的独体字，这与现代汉字系统中意符、音符、记号数量关系的实际状况是相符合的。意符的数量相对较少反映了汉字系统一个极为简单的事实：意符的表意功能是有限度的。也就是说，意符往往表示的只是一个字的意义范畴，或者是它的类属意义。正是由于这种表意的模糊性，才使得意符可以用相对较少的数量构成为数众多的汉字。与意符相比，汉字的音符具有比较明显的稳定性，数量也比意符多得多。在合体字中做记号的独体字数量与音符相差无几，反映了现代汉字中由于字形变化、汉字简化、字义变迁等，许多构字部件由音符、意符转变为记号的事实。这要求在实际教学中，教师可针对这一特点，对这些字进行适当的溯源，并与同一字符构成的其他字做比较。

其次，从构字能力上看，做意符使用的 53 个独体字共组成合体字 923 个，平均每字参与构字 17.4 个。做音符使用的 102 个独体字可组成合体字 251 个，平均每字组字 2.46 个。做记号使用的 97 个独体字可共计组成合体字 602 个，平均每字组字 6.2 个。可以看出，做意符的独体字数量虽少，但构字能力很强，因此它们应该成为汉字教学的重点内容，一个这样的独体字，往往可以系联着几十个相关的汉字。例如，独体字"木"做意符时，在大

纲范围内可组成"案、板、杯、标、材、采、柴、床、村、根、机、集、架、橘、棵、梨、李、林、楼、桥、森、树、松、梯、桶、析、休"等64个合体字。做音符的独体字数量最多,但构字能力却最弱。其中构字能力最强的独体字"干",也只能构成9个合体字"岸、赶、汗、杆、肝、旱、刊、罕、奸",还不到意符独体字构字的平均数。尽管音符独体字点多面广,给教学带来不少困难,但音符提供合体字的语音信息,是留学生学习汉字的一个重要支点,习惯于拼音文字的留学生对汉字字音的重视超乎我们的想象,所以教师应当千方百计把音符的示音功能充分利用好。对于那些既可做音符,又可做意符的独体字,更是教学的重中之重。据我们统计,在《大纲字表》范围内,既做音符又做意符的独体字共有24个,包括"不、虫、大、刀、工、瓜、广、户、火、斤、口、力、门、米、七、人、山、少、土、王、又、月、子、正"等。例如"土"不仅可以做意符构成37个合体字,同时也可做音符构成"肚、吐、杜"3个合体字。因此,教这部分具有多重功能的独体字时,应提醒学生注意:汉字独体字在构成合体字时,多数都兼有两种甚至三种构字功能,仅有一种功能的数量相对较少。字表范围内,纯做意符的仅有5个,纯做记号的仅有12个,纯做音符的相对多一些,但也只有36个。

七、结语

汉字从结构上分为独体和合体,而合体字一般由独体字或其变体参与构成,这决定了独体字在整个汉字系统中占有重要的地位。因此,对外汉字教学应当重视独体字,认真分析其特点及构成情况,总结出相应的规律和教学方法。

首先，汉字认知规律表明，汉字合体字拆分出来的记忆单位的可称谓性越强，越利于识记；拆分出来的记忆单位的有理性越高，越利于识记。独体字本身有音有义，且多为常用，它们大都可作为构字部件参与构成合体字。因此，汉字教学必须紧紧抓住独体字这个重要线索。统计表明，近85%的独体字集中于初级阶段，这要求在这一阶段应当把独体字教学放在重要位置，教学中应逐步培养并建立起独体字的整体概念，理解汉字合体字组合的基本方式，为数量众多的合体字的学习打好基础。

其次，为数不少的独体字在构成合体字时可身兼数职——可能既做意符，又做音符或者记号，反映出作为汉字部件的独体字构字能力强、构字效率高的事实。这显然是汉字学习的有利条件。但同时这也给学习带来了不利影响：独体字何时做意符，何时又做音符或者记号呢？这要求教师在实际教学过程中，应结合具体字例，总结出规律和特点，给学生适时的指导，充分发挥有利作用，克服不利影响，切实提高汉字教学效率。

第二节 留学生汉字教材的编写[①]

教材是教学和学习的基本依据，教材编写和建设的水平直接关系到课堂教学效果的好坏。对外汉语教学界一直比较重视对教

---

① 本节摘自李香平《当前留学生汉字教材编写中的问题与对策》，原载《汉语学习》2011年第1期。

材编写实践进行理论总结。汉字教材编写和出版是对外汉语教材建设的一部分,截至 2010 年,北京大学出版社、华语教学出版社、北京语言大学出版社等出版的留学生汉字教材 40 多种,覆盖了初级、中级、高级各个阶段的汉字教学。汉字教材的大量出版并不意味着已经解决了汉字教学的所有问题,只有对现有汉字教材进行调查研究、探讨、总结教材使用中的问题,才能进一步提高汉字教材编写水平及汉字课堂教学效果。

一、留学生汉字教材出版情况概述

自 20 世纪 90 年代开始,字本位理论冲击着对外汉语教学界,促使学界开始反思汉字在汉语教学中的地位。与此同时,法国汉语教师白乐桑编写的字本位教材《汉语言文字启蒙》在学界反响强烈,汉字教学逐渐在对外汉语教学中获得了一席之位。我们以 20 世纪 90 年代到 21 世纪出版的汉字教材为对象,调查了解现有汉字教材的总体情况。

(一)教材总量

从 1990 年开始,截至 2010 年,北京大学出版社、华语教学出版社、北京语言大学出版社出版的针对留学生学习汉字的教材(包括汉字练习本、教学参考书)达 43 种。我们以 1997 年[1]为界限,1990 年至 1997 年为第一阶段,共出版了 7 种汉字教材,1998 年至 2010 年为第二阶段,共出版了 36 种汉字教材。

---

[1] 1997 年湖北宜昌召开了汉字与汉字教学讨论会,此后,对外汉语教学界开始关注汉字教学研究,汉字教材和汉字教学研究成果大量涌现。

调查结果表明，用于留学生汉字教学的汉字教材出版总量已达到可观数目，尤其是从本世纪初开始，增长势头强劲，基本满足了近年来在初级阶段开设独立汉字课的要求，也为在中、高级阶段探索开设选修形式的汉字课提供了条件。大量新出版的汉字教材一方面是对外汉语教学成果的体现，另一方面也是新的教学法得以实施和检验的条件。

（二）教材类型

从数量来说，43种汉字教材已颇具规模，但教材出版成果不能单由数量来衡量，还要分析教材的类型，了解现有教材的多样性和针对性等问题。下面我们将对这43种教材进行初步的调查，以期了解已经出版的汉字教材的大致情况。

1. 针对对象。

按照针对的学习层次来看，现有汉字教材有初级零起点、中级和高级汉字教材。其中，以初级汉字教材为主，占总量的88%，这与教学大纲规定在初级阶段开设汉字课程的要求是相符的。此外，中级为5%，高级为7%。中、高级汉字教材虽然所占比率不大，但它们的出现反映了学界对中、高级汉字教学的认识和实践。

2. 教材性质。

按照教材编写宗旨来看，目前出版的汉字教材可分为三大类型：一类是根据大纲的要求，在词本位背景下针对汉字课而编写的独立的汉字教材，占53%（简称词本位汉字教材）；一类是打破"词本位"理论课程设置的框架，以"字本位"为中心编写的综合性汉语教材，占14%（简称字本位教材）；一类是为适应外国学习汉语汉字需要而编写的教学参考和自学资料，占33%（简称参考资料）。

3. 采用媒介。

长期以来，对外汉语教材都是以纯纸质版为主，近年来，还出现了广播、电视类、音像类教材，特别是还有多媒体类等现代传播媒介的教材。汉字教学虽然不同于口语、听力等其他语言要素的教学，但汉字构形特点和形、音、义的规律仍然可以为多媒体教材的编制创造有利条件。在所调查的43种教材中，配有多媒体光盘或磁带的教材虽然在总量上已达到26%，但主要集中在汉字学习卡片类教材上，而且大部分只是利用声像来演示字词的读音、展示字形的书写。然而真正用于课堂教学和补充传统课堂教学不足的作用十分有限，制作新颖、能够增强汉字教学和学习趣味性、娱乐性的多媒体汉字教材还很少见。因此，在汉字教材中加强多媒体技术的应用，是今后教材发展的重要途径。

通过实际调查我们还发现，在教材内容上，初级阶段汉字教材基本上形成了将识字教学与汉字知识讲授相结合的汉字教材编写体系。在已调查的初级汉字教材中，除了识字教学内容之外，都或多或少地把汉字知识讲授作为教学重要内容来安排，有的教材以讲授汉字知识为主，如周健主编的《汉字规律》。一般情况下，教材大都配有丰富的练习，有的教材还将练习单独成册，从而保证了练习的量。

总的说来，对外汉字教材出版和研究已经得到了学界关注，也取得了一些成绩，但还远远不能满足对外汉字教学的实际需要，也无法从根本上改变汉字教学尤其是课堂教学低效、低能的局面。要打破这一局面，还必须对已出版的汉字教材进行调查比较，了解教材在编写和教学中存在的问题，从根本上改善汉字课堂教学效果。

二、现有汉字教材编写的主要问题

我们在看到近二十年汉字教材出版所取得的成绩的同时,也不能不反思目前出版的汉字教材存在的问题。对现有教材进行科学合理的评价,有助于我们从中总结经验和教训,指导将来的汉字教材的编写。

对目前出版的43种汉字教材进行比较,尤其是初级汉字教材,我们发现存在如下几个方面的问题与倾向,这些倾向既是现有教材的不足,也是将来教材编写应该努力的方向。

首先,从教材针对的对象来看,初级汉字教材主要以来华留学的初级汉语水平学习者为主,通用性较强而针对性较弱。

在对43种汉字教材进行调查的过程中,我们发现,前言中明确指出教材针对对象为初级阶段学习者的汉字教材有18种,其中只有2种标明"初学汉语的外国少年儿童",1种标明"欧美初级汉语学习者",1种标明"成人(学汉语)｜初级水平汉语学习者",其余都只是标明"留学生初学者"或"初级汉语水平的汉语学习者"或"零起点的汉语学习者"。可见,大部分教材都是通用型的。具体情况请见下面的表1:

表1　针对不同对象的汉字教材统计

书名	出版社及出版时间	作者	针对对象
外国人汉字速成	华语教学出版社 1996	周健	初学汉语的外国留学生
现代汉语教程·汉字练习本	北京语言文化大学出版社 1998	李德津 李更新	初级汉语水平的汉语学习者
汉字速成课本	北京语言文化大学出版社 2001	柳燕梅	零起点的汉语学习者

第二节 留学生汉字教材的编写 267

(续表)

书名	出版社及出版时间	作者	针对对象
新编汉字津梁（上、下）	北京大学出版社 2005	施正宇	汉语初学者
张老师教汉字·汉字识写课本（上、下）	北京语言大学出版社 2005	张惠芬	零起点的汉语学习者
神奇的汉字	北京语言大学出版社 2005	达世平 达婉中	初学汉语的外国少年儿童
汉字字母教程	北京语言大学出版社 2005	达世平	初学汉语的外国少年儿童
汉字突破	北京大学出版社 2005	周 健	欧美初级汉语学习者
张老师教汉字·汉字拼读课本（上、下）	北京语言大学出版社 2006	张惠芬	零起点的汉语学习者
汉字规律	人民教育出版社 2006	周 健	留学生初学者
阶梯汉语·初级汉字	北京语言大学出版社 2006	易洪川	留学生初学者
汉字书写	华语教学出版社 2006	杜 丽	留学生初学者
拾级汉语第1级·写字课本（附汉字练习本）	北京语言大学出版社 2008	胡文华	成人（学汉语）｜初级水平汉语学习者
汉字部首教程1、2（含MP3光盘1张）	北京语言大学出版社 2008	达世平 达婉中	中国国际学校或海外中文学校具有初级水平的汉语学习者
汉字字母教程	北京语言大学出版社 2008	达世平 达婉中	小学（学汉语）｜中学（学汉语）｜零起点汉语学习者
看部首学汉字	华语教学出版社 2009	云红茹	初级汉语学习者
当代中文（汉字本）	华语教学出版社 2009	吴中伟	初级汉语学习者
汉字大字书写簿	北京语言大学出版社 2010	达世平	初级汉语学习者

从上表可知，目前初级班的汉字教材除个别标明针对欧美留学生外，其他的只说明针对来华留学的留学生或汉语学习者，教材的通用性特点明显。事实上，初级班的汉字教学，其教学对象

差异较为明显,韩、日尤其是日本学生的汉字教学重点、难点与欧美学生和东南亚其他国家的学生存在明显差异。目前按照大纲编排的初级汉字课程设置以及针对初级汉字课程的大部分教材都没有考虑到教学对象的国别差异、年龄差异和汉语读写水平本身的差异。这使得初级阶段独立开设汉字课程的教学效果大打折扣。即便某些教材打上"针对某国学生编写"的标签,却大多没有具体的针对措施,既不能很好的满足欧美学习者汉字学习的需要,也不能满足韩、日汉字文化圈学习者汉字学习的需要,更不能满足不同的学习目的和年龄层次学习者的需要。这是现有汉字教材呈现的主要特点。

其次,从教材编写的内容来看,大部分初级阶段汉字教材都比较注重汉字知识的教学,但对用于初级汉字教材中的汉字知识缺乏统一的认识,汉字知识与识字教学的关系、知识点的选取、练习的设计呈现出一定程度的随意性和无序性。

汉字教学,光侧重一个个字的认和写,显然不行,因不明汉字的应用,即使学会了是抛散的珠子不成串。[①] 要把一个一个散落的珠子串起来,无疑需要用系统的汉字知识,使汉字知识贯穿在一个个具体的汉字中。因此,汉字教材要传授汉字知识,同样也要教学汉字,二者应当相辅相成。通过调查,我们发现,21世纪以来出版的汉字教材大部分都将汉字知识纳入其编写内容,但识字教学和汉字知识在教材中如何安排,哪些是初级阶段必须掌握的汉字知识,如何使汉字知识教学转变成学生的汉字学习能力

[①] 李开《论常用汉字的语像和习得》,《南京大学学报》(哲学·人文科学·社会科学)1998年第3期。

等相关问题，都是汉字教材编写必须面临而且需要尽快解决的。

现有的汉字教材所编写的汉字知识基本都以构形基础性知识为主，旁及书写认读识记等技巧性知识以及有关汉字历史、文化等了解扩展性知识。柳燕梅将三类汉字知识分散排列在每课中，形成以汉字知识为纲，通过知识点系联相关汉字，每个知识点下编写 7 个或更多例字，全书共编写了 855 个汉字，将汉字知识有机穿插在识字教学中。① 周健的《汉字突破》前 30 课偏重于汉字构形基本知识，后 30 课技巧知识和扩展知识混合排列。每课十几到二十个汉字，分别按意义系联、形旁系联、语境系联等。每课中的汉字知识和识字教学之间并无必然联系。

考察 18 套初级汉字教材，可以发现，各教材在汉字知识点取舍上存在较大差异，叙述过于笼统、针对性不强，专门针对汉字知识点的练习不够丰富。有些教材汉字知识的内容不具针对性和实用性，例如标题是"汉字的书写"，内容却不是关于留学生汉字书写的技巧知识，而是有关汉字书法介绍的扩展性知识。这对于初级阶段汉字学习者来说，明显存在针对性不强、实用性不足的问题。

总的说来，目前初级汉字教材都比较注重汉字知识的编写，但对于编写哪些汉字知识，如何处理汉字知识与识字教学的关系，如何将汉字知识教学转化成学生汉字学习能力，设计出针对性强的课堂练习，普遍缺乏深入的探讨和研究，使得汉字知识在汉字教材中呈现出一定程度的随意性和无序性。

---

① 柳燕梅《从识记因素谈汉字教材的编写原则》，《汉语学习》2002 年第 2 期。

再次，从教材编写的原则来看，过分注重识字教学与汉字知识教学的系统性、通用性而忽视了教材的实用性、趣味性。

王汉卫通过调查，认为学生对汉字课不满意的原因中有93%来自教材本身。① 具体表现在：教材所学汉字与精读课重复；汉字知识过多而不符合实际需要；缺乏课文和语境；单个汉字形、音、义的学习导致课堂教学枯燥、乏味等。我们认为，因此而否定独立开设汉字课的做法并不可取，但需要进一步反思现有针对汉字课堂教学的教材，思考如何发掘汉字教学本身的趣味性，使汉字教材和汉字课堂教学真正发挥其独特的作用，成为留学生提高汉字读写能力、提高汉语水平的新阵地。

柳燕梅从识记角度认为汉字教材比其他教材对"趣味性"的需求更强烈，而要增加汉字教学和教材的趣味性，就必须一方面把字放到词、短语、句子中增加信息量以带来趣味，另一方面开发汉字本身的趣味性，如戏说汉字。② 现有汉字教材过分重视汉字知识以及识字教学的系统性而忽视教材实用性、趣味性，表现在如下几个方面：（1）初级汉字教材识字范围过分强调大纲中的甲级字，很少涉及课本之外留学生在中国日常交际所接触的生活汉字，造成与精读课词汇教学相重复，使汉字课堂教学失去了应有的新鲜感和实用性，让学生以为汉字课只是对精读课词汇教学的重复和补充。（2）汉字教材主要呈现常用汉字的形、音、义，却几乎没有句子、课文、语境的支持，使得所学习的汉字失去了

---

① 王汉卫《精读课框架内相对独立的汉字教学模式初探》，《语言文字应用》2007年第1期。

② 柳燕梅《从识记因素谈汉字教材的编写原则》，《汉语学习》，2002年第2期。

应用的阵地,严重影响了汉字课堂教学效果,降低了教材的趣味性。(3)现有汉字教材特别注重在初级教材中编写汉字知识,力图全面系统介绍汉字构形规律,而纯粹理论知识的介绍很难让处于入门阶段的汉字汉语学习者产生兴趣,相反,让学习者体会到汉字学习的难度从而产生畏难情绪,影响了进一步学习的决心和信心。例如北京语言大学出版社于2006年出版的易洪川主编《阶梯汉语·初级汉字》,该教材以分课编排的方式介绍了汉字笔画、部首查字法、音序查字法、同音字、形近字、简体字、繁体字、正体字、异体字、新旧字形、多音字、避讳字、指示字、会意字、形声字、错别字、汉字编码、通用字表、常用字表等多个汉字知识点,并以阅读短文的形式将常用汉字认读学习与汉语阅读有机结合起来,编排了如"点菜""海报""车站四周"等应用性文体,提高了汉字教学内容的实用性,但汉字知识点的选择则呈现出一定的无序性,难以看出编写者汉字知识编排的目的性与针对性。

总的说来,现有针对汉字教学而编写的大量汉字教材在教学对象的针对性、教学内容的编排和教材编写原则的取舍上还有待进一步研究。只有编写出真正切合留学生汉字教学各阶段特点、汉字习得规律、不同教学对象的多层次、多类型的汉字教材,汉字课堂教学效果才能真正提高,汉字教学才能找到真正的出路。

三、留学生汉字教材编写与出版的对策

出版大量的汉字教材并不代表对外汉字教学中所有问题都得到了解决,也不意味着汉字教学效率就一定能够提高。加强汉字教材编写与研究,提高汉字教材的质量,而不是盲目地重复出版

大量的汉字教材,成为今后教材开发和研究的唯一出路,也是使目前汉字课堂教学走出困境的必由之路。

(一)加强对现有教材的调查、研究、总结,构建多角度、多层面的对外汉字教材编写和分类的宏观体系

目前的汉字教学主要集中在初级阶段,教学实践证明,要想通过一本有着严密系统性的汉字教材、一个学期每周两到四节的汉字课程教学解决留学生来华学习汉语遇到的汉字问题既不现实,也不可能。汉字课程设置及其教材的编写应该突破现有的框架,努力构建多角度、多层面的对外汉字教材编写和分类的宏观体系,使每一本汉字教材有不同的针对性和特点。

今后若干年里,我们应该致力于编写多类型、多媒介、多层次的汉字教材,力图满足不同的汉字学习者的需求,真正提高汉字教学的效率和效果。根据我们对中国(含港澳台)针对留学生的汉字教材以及小学语文识字教材的考察,将来的对外汉字教材可以从如下几个方面进行分流编写,使之各自适应不同的学习对象,以便整个对外汉字教材形成一个科学的体系,覆盖留学生汉字教学的各种对象与层次。

我们对这种宏观体系初步设想如下:

适应范围:汉字课教材、业余自学教材。

教学内容:识字教学型教材、汉字知识讲授型教材、二者结合型教材。

教学目标:书写型汉字教材、认读型汉字教材、认读输入型汉字教材。

学习者水平层次:初级教材、中级教材、高级教材。

教材媒介:单纯纸质文字版教材、纸质漫画图画版教材、多

媒体光盘版教材。

编写体例：汉字结构型教材、汉字交际型教材。

教学对象年龄层次：成年型汉字教材、儿童型汉字教材。

教学对象国别类型：韩日汉字教材、华裔子弟汉字教材、欧美学生汉字教材。

其中汉字结构型教材主要按照汉字构形规律来安排识字教学顺序，而汉字交际型教材是指以常用汉字组成日常交际语境来编写识字教材。

（二）加强对汉字教材的针对性和创新性研究，编写针对不同国别、不同层次、不同教学目的的汉字教材

周小兵认为，针对汉字教学的特点，对外汉字教学应该遵循"多项分流、交际领先"的原则。① 教材是教学的立足点，要想使教学达到既定的效果，也必须研究如何使针对留学生的汉字教材多项分流，而不是仅仅在教材上打上"针对某国学生编写"的标签，实际上却属于一网打尽的通用型教材。在教材编写上多项分流，也主要是针对不同国别、不同层次、不同汉语水平和学习目的编写出不同类型的汉字教材，使教材更有针对性。具体说来，我们的汉字教材编写应在如下几个方面进一步完善。

首先，根据教学对象的母语背景和汉字基础，可以编写针对韩、日学习者和非韩、日学习者的初级汉字教材。韩、日学生由于有汉字背景，汉字的书写已有一定基础，汉字学习的积极性也很高，可考虑编写介绍汉字规律，提高学生汉字学习能力的同时

---

① 周小兵《对外汉语教学中多项分流、交际领先原则》，载《汉字与汉字教学综合研究论文集》，北京大学出版社，1999年。

进行识字教学的汉字教材。此外，教材还应兼介绍韩、日汉字的异同及学习的重点和难点。非韩、日的东南亚学生和欧美学生由于母语文字是拼音文字，对汉字字形完全陌生，学习书写汉字的难度非常大。针对这部分学生的汉字教材应该适当降低书写的要求，增加汉字认读教学的内容，甚至可以考虑在入门阶段部分地用电脑输入代替汉字书写教学，使学生在认汉字、打汉字（拼音输入）中获得汉字学习的成就感，从而树立进一步学习汉字的信心。

其次，针对层次不同的学习者编写初、中、高等汉字教材。从目前所出版的汉字教材来看，主要集中在初级阶段，中高级教材很少。李大遂认为，在中高级阶段开设选修形式的汉字课，是目前汉语教学体系下补偏救弊的急需方法，并指出中高级汉字课要注重揭示汉字内部的系统性，将有计划、分层次的识字作为该课程的主要内容。[1] 这一理念在其编写的《系统学汉字（中级本）》中得到了初步体现。由于汉字教学不只是对大纲中甲、乙、丙、丁2905个汉字形、音、义的学习，更重要的是汉字构形系统性、汉字学习技巧和自学汉字能力的教学，不同阶段的教材不仅要体现识字教学的层次性，更要体现汉字知识教学和汉字能力培养的层次性。而这种能力的培养必须有赖于中高级阶段专门的汉字教学。因此，今后编写和出版受欢迎的中高级汉字教材就是十分必要的了。

李香平在向学生介绍汉字知识、扩大识字量、培养汉字学习能力方面有了初步的尝试，编写了《汉字教学中的文字学》。[2]

---

[1] 李大遂《突出系统性扩大识字量》，《语言文字应用》2004年第3期。
[2] 李香平《汉字教学中的文字学》，语文出版社，2006年。

该教材一方面介绍了与汉字教学和汉字学习密切相关的实用性很强的文字学知识,如形近字的类型与辨别、同音字的类型与辨别、声旁与汉字读音的关系、字义和词义的关系、部首查字法部首的选定、汉字文化等;另一方面,在相关章节后面附录了留学生扩大识字量、检验汉字学习效果的学习资料,帮助学生对 2905 个常用汉字按照一定的系统归类学习。总的说来,中高级汉字教学和教材的编写还处于起步阶段,今后还需要加强理论和实践的研究。

再次,从识字内容的选择上加强来华留学生学习汉字的针对性。赵贤洲曾指出,教材的所有内容要与教学对象的需要相适应。[①]语言教材如此,汉字教材也同样如此。独立开设汉字课程进行汉字教学不仅是为精读课扫清文字障碍,还要为在中国生活、身处汉字环境扫清文字障碍。过去初级阶段汉字教材识字以大纲中甲级字为主,而大纲中各级字是根据书面语料中的词频来确定的,没有考虑口语用字和生活类汉字的频率。留学生来中国学习汉语,身处汉语汉字环境里,每天都要大量接触汉字,如看站牌、读菜谱、识地图、购物等。教材有必要适当编写这部分内容,让学生切实感受到汉字教学效果。

(三)加强教材现代化研究,开发趣味性较强的多媒体汉字教材

赵金铭指出,更新传统观念,打破教材编写陈规,突破已有的编写框架,推出合乎时代需求的精品教材,成为摆在对外汉语教学界面前的突出任务。[②]这一观点是所有对外汉语教材包括汉

[①] 赵贤洲《建国以来对外汉语教材研究报告》,载《第二届国际汉语教学讨论会论文选》,北京语言学院出版社,1988 年。

[②] 赵金铭《论对外汉语教材评估》,《语言教学与研究》1998 年第 3 期。

字教材今后的发展思路。王建勤认为，教材创新的出路就是教材的现代化，而教材的现代化不仅在于编写观念的现代化，还在于编写手段以及教材媒介的现代化。[①]汉字教学一直被定位为手把手的认读、书写教学，教材也是以纸质为主，很少有人关注汉字教学及汉字教材的现代化。已经出版的汉字教材也只有一部分自学卡片和教材附带了多媒体光盘，且光盘的内容主要用声像再现教材中的字音、字形和讲解，没有发掘多媒体自身的优势。其实，利用汉字形、音、义的特点和规律以及汉字附载的深厚的文化功能，完全可以开发具有吸引力的多媒体汉字课堂教材和自学教材。

首先，我们可以利用汉字形体特点、读音特点和意义特点开发辅助课堂教学的汉字练习光盘，将传统的汉字课堂游戏如组词接龙、汉字扑克牌、生字开花、构字组词制作成动画游戏。这种练习光盘不是对教材的复制，而是根据教材内容创造的富有挑战性、娱乐性的多媒体练习形式。如香港中文大学开发的第二代字词学习软件就很有吸引力。

其次，利用汉字自身以及在发展过程中产生的文化性开发用于课外自学的汉字故事光盘。汉字是汉文化的载体，也是几千年来汉文化的体现。外国人对神秘的汉字非常感兴趣，但由于字形的繁难望而止步。利用汉字字形的理据性和文化性开发动画式的故事短片，用汉、英语解说汉字独特的构形规律和诸如拆字对联、字谜等有趣的汉字文化现象。这一类型的多媒体教材虽然不能帮助留学生解决汉字读、写问题，但能引起他们对汉字学习的兴趣，促使他们产生进一步学习的动力。

---

① 王建勤《对外汉语教材现代化刍议》，《语言文字应用》2000年第2期。

再次，我们还可以利用常用汉字具有构字组词的双重功能，开发多媒体字词学习光盘，让学习者利用光盘循序渐进地学习字词，从而扩大词汇量。由于汉字本身能够单独作为构词的语素，因此，有学者就提出应该利用常用汉字的有限性和所构词语的无限性来学习汉语中的字词，即熟字生词。多媒体光盘能够利用其自身的优势控制所学习生词的数量，给学习者自由选择的空间，提高字词学习的效率。

总之，在充分调查现有汉字教材的基础上，如何构建多层次汉字教材分类体系，如何加强教材的针对性，如何将多媒体教材与传统纸质教材结合起来，变革传统课堂观念和教学方式，利用多媒体技术开发汉字教学和汉字学习的趣味性和娱乐性，是今后汉字教材科学化、现代化的主要途径。

四、结语

对外汉语汉字教材不同于口语、听力等技能型教材，汉字教材编写涉及汉字本身的规律和汉字习得规律、教学法和教学成果的运用以及汉字教材与语言教材的关系等方面。国内外第二语言教学理论和教材编写理论很少关注汉字教材的编写，没有现成的理论和经验可供借鉴，需要我们通过教学实践和教材编写去摸索总结留学生汉字教材编写中存在的经验与问题。

第三节　打破汉字教学的"瓶颈"[①]

如何打破汉字教学的"瓶颈"？这是对外汉语教学中一个讨论已久而迟迟未能形成共识的问题。鉴于教材在教学中的重要作用，我们拟从以下几个方面结合教材研究对此展开讨论。

一、改变汉字教学设计理念与打破瓶颈

汉字教学的"瓶颈"说的是影响学习者汉字学习进程的困难之处，对于这些困难之处的描述已见诸多论文，此处不再赘述。本节拟从教学设计理念的改变并以在此基础上写成的汉字教材《中国字·认知》[②]为样本，对"瓶颈"的打破展开讨论。

（一）怎样才是打破"瓶颈"

要打破"瓶颈"，首先需要有衡量的标准——怎样才是打破了"瓶颈"。只有这样，才能有明确的教学目标。

我们认为，以下三方面可以作为汉字教学的主要目标，也就是打破"瓶颈"的标准：

1. 学生对整个汉字符号体系有总体的了解和把握。

汉字数量之多，众所周知，因此这常常成为形成"瓶颈"的重要原因之一。但与此同时，必须看到，汉字是一个符号体系，有它自身的特点和系统性。因此，引导学习者摆脱一盘散沙式的

[①] 本节摘自万业馨《如何打破汉字教学的"瓶颈"——以〈中国字·认知〉为例谈汉字教材研究》，原载《世界汉语教学》2015年第1期。

[②] 万业馨《中国字·认知》，商务印书馆，2014年。

汉字印象，了解汉字符号体系，是改进教学、提高效率的最佳途径，也是唯一出路。

2. 学生对汉字（字）和汉语（词）的关系有比较清楚、深入的认识。

汉字与汉语的关系十分密切。首先，汉字—音节—语言单位之间存在一一对应的关系。在古代，这个语言单位主要是词，在现代是语素（成词或不成词）[①]。其次，汉字与汉语在发展演变过程中经历了同样类型的变化——汉字的形声化与汉语词汇的复音化（主要是双音化），两者都有效地限制了基本单位的数量，都有使符号与语义的关系更为明确的作用。形声化使得汉字符号与所记录的语言单位的联系更为清晰、直接；双音化则使词义指向更加明确、精准。再次，从语义通达的途径来看，一种文字使用的字符决定了文字到达语义的路径：拼音文字使用音符，通过语音到达语义（认知途径为形—音—义）；汉字则大量使用音符和意符，早在20世纪80年代，认知心理学的研究成果已经显示："在提取意义时，人们既具有形—音—义的通道，也具有形—义的通道。"[②] 不仅如此，单音的"字"从它所记录的语言单位那里获得了音和义，又通过各种组合成为双音词和多音词意义的构成成分。因此，学生如果能够从整词认知尽快进入对"字"的了解，将极大地提高学习效率。

[①] 关于"语素"，还有一些问题尚未形成一致看法，为行文方便，下面我们直接用"字"来代表。

[②] 彭聃龄、郭德俊、张素兰《再认性同一判断中汉字信息提取的研究》，《心理学报》1985年第3期。

3. 学生具有主动学习的能力。

能力培养，是语言学习的主要任务。而要获得主动学习的能力，必须建立在对以上两项了解的基础之上，因为只有这样，学习者在离开教室和老师以后才有可能继续学习和提高。而这个方面正是以往教学设计的"软肋"。

审视以往汉字教学的总体设计，即以汉字教材以及课程安排一项，就足以反映出我们对汉字教学认识的不足与失误。

多年来，已见的汉字教材基本上可以分为两种，分别在两个学习阶段使用：

一种是给初学者（通常是一年级学生）使用的，以书写教学为主要内容，而且多为"随文识写"——书写的汉字一般是语言课课文中所学词语的代表字。这也是"汉字教学完全成为汉语教学附庸"这一批评意见的主要根据。虽然有一些教材已经注意到同时对部分汉字字形做结构分析，但有两个问题很难解决。首先是对声旁的认识难以收到很好的效果。究其原因，主要有二：一是声旁和形声字两者的读音关系呈复杂局面；二是相当一部分声旁用字并不常用，甚至属于生僻字（例如"快""块"是常用字，而声旁"夬"是生僻字；"喝""渴"是常用字，而声旁"曷"是生僻字，等等）。[①] 其次，学生常常觉得这只是零星的举例，对于这样的结构方式究竟在所有汉字中占有多大比例并不清楚，也就很难对整个符号体系形成比较全面的认识。

第二种教材讲授汉字知识，供二年级以上（含二年级）的学生在选修课上使用。内容主要有汉字的发展演变、汉字结构等。

---

① 万业馨《〈中国字·认知〉教师用书》，商务印书馆，2014 年。

上述课程设置是有明显漏洞的。第一阶段的安排，是完全把汉字视为语言单位的书写符号，而忽略了中国小学生在入学以前已经具有 2500—3500 个口语词的认知基础这一事实，可谓机械地套用了母语教学的经验。而第二阶段安排汉字知识讲授，显然是认为学生通过此前的学习已经完成了汉字的认读与书写。于是，汉字认知这个重要环节就这样跳过去了，或者可以这样说，有关汉字认知的任务是由学生自发完成的，而这对于他们来说是非常困难的，这也是"瓶颈"迟迟不能打破的重要原因。

（二）改变思路，采取符合汉字汉语特点和两者关系的总体设计和认知途径

既然已经注意到汉字教学中有关认知内容的不足乃至缺失，就有必要审视以往的做法以及指导思想，立足于汉字符号体系、汉语词语的特点和两者关系以及学生的学习过程，进行汉字教学的总体设计。教材则是设计思想的体现。

1. 变一味追求识字量为"温故知新"。

鉴于汉字在认、读、记、写方面都有一定难度，识字量便自然而然成为衡量汉字教学效果的重要标尺，教学中师生都在全力"做加法"——学习者又学会了多少汉字。然而每推进一步都很不容易。原因正像不少论文所说的那样：汉字是一个一个地教、一个一个地学的。

我们认为，必须改变思路了。以生活中的例子作比：绝大多数读书人都有分类摆放图书的习惯，这样，新买回的书可以归入同类的书里。其他用品也一样。归类，可以减轻记忆负担，节省大量的寻找时间。汉字是一个有着鲜明特点的符号体系。为什么在汉字教学中不能这样做呢？

早在两千多年前,孔子就说过:"温故而知新,可以为师矣。"既是可以为师,"温故知新"就绝不是一般的复习旧的,了解新的,而应该是通过复习已经学到的内容认识其中的规律,从而获得主动了解新知的能力。根据这个思路,我们完全可以在学生学习了一定数量的词语(1000 个左右)和汉字(400 个左右)的基础上,引导他们逐步获得对汉字符号体系、汉语词语结构的总体把握,进而了解两者的关系。更重要的是,他们可以具有主动学习的能力,在以后的学习中,不再艰难地"做加法"。

为了实现这一目标,教学研究需要讨论的是:如何通过教材和教学手段将汉字符号体系的总体面貌比较完整地展示给学生?

2. 变"语""文"并立为相互促进。

对外汉语教学通常是将汉语教学和汉字教学作为两项并列的教学任务来做总体设计的。不仅从 20 世纪 50 年代的两种教学试验中可以清楚地看到这一点,[①] 在有关汉语教学和汉字教学关系(简称"语文关系")的讨论中也可看到——"先语后文"还是"语文同步"的讨论差不多延续了半个多世纪。其间,多年来因"语文同步"的具体做法"随文识写"而造成汉字教学的"附庸"地位,又引发了关于独立设课、系统进行汉字教学的主张及多种方案的提出。此时,"语"和"文"已经不再是并立而是近乎对立了。上述看法和做法都反映出一个问题——设计者未能充分重视汉语和汉字之间有着极为密切的关系这一事实。

---

① 李培元、任远《汉字教学简述——对外汉语教学发展史之一章》,载《第一届国际汉语教学讨论会论文选》,北京语言学院出版社,1986 年;万业馨《略论汉字教学的总体设计》,载《万业馨汉字与汉字教学研究论文集》,北京语言大学出版社,2012 年。

除了上文提到的有关事实以外，学习者的学习经历也很可以说明问题。无论是母语儿童还是二语学习者，在学习汉语时都是从整词认知开始的，经过相当一段时间后，才会进入字的层次，认识到"字"在汉语学习中的作用。①

综上，教学研究需要解决下面的问题：如何推进由"词"到"字"的认知进程？用什么样的手段将两者的关系揭示给学生？

3. 变讲授知识为培养学习者主动认识规律的能力。

母语教学与二语教学的目标和重点是很不一样的。母语教学的对象往往对母语中的语言现象已经有一定的了解和积累以及运用能力。因此，语文教学的目标一般分为两个方面：一是帮助学生进一步提高运用母语及其文字的能力，二是帮助他们将已经具有的感性认识上升到理性认识——即认识其特点以及内在规律。后者所用教材常常以课文为主，承担的是揭示规律的任务。课文后配有练习，旨在用实例证明所揭示规律的正确与普遍存在。与此同时，学生常常也会下意识地用自己积累的实例来印证和补充这些理性认识。

上述两方面的教学缺一不可，如果缺少第一项，母语使用者的语言文字运用能力很难达到较高的水平；如果缺少第二项，则使用者明显缺少理性认识，②在汉字学习中，这种情况的普遍存

---

① 万业馨《应用汉字学概要》，商务印书馆，2012年。

② 这一点在使用汉字的日本、韩国学生的学习中可以得到证实。在1997年的一次小型问卷调查中，从小就接触汉字的日、韩学生对汉字的理性认识（有关汉字形声字的了解）还不如西亚及欧洲的学生。详见石定果、万业馨《关于对外汉字教学的调查报告》，《语言教学与研究》1998年第1期。

在还与东方人"读书百遍,其义自现"的"体知"思维习惯有关。①

二语学习者的情况与此有很大不同。他们缺少的是对目的语的理解以及运用能力,尤其是这方面的积累十分有限。但他们迫切希望从语言事实中得到有关规律性的认识以提高主动学习的能力。②

显然,汉字教材面临的挑战是,怎样帮助外国学习者在丰富感性认识与获得理性认识两方面都"更上层楼"。

我们决定以上述思考作为认识基础,根据"温故知新"这一总的设计原则,立足于学生已经学过的词语和汉字,并通过课文补充一部分与汉字汉语认知有关的内容以及新词新字,教材中必须充分展示汉字符号体系的特点以及"字"和"词"的密切关系,为学生提供一个认识汉字和汉语的平台,让他们有机会了解汉字符号体系的总体面貌并能宏观把握,从而获得主动学习的能力。

教材《中国字·认知》就是在这样的认识基础上的一次尝试,希望由它引起的讨论能够对汉字教学有所推进。

二、《中国字·认知》的设计

(一)教材的主体

教材《中国字·认知》(以下简称《认知》)一改以往以课文为主、练习为辅的传统格局,代之以练习和游戏为主、课文为

---

① 中西思维方式有所不同,西方是"认知",总在寻求符号体系的grammar;东方人则是"体知","读书百遍,其义自现"是典型表现。详见王元化《致张光年》,《文汇读书周报》2002年8月2日第5版。

② 在这方面很有代表性的例子是,一个德国学生在仅仅学了三四个星期汉语后就用部首写了一个解释汉字基本知识的故事。详见万业馨《应用汉字学概要》,商务印书馆,2012年。事例承德国友人沈孟坤雅博士告知。

辅的形式。从篇幅上看，两者的比例为2（课文1页，生词、生字1页）比6（练习和游戏共占6页）。显然，教材的主体是练习和游戏。而课文只是"画龙点睛"，它的任务是尽可能深入浅出地揭示汉字符号体系和汉语词语结构的特点，也不要求教师详细讲解，而是让学生通过练习和游戏去悟（理解），去印证。

作为主体的练习和游戏项目必须保持稳定，除了有几课添加了个别项目外，总的命名都是"我的字典词典"，"我"指学生自己，标题的意思是学生把学习过的内容整理成条理清楚的"字典词典"。通过整理，学生可以注意到两个问题：第一是自己已经学了不少词语和汉字，他们将获得明显的成就感。而不像过去那样，在查字典词典的过程中经常觉得自己不了解的还有那么多，自然而然地把注意力完全放在"做加法"上，而忽略了先行整理已有的储存。第二，也是更重要的是，他们在分好了各种"库"（类）以后，懂得了在学习了新的内容后怎样分类插入。这样他们记忆中的汉语词语和汉字就不再是一盘散沙，而是从不同角度去认识的符号体系。

"我的字典词典"根据不同的训练目标分为四项。

我的字典词典之一：用指定的字组词语；

我的字典词典之二：组字组词语；

我的字典词典之三：1. 形旁—字—词语，2. 声旁—字—词语；

我的字典词典之四：字词接龙。

下文将会通过具体用例对上述四项加以说明。

以练习和游戏作为主体这一设计源于以下考虑：

1. 有利于提高复现率，帮助学生增加感性知识，并进一步获得理性认识。

增加感性知识有两种方法,一是增加所学词语和汉字的数量,二是提高复现率并加以排比归类。提高复现率是学习者的普遍要求,也是教材研究面临的重要课题,它的重要性可谓众所周知,但在以课文为主的教材中很难实现。基于前文所述,我们选取了后者。

《认知》以不同目标的各项练习和游戏为主体,并立足于字形结构分析和字词关系来设计,因此可以有效地提高复现率。例如:"馆"出现在第一课"我的字典词典之一"用"子"组词语中(馆子);再次出现在第七课"我的字典词典之三"有关形旁的练习中("食"旁);又一次出现在第十课"我的字典词典之二"组字组词语的"馆"组里;还可以出现在"我的字典词典之四"接龙里,它可以组成的词语有"馆子""图书馆""大使馆""美术馆""饭馆"等。随着字的复现,词语也得到了复现。虽然并不是每个字都能像"馆"这样分别出现在"我的字典词典"的各项中,但根据对《认知》中练习与游戏用字所做统计,字词的复现率是比较高的。这里随意截取部分字词的统计数据以供观察。

表 1

之一	之二	之三(一)	之三(二)	之四
菜 9	菜 10-1	菜 11		菜 2/3^2/7/9/11^3/12/13/15
餐 3	餐 6-1	餐 7		餐 2/4
	草 4-5	草 11		草 8/9
	查 1-2			查 7
	茶 11-2	茶 11		茶 2/3/6/9/13
	差 14-4			差 2
	常 7-1		常 9	常 8/11

说明:"之一、之二、之三、之四"即上文所列"我的字典词典"的四项。字后面的数字是课文序号,"-"后的数字表示第几组,"之四"一栏所列字后的数字除了表示在第几课出现外,右上角的数字表示在该课出现的次数。

2.有利于学生在做中学、做中悟,切实提高运用汉字的能力。

在不少已见论文中,常常提到"一定要把某某要点讲透,以免学习者出现错误"等。这样做是否合适?是否行之有效?对于成年二语学习者,我们常常高估了他们对目的语的理解能力,而低估了他们的思维能力。在学生接触汉语之初,有些内容甚至需要有母语的辅助讲解。① 对于学过一个学期甚至一学年的学生来说,语言理解方面(尤其是不属于生活内容的)仍然存在不少问题,用目的语解释对于师生双方都是很吃力的。如果我们能够为他们提供一个认识事物的平台,让他们通过自己动手完成练习和游戏悟出其中的道理,常常可以事半功倍,更重要的是,他们可以获得极大的成就感,也就有了继续学习的动力。而且在那些符合规律的认识指导下的学习方式、方法以及养成的习惯不仅可以在他们离开老师和教室后继续发挥作用,还会使这样的动力长盛不衰,甚至影响终生。而这正是教育的灵魂。

(二)本体研究成果与教材设计

1.教材设计必须有本体研究成果作为支撑。

多年来,本体研究和教学研究常常呈平行线状,本体研究的成果转换成教学资源的称得上"物稀为贵",而教学研究常常停留在经验总结的水平上。② 上述现象,曾被生动地喻为"两张皮",而这显然既不利于教学也很不正常。

事实上,教学(包括教材写作)是需要本体研究的成果作为

---

① 在国外,这种情况比起国内普遍得多,除了看法上的不同外,环境是一个重要因素。来华留学生的母语不同,编班的时候常常是"联合国"式,而国外的教学对象往往是操同一母语者。

② 可以这样形容:先摸着石头过河,再回过头来为"石头"正名。

支撑的，只有这样，教学中给予学生的才可能是完整的真相，才有可能对学生日后的学习有指导作用（详见三）。

例如《认知》第二篇课文"部首"的内容如下：

  每个部首和这个部里的字像一个家庭：部首是父亲，部里的字是这家的孩子。有的家庭大一点儿，有的小一点儿。孩子们都用父亲的姓，一看到"吃、喝、叫、问、吗、吧、呢、咖、啡"这些字的形旁，就知道他们都是"口"家的孩子，我们叫他们"口"部字。每个孩子的名字都不一样，只有读出每一个字的音，才是认识了每个孩子。

  虽然每个字的读音不一样，但是他们都跟"口"的意思有关系："吃、喝、叫、问"是跟"口"有关系的动词；"吗、吧、呢"放在句尾表示说话的语气；"咖啡"是根据外语语音翻译的词。

上述内容至少包含以下对汉字符号体系的认识（属于本体研究的成果）：

形旁经常充当部首，即通常所说的"文字学部首"。[①] 这样的部首跟字的意思有关系，表示的是共性，也即宽泛的类概念，所以造字能力强，由它组成的字比较多，往往可以从不同角度加以分析归类。声旁则不同，语音有区别所记录语言单位的功用，可以说代表的是个性。

2. 本体研究成果必须结合学习者实际情况进入教材。

本体研究成果可谓十分丰富，撰写教材时还须结合学习者的实际情况。例如第八课与第九课课文说的是如何认识汉语词语的结构特点。

[①] 与之相对的是"检字法"部首，可参见《认知》第五课课文以及《〈中国字·认知〉教师用书》（以下简称《教师用书》）72—73页。

第八课 汉语词的结构（一）①

现代汉语词语中多音词很多，尤其是双音词。学习的时候需要知道它们的结构特点。

我们常常可以看到这样一些词语：

毛笔、钢笔、铅笔、圆珠笔，这些都是笔。

布鞋、拖鞋、皮鞋、凉鞋、运动鞋、高跟儿鞋，这些都是鞋。

红色、绿色、蓝色、白色、黄色、黑色、银白色，这些都是颜色。

这种结构是偏正结构，汉语词语中，偏正结构的数量非常多。

所以，学了毛笔，再学钢笔、铅笔、圆珠笔就很容易，因为它们都是笔，只是种类不同。学习有关鞋和颜色的词语也一样。

古代汉语以单音节词为主，现代汉语以双音节词为主，这是总的格局。② 要认识现代汉语词语结构的特点，必须对汉语词汇的基本情况有一定的了解。

因为汉语词汇经过了从单音词向复音词（主要是双音词）变化的过程，所以，对双音节复合词可以从结构方式做分析和统计。《现代汉语词典》所收双音节复合词中，各种结构方式的数量和百分比如下：③

---

① 限于篇幅，不再举第九课《汉语词的结构（二）》为例，第九课说的是需要进一步了解在偏正结构中，谁是"偏"，谁是"正"，两者位置互换时，组成的词语意思不同，如"语法/法语""油菜/菜油"等。

② 以上所说的是从总体数量这一角度得到的认识，与此同时，需要注意的是单音词出现的频率（词次）始终很高。无论单、双音词的数量对比发生什么变化，单音词的词次都远高于双音词。数据与分析比较详见万业馨《应用汉字学概要》，商务印书馆，2012年。

③ 周荐《复合词词素间的意义结构关系》，载《语言研究论丛》（第六辑），天津教育出版社，1991年；万业馨《应用汉字学概要》，商务印书馆，2012年。

表 2

结构类型	定中	状中	支配	递续	补充	陈述	重叠	并列	其他
词数/个	13915	2496	5030	547	300	380	259	8310	1109
百分比/%	43	7.72	15.6	1.7	0.93	1.17	0.8	25.7	3.4

因此，了解和掌握了偏正结构（包括"定中"和"状中"），相当于了解了汉语双音节复合词的一半。同时，之所以选择刚刚学过一学期（或一年）的学生展示这一点正是充分考虑到他们的实际情况：一年级学生学习的词语中，名词是主体，偏正结构的强势地位非常清楚。

三、设计理念的贯彻与相关问题讨论

如前所述，汉字教学的目标是让学生对汉字符号体系有总体把握，对汉字和汉语的关系有比较清楚和深入的了解，获得主动学习汉字、汉语的能力。这些目标的实现，也意味着汉字教学"瓶颈"的打破。

（一）对汉字符号体系的特点有清楚了解与总体把握

要做到这一点，需要解决以下两个问题：什么是汉字符号体系的总体面貌，此其一；如何让学生了解并在以后的学习中发挥作用，此其二。

根据本体研究成果，汉字是以形声结构为主体的符号体系，汉字中形声字约占 80%。（详见《教师用书》第 4 页）如果再加上形声结构中充当形旁和声旁的独体字，则形声结构及其组成成分在全部汉字中所占比例更高。换言之，对形声字有比较充分的了解，可以获得对汉字符号体系的总体把握。

为此,"我的字典词典之三"将学生学过的所有形声字(以及少量会意字)都加以切分,根据形旁和声旁分别归类,请学生组字组词语。

这样的练习以往很多教材都有所安排,《认知》只是做得更"彻底"。除了力求提高复现率外,还有两方面的考虑。首先,形声结构在汉字中约占80%作为本体研究的成果,是有具体材料和统计数据支持的,是事实真相。它一定会在汉字的总体面貌中有所反映,我们有信心做得彻底。反之,如果只是举例,而且为了说明问题,教材编写者常会选取那些有"代表性"的例子,学生一旦在日后的学习中,发现了那些"代表性"不强但客观存在的事实,便会产生疑问。其次,学生在学习过程中有知情权,他们有权利知道真相——完整的真实情况。如果做不到这一点,教学便是引导学生"盲人摸象"。

教材将汉字事实展示在学生面前,让他们自己认识系统。他们会为自己能够"发现"汉字符号体系的特点并找到认知的途径而获得很大的成就感。更重要的是,他们不再觉得汉字是一种很难学的文字,相反,它很有规律,很有意思。

为了引起注意,可以利用颜色明确角色分配,例如《认知》选择红色表示形旁,绿色表示声旁,黑色表示整字——这也是提醒学生注意,同样一个符号形体,可以是整字,也可以是偏旁部件,具有不同的功能。而这正是汉字符号的重要特点,也是学生在一开始接触汉字时需要有适应过程的部分。[①] 举例:

[①] 这方面比较典型的表现,是初学者在写汉字的时候,会把左右结构汉字的两个组成部分写在两个相邻的格子里,如把"好"写成"女""子",把"吗"写成"口""马"等等。

我的字典词典之三：形旁—字—词语／声旁—字—词语

（1）形旁—字—词语①

组字	组词语								
口	口	语，	可	口					
口	走	ba							
口	饭，	馆	子，	好	，难	，小	店		
口	水，	茶，		酒，	咖	啡，	汤，	粥	
口	jiào 什	么	名	字					
口	贵	ma							
口	里，	儿，	些						
口	写，	力，	录	音，	音	乐			
口	打	招							
口	啡								
口	酒								
口	道，	风							
口	道								
口	你	hé	他						
口	码								
口	题，	请							
口	字，	片，	人，	姓	，有	，起	字		

"口"部是一个大部，学生已经学过的词语用字中，口部字常会超过一页（17个），这对展示形旁"口"在字中的不同位置极为有利。学生也可因此对偏旁位置有比较全面的认识，而不致以偏概全，把形声字中占67.39%的左形右声结构当成唯一的结

---

① 表中右边所留空格，是给学生填写他们知道的其他词语和后面课文里学到的新词语的。因篇幅所限，此处有所删减。下同。

第三节　打破汉字教学的"瓶颈"

构形式。①

与形旁相比，声旁组字练习多了一项内容：写出该形声字的读音。通过比较声旁字与所组形声字的读音，很容易得到形声字声旁有标音作用的认识，从而找到认读和记忆的线索。

声旁—字—词语举例：

（2）声旁—字—词语

组字	读音	组词语		
马	mǎ	马	，马	
马				
马		号		
马		贵	ma	
介	jiè	介		
介			钱，砍	
介		世		
号	hào	号	码	
丂			克 力 奶	
丂			试	
考			鸭	
亥		应		
亥		子		
亥		一	钟	

---

① 万业馨《〈中国字·认知〉教师用书》，商务印书馆，2014年；康加深《现代汉语形声字形符研究》，载陈原主编《现代汉语用字信息分析》，上海教育出版社，1993年。

这虽然只是第一课中有关声旁的练习,但已经可以看到声旁与形声字的读音关系是比较复杂的,而且声旁组字少,有很多声旁字不常用甚至是生僻字。① 之所以要求使用《认知》的学习者有1000个左右的词汇量作为基础,正是因为词语对应的汉字数量基本上能够满足展示汉字结构的需要(主要是声旁)。② 《认知》对声旁组字的练习同样采取"彻底"的做法而不是举例,强调的是对学生的尊重,除了与形旁组字一样尊重学生的知情权外,还要尊重学生的选择与主观能动性——面对这样复杂的局面怎样认知汉字读音。③

(二)对"字""词"关系有比较深入的了解

"字""词"具有相互依存的关系是汉语汉字的特点。汉字的读音和意义来自所记录的语言单位。不仅如此,字在词语里使用的是哪一个义项取决于约定的词义。反过来说,字又是自由的,它可以在不同的组合里使用不同的义项。但了解这些特点是需要一段时间的,因为无论是母语儿童还是成人二语学习者的学习都须经过整词认知到进入字的层次(对字词关系以及字的作用的认识)这样一个过程。④ 怎样缩短这一过程所需要的时间,是汉字教材面临的挑战。

---

① 对那些既不常用、学生也没有学过的声旁字(如"丂""亥"等)都不单独出现,而只由它们构成的形声字。

② 如前所述,形旁表示的是共性,而声旁表示的是个性。所以形旁组字能力大大强于声旁,这一点从形声字中形旁与声旁的数量比也可以看出来(在同一群形声字里,声旁与形旁的数量比约为5∶1,见《教师用书》第9页)。

③ 第七课课文内容是我们对汉字读音认知策略(类推法)适用条件的最新思考,但与此同时,我们也希望学生能够主动寻求适合自己的认知方式。

④ 陈绂《谈对欧美留学生的字词教学》,《语言教学与研究》1996年第4期;吴晓春《FSI学生和CET学生认字识字考察》,《首都师范大学学报》2000年增刊;万业馨《应用汉字学概要》,商务印书馆,2012年。

《认知》通过"我的字典词典"做了以下尝试:

一是所设四项虽各有侧重,但一律要求既了解字又了解词。"我的字典词典之三"形旁与声旁的练习都分作两步走:先组字,再组词语(已见上文所示)。"之二"同样如此,只是要求不同。

组字组词语

(一)

			字	词语
女	毛	→		
竹	子	→		
哥	巴	→		
扌	可	→		
可	欠	→		
木	又	→		
穴	取	→		
门	牙	→		
日	旦	→		
氵	口	→		

答案(第一组)[①]

女 毛——笔:笔画 笔顺 +8.毛笔 钢笔 铅笔 圆珠笔 15.笔杆 笔头
竹 子——好:(hǎo)好看 好吃 好懂 你好(hào)爱好
哥 巴——把:把水喝了
扌 可——哥:哥哥 大哥
可 欠——歌:歌手

---

① 这是第1课的练习答案,当时学生只学过"笔画、笔顺"。等到第8课和第15课学了含有"笔"的新词语后,请学生添加。下同。这样学生可养成分类入库的习惯。

连线组字是传统的练习形式，对学生了解汉字构形很有帮助。但是在学生完成练习的过程中，我们注意到这样的现象：因为这些都是已经学过的字，学生对字形留有印象，完成时并未感到特别困难，但有些学生完成后读不出音，也不知道字的意思。当教师提醒他是否学过某个词语时，他便"顿悟"。可见，如果没有组词语的内容，学生完成的只是汉字形体的"拼图游戏"。

设计"之二"与"之三"的出发点不同。相对而言，"之二"的要求低一些。该练习的设计基于以下事实：除了形声字和会意字外，合体汉字中还有一部分记号字和半记号字，还有一些生僻或罕用的部件。不宜要求学生做结构功能分析，但作为构形成分，学生必须知道。作为词语的组成成分，学生应该了解。

"我的字典词典之四"接龙不仅在复习汉字和词语中发挥了极大的作用，更重要的是，在推进学生对字词关系的认识方面颇具成效。加上它是一个真正的游戏，有一定的难度，富有挑战性（为了寻找合适的答案，学生脑海里出现的几乎是所有可能的组合，然后经过筛选确定答案），在完成的过程中，学生很容易得到较大的成就感，因此接龙非常受欢迎。通过这样的字词接龙，学生很容易理解：字是自由的，它可以参与不同的组合，可能在不同的位置，也可能有不同的意思；含有相同字的词语，往往在意思上有某些共同之处，等等。

在多次完成"之三"和"之四"的基础上，学生已经可以自主完成"偏旁接龙"和"词语接龙"这样的项目了。这说明汉字在他们心目中已经不是一盘散沙，而是相互间有关联的完整的符号体系。①

接龙

			小	姨	bù		kàn	不	jiàn	ān
辅	dǎo			lǚ	行	shè	hǎo	懂		排
			店	chà		会	huá			天
		图	馆	duì	不	qǐ		女	qīng	年	✗	shí
	xiě				正	què		hái		字
	yǔ	报		不	zài		bēi	子	yīng	语
		习			写	cuò			zhōng	文
	生			zuò		这	zhǒng	xià	午	房	zū
hòu				业		xiě		班		之	jiān
	顺		机				wǎng		美	
	xù	开	huì			zuǒ	右			结	shù
		shǐ			shàng	边	✗	大	馆		hūn
			diǎn		必	xiū	课		gè	
zhū	肉	cháo	菜	xǔ						词
		饭	✗	kù		nán		西	fú	yǔ	音
		bāo	jiǎo	子	huáng	瓜	中	cān			qǐ
		qún	子		油		guó		哲		家
hē	茶				shuō	话			xiào	

（三）解题路径和思维方式的训练

了解汉字符号体系需要对事物的内在联系有清楚的认识，作

---

① 我们曾将瑞士学生李梅娜所做的"偏旁接龙"两纸分别收入《认知》（第六课题图）和《教师用书》83 页，时隔四年，她不仅没有忘记，而且做得更快更好。学生白凯文的"词语接龙"作为第 10 课的题图。限于篇幅，这里不再一一展示。

为教材，除了把有关的事实作为认识平台有条理地展示给学生外，如何将这样的思想和设计理念贯穿全书？我们认为，通过优化解题路径可以对学生的思维方式产生较好的影响。举例如下：

"我的字典词典之一"是"用□组词语"，在第一课中我们安排了"子"。当时使用《认知》的学生已经学过了 21 个含有"子"的词语。但这么多的词语，他们很难一下子都能想得起来。学生们七嘴八舌，说得很零乱。但如果提醒他们注意以下方面稍加整理，情况便大大改观。首先是分组（group）——把这些词语分成几个组，而分组的根据是相互间的联系（link），然后还要考虑排列顺序（order）怎样最为合理。可以概括为 GLO 原则或者说思维方式。据此，我们把这 21 个词语分为三组：跟穿戴有关的，跟饮食有关的，其他。从答案中可以看到 GLO 原则的具体运用和作用。

<u>帽子</u> <u>袍子</u> <u>裙子</u> <u>裤子</u> <u>袜子</u> <u>鞋子</u> <u>靴子</u>
<u>馆子</u> <u>桌子</u> <u>杯子</u> <u>筷子</u> <u>包子</u> <u>饺子</u> <u>柿子</u>
<u>孩子</u> <u>儿子</u> <u>脑子</u> <u>句子</u> <u>条子</u> <u>箱子</u> <u>样子</u>

第一行"穿戴"组最为明显：只要根据从头到脚的顺序，就很容易记住。在其他课的这一项练习中，如果是类名和分名在一起的，先写类名，如"色"先填"颜色"，再填"红、黄、蓝、白、黑"各色；"菜"先填"蔬菜"，再填"白菜、菠菜、芹菜、花菜"等菜。如果是有时间顺序的，则从早到晚，例如"天"，以"前天、昨天、今天、明天、后天"为序，然后可以安排"年"与之相对，两相比较，学生马上可以看到两者的名称中只有"昨天"和"去年"需要单独记忆。

经过多次训练，学生逐渐接受 GLO 思维方式，不断自问：

怎样的学习和记忆途径是最合理的。这时，汉字学习便成为各种合理设计中的一种，与其他学习项目浑然一体。

四、结语

教材设计与写作是一项艰苦的劳动，绝非找点素材，根据经验就可以一蹴而就的。以适用于二语学习者的汉字教材为例，首先，需要对汉字符号系统本身有比较充分的了解，即具有一定的汉语文字学知识，因为"己之昏昏"，绝不可能"使人昭昭"。与此同时，还需要筛选出汉字事实中二语学习者必须了解的部分。其次，需要对母语学习者与二语学习者所具备的基础和条件做认真细致的比较，在此基础上进行汉字教学总体设计。再次，以学习者为中心，以培养学习者主动学习能力为主要目标，把教学实践中所了解到的学生特点与需求、思维方式以及学习习惯等作为重要参数设计教材。最后，推敲每一个细节，在初稿写成后，不断修改，使之逐步完善。《认知》只是基于上述认识的一个尝试，希望能够推进汉字教材研究与"瓶颈"的打破。

图书在版编目(CIP)数据

汉语作为第二语言教学的汉字与汉字教学研究/张旺熹主编.—北京:商务印书馆,2019
(商务馆对外汉语教学专题研究书系.第二辑)
ISBN 978-7-100-17912-6

Ⅰ.①汉… Ⅱ.①张… Ⅲ.①汉语—对外汉语教学—教学研究 Ⅳ.①H195.3

中国版本图书馆 CIP 数据核字(2019)第 249100 号

权利保留,侵权必究。

汉语作为第二语言教学的汉字与汉字教学研究
张旺熹 主编

商 务 印 书 馆 出 版
(北京王府井大街36号 邮政编码100710)
商 务 印 书 馆 发 行
北京新华印刷有限公司印刷
ISBN 978-7-100-17912-6

2019年12月第1版 开本 880×1230 1/32
2019年12月北京第1次印刷 印张 10¼
定价:36.00元